Hans-Bernd Spies (Hrsg.)

Musikschule Aschaffenburg
1810-2010

Mitteilungen aus dem Stadt- und Stiftsarchiv Aschaffenburg

Beiheft 4

herausgegeben
von

Hans-Bernd Spies

Musikschule Aschaffenburg
1810 - 2010

herausgegeben
von
Hans-Bernd Spies

Aschaffenburg 2010
Stadt- und Stiftsarchiv

Die Verwirklichung dieses Buchprojektes wurde erleichtert durch die finanzielle Unterstützung folgender Förderer, denen herzlich gedankt sei:

Prof. Dr. med. Dr. med. vet. Peter Brunner, Aschaffenburg
SPS Schutzplanken GmbH, Aschaffenburg
Volksbank Aschaffenburg eG, Aschaffenburg

Zur Abbildung auf der vorderen Einbandseite vgl. S. 41

Gesamtherstellung:

VDS-VERLAGSDRUCKEREI SCHMIDT
91413 Neustadt an der Aisch

ISBN 978-3-922355-30-4

Inhalt

Voraussetzungen und Gründung der Bürgermusikschule in Aschaffenburg (1810)

von Hans-Bernd Spies

Für die Gründung einer Bürgermusikschule bot Aschaffenburg zu Beginn des 19. Jahrhunderts günstige Voraussetzungen, denn als Hauptresidenz (seit 1793)[1] und Regierungssitz (seit 1798)[2] des Erzstiftes Mainz bzw. seiner Nachfolger[3] wurde die Stadt natürlich in gewissem Maße durch die Musik am landesherrlichen Hof, die vermutlich nicht nur innerhalb des Schlosses gespielt wurde, wenn nicht geprägt, so doch zumindest beeinflußt, zumal bei manchen festlichen Veranstaltungen auch die Einwohner Aschaffenburgs zugelassen waren[4]. Neben dieser Musik am Hof gab es natürlich noch die des Bürgermilitärs, welche zu jener Zeit beispielsweise beim Besuch von hohen Staatsgästen zum Einsatz kam, auch wenn das in den entsprechenden Zeitungsmeldungen nicht ausdrücklich vermerkt wurde[5].

---

[1] Seit April 1793 war Aschaffenburg Hauptresidenz des Erzstiftes Mainz, und Erzbischof und Kurfürst Friedrich Carl Joseph (1719-1802) besuchte seitdem Mainz nur noch viermal (9. bis 14. September und 22. Oktober 1793, 30. August bis 6. September 1795 und 16. November 1796); zu diesem, der dem Adelsgeschlecht Erthal angehörte, von 1774 bis zu seinem Tod Erzbischof von Mainz und als solcher Kurfürst des Reiches sowie Fürstbischof von Worms, vgl. *Friedhelm Jürgensmeier*, Friedrich Karl Joseph Reichsfreiherr von Erthal, in: Erwin Gatz (Hrsg.), Die Bischöfe des Heiligen Römischen Reiches 1648 bis 1803. Ein biographisches Lexikon, Berlin 1990, S. 95-99, *Hans-Bernd Spies*, Friedrich Carl Joseph Freiherr von Erthal, Erzbischof von Mainz und Kurfürst des Reiches – eine biographische Skizze, in: ders., Friedrich Carl Joseph Freiherr von Erthal 1719-1802. Erzbischof von Mainz und Kurfürst des Reiches (1774-1802). Kleine kultur- und sozialgeschichtliche Studien zu seiner Zeit (Mitteilungen aus dem Stadt- und Stiftsarchiv Aschaffenburg – künftig: MSSA –, Beiheft 1), Aschaffenburg 2002, S. 7-16, sowie *Bernd Blisch*, Friedrich Carl Joseph von Erthal (1774-1802). Erzbischof – Kurfürst – Erzkanzler. Studien zur Kurmainzer Politik am Ausgang des Alten Reiches (Mainzer Studien zur Neueren Geschichte, Bd. 16), Frankfurt am Main / Berlin / Bern / Bruxelles / New York / Oxford / Wien 2005, zu seinen Aufenthalten ab Herbst 1792 S. 365.

[2] Aschaffenburg war zunächst vom 27. Oktober 1794 bis zum 31. August 1797, abgesehen von einer mehrwöchigen Unterbrechung von Mitte Juli bis zum 17. September 1796, vorläufig und ab 28. Januar 1798 endgültig Sitz der mainzischen Landesregierung; vgl. *Hans-Bernd Spies*, Vorläufige und endgültige Verlegung der mainzischen Landesregierung nach Miltenberg und Aschaffenburg (1792-1798), in: MSSA (wie Anm. 1) 7 (2002-2004), S. 124-136, dies S. 129-136.

[3] Nachfolger des Erzstiftes Mainz wurde – mit demselben Landesherrn – 1803 der neugegründete Erzkanzlerische Kurstaat, der 1806 zum Fürstprimatischen Staat und schließlich 1810 zum bis 1814 bestehenden Großherzogtum Frankfurt umgewandelt wurde; vgl. *Hans-Bernd Spies*, Von Kurmainz zum Königreich Bayern. Änderungen der territorialen und landesherrlichen Verhältnisse im Raum Aschaffenburg 1803-1816, in: MSSA (wie Anm. 1) 2 (1987-1989), S. 263-287, bes. S. 265 ff., 270-274, 281 u. 286, sowie *ders.*, Vom Erzkanzlerischen Kurstaat zum Großherzogtum Frankfurt, in: Katharina Schaal (Red.), Hessen im Rheinbund. Die napoleonischen Jahre 1806-1813 (Ausstellungskataloge des Hessischen Staatsarchivs Darmstadt, Bd. 22), Darmstadt 2006, S. 103-120.

[4] Vgl. beispielsweise die Schilderung eines Augenzeugen 1745 bei *Hans-Bernd Spies*, Der Römische König Franz I. sowie die ungarische und böhmische Königin Maria Theresia in Aschaffenburg (1745), in: MSSA (wie Anm. 1) 9 (2008-2010), S. 1-17, dies S. 8: „kamen [...] unter beständig Vivatrufen des gemeinen Volks, Lösung der aufgepflanzten Canonen, Paradirung 40 Mann kurmainz. Leibgarde, [...] wie auch der Bürgerschaft [...] hier an, speiseten sogleich öffentlich [...]. [...] Beederseits Maj. Maj. kamen [...] unter vorigen Ceremonien hier an. [...] Heute speiseten beederseits Maj. Maj. öffentlich und ließen Jedermänniglich zum Handkuß."

[5] 1806: „unter dem Glockengeläute, Paradierung der Bürgerschaft und des Militärs [...] in der hiesigen Residenz angekommen", 1812: „trafen [...] unter dem Geläute aller Glocken und Paradierung des gan-

Bereits für mehr als 900 Jahre zuvor kann man davon ausgehen, daß die Hochzeit des späteren (ab 876) ostfränkischen Königs Ludwigs des Jüngeren (um 835-882) und der sächsischen Herzogstochter Liutgard (gest. 885), welche – wahrscheinlich im Herbst – 869 in Aschaffenburg stattfand[6], mit ihrer vermutlich noch bescheidenen musikalischen Umrahmung[7] das Interesse der noch wenigen Einwohner[8] weckte. Als ältester Hinweis auf regelmäßige Musikpflege innerhalb der Stadt ist die Erwähnung des 976 wegen Verwandtenmordes abgesetzten Stiftskantors Gozmar anzusehen[9]. Für später kann allein schon bei längerer Anwesenheit des jeweiligen Landesherren und seines aus zahlreichen Personen bestehenden Hofes[10] – Aschaf-

---

zen Bürgermilitärs hier ein" bzw. „trafen [...] unter dem Geläute aller Glocken und Paradierung des Bürgermilitärs [...] hier ein"; Zitate mit den entsprechenden Belegen bei *Hans-Bernd Spies*, Die ersten Begegnungen Kurerzkanzler Carls mit dem französischen Kaiser Napoleon I. in Mainz (1804) und dessen Besuche in Aschaffenburg (1806, 1812 und 1813) sowie deren jeweiliger politischer Hintergrund, in: MSSA (wie Anm. 1) 8 (2005-2007), S. 225-290, dies S. 249, 279 u. 284. In einem Gesandtschaftsbericht von 1812 – ebd., S. 286 – wurde mitgeteilt: „Der Empfang in Aschaffenburg war so feyerlich und ausgezeichnet, als es nur immer möglich war." Das war natürlich ohne Einsatz von Musik nicht möglich – als ein Beleg folgende Rechnungsposition aus dem Jahre 1745: „einem *Tambour* so bey anweesenheit [27.-28. September 1745] der Printzessin *Charlotta* [Maria Charlotta Prinzessin von Lothringen (1714-1773)] sein Trommelfell zerschlagen, ein neues angeschafft und zahlt" 1 Gulden 10 Kreuzer; vgl. *Spies*, König (wie Anm. 4), S. 10, Abb. der entsprechenden Rechnungsseite S. 14.

6 Vgl. dazu mit weiteren Literaturangaben *Hans-Bernd Spies*, Menschen in Aschaffenburg namentlich faßbar und bildlich dargestellt. Vom Alamannen Nollo zum frühesten Selbstporträt eines Aschaffenburgers (1612) – verschiedene Ersterwähnungen in der Aschaffenburger Geschichte, in: MSSA (wie Anm. 1) 6 (1999-2001), S. 57-94, dies S. 58 ff.

7 Zur Entwicklung musikalischer Darbietungen als Bestandteil des höfischen Lebens vgl. zusammenfassend *Christian Berger*, Musik(er), in: Werner Paravicini (Hrsg.), Höfe und Residenzen im spätmittelalterlichen Reich. Bilder und Begriffe, Teilbd. 1: Begriffe (Residenzenforschung, Bd. 15.II, Teilbd. 1), Ostfildern 2005, S. 198-202, sowie *Valeska Koal*, Tanzen, Musizieren, in: ebd., S. 202-205; zur Geschichte der Hofmusiker allgemein vgl. *Walter Salmen*, Musiker V. Neuzeit, in: Die Musik in Geschichte und Gegenwart. Allgemeine Enzyklopädie der Musik, begr. v. Friedrich Blume, hrsg. v. Ludwig Finscher (künftig: MGG), Sachteil, Bd. 6, Kassel / Basel / London / New York / Prag / Stuttgart / Weimar ²1997, Sp. 1228-1251, dies Sp. 1229-1233.

8 Halbwegs zuverlässige Aussagen über die Anzahl der Einwohner Aschaffenburgs sind erst für das 16. Jahrhundert möglich, in dessen erster Hälfte die Stadt schätzungsweise etwa 2000 Einwohner hatte; vgl. *Roman Fischer*, Aschaffenburg im Mittelalter. Studien zur Geschichte der Stadt von den Anfängen bis zum Beginn der Neuzeit (Veröffentlichungen des Geschichts- und Kunstvereins Aschaffenburg – künftig: VGKA –, Bd. 32), Aschaffenburg 1989, S. 222-228, bes. S. 225 ff. Zu späteren und ziemlich regelmäßig überlieferten Einwohnerzahlen vgl. *Hans-Bernd Spies*, Einwohnerstatistik Aschaffenburgs und Damms (1651-1815) aufgrund der (Ober-)Kellereirechnungen, in: MSSA (wie Anm. 1) 7 (2002-2004), S. 194-205.

9 In einer nur abschriftlich überlieferten und verfälschten Urkunde vom 28. April 976 („Gozmari cantoris. [...]. [...] pro manifesto parricidio Gozmarum ab officio et beneficio deposuimus"); Druck: *Matthias Thiel*, Urkundenbuch des Stifts St. Peter und Alexander zu Aschaffenburg, Bd. 1: 861-1325 (VGKA – wie Anm. 8 –, Bd. 26), Aschaffenburg 1986, Nr. 8, S. 27-39, Zitat S. 37. Zu den Stiftskantoren in Aschaffenburg allgemein vgl. *August Amrhein*, Die Prälaten und Canoniker des ehemaligen Collegiatstifts St. Peter und Alexander zu Aschaffenburg, Würzburg 1882, S. 50 f., sowie *Wiltrud Fischer-Pache*, Wirtschafts- und Besitzgeschichte des ehemaligen Kollegiatstifts St. Peter und Alexander zu Aschaffenburg bis zum Ausgang des 14. Jahrhunderts (VGKA, Bd. 35), Aschaffenburg 1993, S. 41, zu den einzelnen Stiftskantoren bis 1400 vgl. *Claus Brügmann*, Das älteste Nekrolog des Stifts St. Peter und Alexander zu Aschaffenburg. Ein Beitrag zur Erschließung spätmittelalterlicher Nekrologe (VGKA, Bd. 30), Aschaffenburg 1989, S. 197-209, zu den weiteren bis zu Beginn des 19. Jahrhunderts vgl. *Amhein*, S. 116-120.

10 Für 1567/68 ist bekannt, daß bei An- bzw. Abwesenheit des Landesherrn durchschnittlich 421 bzw. 247 Personen am Hof in Aschaffenburg verköstigt wurden; vgl. *Hans-Bernd Spies*, Anzahl der

fenburg hatte sich durch den Bau der mittelalterlichen Burg, Vorläuferin des Schlosses Johannisburg, ab etwa 1220 zu einer Nebenresidenz der Erzbischöfe von Mainz entwickelt[11] – mit musikalischen Darbietungen gerechnet werden. Erst recht ist davon auszugehen, daß Kaiser, Könige und andere Fürsten bei offiziellen Besuchen in der Stadt[12] mit musikalischer Begleitung, nämlich mit Gesängen und auch mit Instrumentalmusik, empfangen und verabschiedet wurden, wie solches bei Herrschereinzügen üblich war[13]. Zu erwähnen sind auch die Orgeln in den drei Innenstadtpfarrkirchen, welche zu unterschiedlichen Zeiten erstmals belegt sind, nämlich jene in der Stiftskirche für 1378[14], in der Kirche zu Unserer Lieben Frau für 1552[15]

1567/68 am kurfürstlichen Hof zu Aschaffenburg verpflegten Menschen und Pferde, in: MSSA (wie Anm. 1) 7 (2002-2004), S. 1-6, dies S. 5. Beim Königsbesuch 1442 bestand das Gefolge aus mehr als 140 Personen; vgl. *ders.*, Menschen (wie Anm. 6), S. 82. Für 1745, über 200 Personen, vgl. *ders.*, König (wie Anm. 4), S. 5.

[11] Vgl. *Hans-Bernd Spies*, Aschaffenburgs Aufstieg zur mainzischen Nebenresidenz im 13. Jahrhundert, in: Aschaffenburger Jahrbuch für Geschichte, Landeskunde und Kunst des Untermaingebietes (künftig: AJb) 11/12 (1988), S. 425-436. Zu den Grundlagen einer Residenz vgl. *Klaus Neitmann*, Was ist ein Residenz? Methodische Überlegungen zur Erforschung der spätmittelalterlichen Residenzbildung, in: Peter Johanek (Hrsg.), Vorträge und Forschungen zur Residenzenfrage (Residenzenforschung, Bd. 1), Sigmaringen 1990, S. 11-43.

[12] Beispiele solcher Besuche bei *Spies*, Menschen (wie Anm. 6), S. 73 ff., 77 (1317), 80 (1363), 82 u. 84 (1442, 1474 u. 1485), *ders.*, Schloß Johannisburg in Aschaffenburg – Eindrücke, Vergleiche und Fehlinformationen in Reiseberichten vom späten 15. bis frühe 19. Jahrhundert, in: Mainfränkisches Jahrbuch für Geschichte und Kunst 53 (2001), S. 30-59, dies S. 31 u. 44 (1562), *ders.*, Reise des Kronprinzen Władysław von Polen durch das Maintal von Wertheim nach Aschaffenburg im August 1624, in: MSSA (wie Anm. 1) 7 (2002-2004), S. 7-17, dies S. 13 f. (1624), *ders.*, König (wie Anm. 4), S. 7 ff. (1745), sowie *ders.*, Die Wahl Leopolds II. zum Römischen König (1790) und Wilhelm Heinses kritische Bemerkungen aus diesem Anlaß, in: ders., Hein(t)ze – Rost – Juvenal – Patriarch – Heinse. Beiträge zu Wilhelm Heinse (MSSA – wie Anm. 1 –, Beiheft 2), Aschaffenburg 2005, S. 97-111, dies S. 108 (1790).

[13] Vgl. dazu *Winfried Dotzauer*, Die Ankunft des Herrschers. Der fürstliche „Einzug" in die Stadt (bis zum Ende des Alten Reichs), in: Archiv für Kulturgeschichte 55 (1973), S. 245-288, bes. S. 252, 254 f., 261, 263, 271, 283 u. 288 f., *Jörg Bölling*, Musicae utilitas. Zur Bedeutung der Musik im Adventus-Zeremoniell der Vormoderne, in: Peter Johanek u. Angelika Lampen (Hrsg.), Adventus. Studien zum herrscherlichen Einzug in die Stadt (Städteforschung. Veröffentlichungen des Instituts für vergleichende Städtegeschichte in Münster, Reihe A: Darstellungen, Bd. 75), Köln / Weimar / Wien 2009, S. 229-266, sowie *Karl Schweickert*, Die Musikpflege am Hofe der Kurfürsten von Mainz im 17. und 18. Jahrhundert (Beiträge zur Geschichte der Stadt Mainz, Bd. 11), Mainz 1937, S. 8 („Einzüge der Fürsten und andere festliche Aufzüge wurden stets mit ‚Trompeten und Paukenschall' begleitet"). Der 1181 mit Gesängen begleitete Kaisereinzug in Lübeck war 1981 sogar Anlaß, „800 Jahre Musik in Lübeck" zu feiern; vgl. *Fritz Reckow*, „...magnifice susceptus est cum hymnis et laudibus Dei..." Die Musik in Arnolds Bericht über den Kaiser-Empfang zu Lübeck im Jahre 1181, in: Antjekathrin Graßmann u. Werner Neugebauer (Hrsg.), 800 Jahre Musik in Lübeck [Tl. 1]: Zur Ausstellung im Museum am Dom aus Anlaß des Lübecker Musikfestes 1982 (Senat der Hansestadt Lübeck, Amt für Kultur, Veröffentlichung, Heft 19), Lübeck 1982, S. 7-13.

[14] Vgl. *Hermann Fischer*, Orgelgeschichte der Stiftskirche zu Aschaffenburg, in: AJb (wie Anm. 10) 10 (1986), S. 105-206 u. 11/12 (1988), S. 107-204, dies 10 (1986), S. 107 f., sowie *ders.*, Orgeln der Region Bayerischer Untermain (VGKA – wie Anm. 8 –, Bd. 53), Aschaffenburg 2004, S. 122. Zum Status der Stiftskirche als Pfarrkirche vgl. *Vitus Brander*, Geschichtliche Entwicklung und Rechtsverhältnisse der katholischen Pfarreien in Aschaffenburg, in: AJb 4 (1957), S. 927-943, dies S. 936-940, sowie *Hermann Hoffmann*, Die Pfarrorganisation in den Dekanaten Aschaffenburg-Stadt, Aschaffenburg-Ost und Aschaffenburg-West (1818-1956). Eine Studie zum Atlas „Bistum Würzburg", in: ebd., S. 945-994, dies S. 954 u. 993.

[15] Vgl. *Hermann Fischer*, Die Orgeln in der Aschaffenburger Muttergottespfarrkirche, in: Willibald Fischer u. Alois Grimm (Schriftltg.), Die Pfarrei zu Unserer Lieben Frau in Aschaffenburg. Festschrift

und schließlich in der Agathakirche für 1608[16], sowie daneben die in der Jesuiten-
kirche für um 1640[17] und in der Sandkirche 1775[18].

Von den meisten der seit Beginn des 17. Jahrhunderts zeitweise in Aschaffenburg
lebenden Erzbischöfe von Mainz und Kurfürsten des Reiches gibt es Kenntnisse
über die Musik an ihrem Hof, doch erwähnen die Quellen nicht immer ausdrücklich die Stadt am Main, lassen sich aber angesichts der Aufenthalte der Landesherren – vom letzten Jahrzehnt des 16. bis ins dritte Jahrzehnt des 18. Jahrhunderts
wurde Aschaffenburg in Reiseberichten und sonstiger Literatur mehrfach als kurfürstliche Winterresidenz bezeichnet[19] – unbedenklich auch auf diese beziehen:
Unter Erzbischof und Kurfürst Johann Adam (1564-1601-1604)[20] wurden erstmals
eine Hofkapelle und auch deren Kapellmeister mit Namen erwähnt[21], aus der Zeit
seines unmittelbaren Nachfolgers Johann Schweikard (1553-1604-1626)[22], der in
Aschaffenburg das Renaissanceschloß errichten ließ[23] und ein besonderer Förderer
der Musik war[24] – beispielsweise führte er eine abgestufte und vor allem regel-

---

zur 200. Wiederkehr der Weihe der Muttergottespfarrkirche (VGKA – wie Anm. 8 – , Bd. 14), Aschaffenburg 1975, S. 249-264, dies S. 249 f., sowie *ders.*, Orgeln der Region (wie Anm. 14), S. 131.

[16] Vgl. *Hermann Fischer*, Orgelchronik der Pfarrkirche St. Agatha Aschaffenburg, in: Carsten Pollnick
(Bearb.), Die Pfarrei St. Agatha zu Aschaffenburg, Aschaffenburg 1992, S. 93-112, dies S. 93 f., sowie
ders., Orgeln der Region (wie Anm. 14), S. 78.

[17] Vgl. *H. Fischer*, Orgeln der Region (wie Anm. 14), S. 91 f.

[18] Vgl. ebd., S. 117 f.

[19] Vgl. *Spies*, Schloß (wie Anm. 12), S. 31 (1593), 33 (1646), 36 (1669), 44 (1593, 1594), 47 (1674) u. 48
(1704, 1727). Spätestens 1762 wurde Aschaffenburg von Fremden als Sommerresidenz bezeichnet;
vgl. ebd., S. 37 (1774), 40 (1807), 55 (1774), 57 (1762) u. 58 (1784). Was auch für längere Aufenthalte
spricht, ist die Tatsache, daß im 16. und 17. Jahrhundert sieben Erzbischöfe und Kurfürsten in Aschaffenburg starben (1582, 1601, 1604, 1626, 1678, 1679 und 1695), allerdings keiner im 18. Jahrhundert;
vgl. *ders.*, Tod in Aschaffenburg – in ihrer Residenzstadt am Main verstorbene Erzbischöfe von Mainz,
in: MSSA (wie Anm. 1) 6 (1999-2001), S. 281-287, dies S. 286 f.; daß der dort nicht erwähnte Damian
Hartard (1624-1675-1678) – zu diesem, der dem Adelsgeschlecht von der Leyen angehörte, seit 1675
gleichzeitig Fürstbischof von Worms, vgl. *Friedhelm Jürgensmeier*, Damian Hartard Reichsritter (seit
1653 Reichsfreiherr) von der Leyen-Hohengeroldseck, in: Gatz, Bischöfe 1648 bis 1803 (wie Anm. 1),
S. 272-273 – ebenfalls in Aschaffenburg starb, ergibt sich aus einer bei *Schweickert* (wie Anm. 13),
S. 17, angeführten Quelle.

[20] Zu diesem, der dem Adelsgeschlecht Bicken angehörte, Erzbischof von Mainz und als solcher Kur-
fürst des Reiches, vgl. *Friedhelm Jürgensmeier*, Johann Adam von Bicken, in: Erwin Gatz (Hrsg.), Die
Bischöfe des Heiligen Römischen Reiches 1448 bis 1648. Ein biographisches Lexikon, Berlin 1996,
S. 13-16. Bei diesem und den weiteren Erzbischöfen geben die äußeren Jahreszahlen das jeweilige
Geburts- und Sterbejahr, die mittlere Jahreszahl den Beginn ihrer Amtszeit als Erzbischof und Kurfürst
an.

[21] Vgl. *Schweickert* (wie Anm. 13), S. 2, sowie zu Hofkapellmeister Jan le Febure *Adam Gottron*, Hofmusik unter Kurfürst Johann Schweickard von Kronberg, dem Erbauer des Aschaffenburger Schlosses, in: AJb (wie Anm. 11) 4 (1957), S. 693-718, dies S. 696-702, sowie *ders.*, Mainzer Musikgeschichte
von 1500 bis 1800 (Beiträge zur Geschichte der Stadt Mainz, Bd. 18), Mainz 1959, S. 38-42.

[22] Zu diesem, der dem Geschlecht Kronberg angehörte, vgl. *Friedhelm Jürgensmeier*, Johann Schweikard von Kronberg, in: Gatz, Bischöfe 1448 bis 1648 (wie Anm. 20), S. 654-656.

[23] Vgl. *Hans-Bernd Spies*, Schloß Johannisburg zu Aschaffenburg und sein Baumeister Georg Ridinger,
in: Georg Ridinger, Architektur des Schlosses Johannisburg zu Aschaffenburg. Faksimiledruck der
Ausgabe Mainz 1616, hrsg. v. Hans-Bernd Spies (VGKA – wie Anm. 8 –, Reihe Nachdrucke, Bd. 2),
Aschaffenburg ²2003, S. 1-23, dies S. 7 u. 15.

[24] Zur Musikpflege unter Johann Schweikard vgl. *Schweickert* (wie Anm. 13), S. 2-12 – S. 3: Er „muß
unter die wenigen Fürsten gezählt werden, die nicht nur Kunstmäcen, sondern wirkliche Kunstken-
ner waren. Besonders für die Musik, die ihm mehr als eine Angelegenheit heiteren Ergötzens war,

mäßige Gehaltszahlung für seine Musiker ein[25] – , sind erstmals die meisten Mitglieder der mehr als 20köpfigen Hofkapelle bekannt[26]. Aussagekräftige Quellen über die Entwicklung der Musik am Hof liegen auch aus der Zeit der Erzbischöfe und Kurfürsten Anselm Casimir (1580/82-1629-1647)[27], Johann Philipp (1605-1647-1673)[28], Anselm Franz (1634-1679-1695)[29] und Lothar Franz (1655-1695-1729)[30] vor; unter letzterem begann ein Neuaufbau der Hofkapelle, die sein Vorgänger immer mehr verkleinert hatte, während andererseits die Stellen für das Trompeterkorps, bestehend aus Paukern und Trompetern, nach und nach auf zehn erhöht worden waren[31]. Erzbischof und Kurfürst Franz Ludwig (1664-1729-1732)[32], vorher Erzbischof von Trier, brachte von dort seine besten Musiker mit und setzte die Verbesserung der Hofmusik in seiner kurzen Regierungszeit fort[33], und auch in der seines Nachfolgers Philipp Carl (1665-1732-1743)[34] wurde dieser Weg weiter beschrit-

zeigte er ein ernsthaftes Verständnis." –, *Gottron*, Hofmusik (wie Anm. 21), S. 695-710, sowie *ders.*, Musikgeschichte (wie Anm. 21), S. 37-48.

[25] Vgl. *Schweickert* (wie Anm. 13), S. 4 (Er „war der erste Fürst, der die Mainzer Hofmusik nicht nur in künstlerischer Weise zu fördern suchte, sondern der ihr auch eine wirtschaftlich gesicherte Grundlage verschaffte. Eine systematische Gehaltsregelung in verschiedener Abstufung, die dem Ansehen, der Stellung und den Lebensbedingungen der Hofmusiker gerecht werden wollte, ermöglichte der Hofmusik mit einzelnen Mitgliedern eine Dauerexistenz am Mainzer Hofe.") u. 9.

[26] Vgl. ebd., S. 7-10. 1617 und 1618 war jeweils ein Aschaffenburger Musiker angestellt worden; vgl. ebd., S. 8 f. Zu den Kaiserkrönungen 1612 bzw. 1619 war Johann Schweikard mit einer aus 21 Musikern und fünf Trompetern bzw. 15 Musikern und sechs Trompetern bestehenden Musikkapelle nach Frankfurt am Main gekommen; vgl. ebd., S. 5.

[27] Zu diesem, der dem Adelsgeschlecht Wambolt von Umstadt angehörte, vgl. *Friedhelm Jürgensmeier*, Anselm Casimir Wambolt von Umstadt, in: Gatz, Bischöfe 1648 bis 1803 (wie Anm. 1), S. 733-735; zur Hofmusik seiner Zeit vgl. *Schweickert* (wie Anm. 13), S. 12 f.

[28] Zu diesem, der dem Adelsgeschlecht Schönborn angehörte, bis an sein Lebensende seit 1642 auch Fürstbischof von Würzburg und außerdem ab 1663 Fürstbischof von Worms, vgl. *Friedhelm Jürgensmeier*, Johann Philipp (seit 1663) Reichsfreiherr von Schönborn, in: Gatz, Bischöfe 1648 bis 1803 (wie Anm. 1), S. 438-442; zur Hofmusik seiner Zeit vgl. *Schweickert* (wie Anm. 13), S. 14 ff., sowie *Gottron*, Musikgeschichte (wie Anm. 21), S. 56-65, bes. S. 57 f.

[29] Zu diesem, der dem Adelsgeschlecht Ingelheim angehörte, vgl. *Friedhelm Jürgensmeier*, Anselm Franz (seit 1680 Reichsfreiherr) von Ingelheim, in: Gatz, Bischöfe 1648 bis 1803 (wie Anm. 1), S. 201-202; zur Hofmusik seiner Zeit vgl. *Schweickert* (wie Anm. 13), S. 17 f., sowie *Gottron*, Musikgeschichte (wie Anm. 21), S. 68-71.

[30] Zu diesem, der dem Adelsgeschlecht Schönborn angehörte, bereits seit 1693 und ebenfalls bis zu seinem Tod Fürstbischof von Bamberg, vgl. *Friedhelm Jürgensmeier*, Lothar Franz Reichsfreiherr (seit 1701 Reichsgraf) von Schönborn, in: Gatz, Bischöfe 1648 bis 1803 (wie Anm. 1), S. 444-446; zur Hofmusik seiner Zeit vgl. *Schweickert* (wie Anm. 13), S. 19-24, sowie *Gottron*, Musikgeschichte (wie Anm. 21), S. 90-100.

[31] Vgl. *Schweickert* (wie Anm. 13), S. 18-23, sowie *Gottron*, Musikgeschichte (wie Anm. 21), S. 91-94; zu Aufgabe und Bedeutung der Hoftrompeter vgl. *Schweickert*, S. 21 u. 23 f., sowie *Gottron*, Musikgeschichte, S. 86 ff.

[32] Zu diesem, der dem Adelsgeschlecht Wittelsbach angehörte, 1716-1729 Erzbischof von Trier und Kurfürst, außerdem bis zu seinem Tod bereits seit 1683 Fürstbischof von Breslau sowie seit 1694 Fürstbischof von Worms, vgl. *Erwin Gatz* u. *Jan Kopiec*, Franz Ludwig, Pfalzgraf am Rhein zu Neuburg, in: Gatz, Bischöfe 1648 bis 1803 (wie Anm. 1), S. 124-127.

[33] Zur Hofmusik seiner Zeit vgl. *Schweickert* (wie Anm. 13), S. 24 ff., sowie *Gottron*, Musikgeschichte (wie Anm. 21), S. 101 f. (S. 102: „hat nur drei Jahre regiert. Das war zu wenig, um der Hofkapelle eine gründliche Ausgestaltung zu ermöglichen. Hier scheiterte der Wille eines musikbegeisterten Fürsten an der Kürze der Zeit.").

[34] Zu diesem, der dem Adelsgeschlecht Eltz angehörte, vgl. *Friedhelm Jürgensmeier*, Philipp Karl Reichsfreiherr (seit 1733 Reichsgraf) von Eltz zu Kempenich, in: Gatz, Bischöfe 1648 bis 1803 (wie Anm. 1), S. 91-93.

ten[35]. Unter letzterem begann auch – mit jenem auf das Jahr 1740 – die Reihe der mainzischen Hof- und Staatskalender, in denen jeweils die Mitglieder der Hofkapelle aufgeführt sind[36]; laut dem ersten dieser Kalender[37] bestand die „Hoff- und Cammer-*Musica*" aus je einem Kapell- und Konzertmeister, drei Sängerinnen, 14 Hofmusikern („Hoff-*Musici*"), darunter ein – als einziger neben der Namensnennung ausdrücklich als solcher bezeichnet – „*Calcant*", also ein Orgelblasebalgtreter[38], sowie zehn Hoftrompetern („Hoff-Trompeter"), darunter ein Pauker („Paucker"). Aus persönlichem Interesse wurde von Erzbischof und Kurfürst Johann Friedrich Carl (1689-1743-1763)[39] die Hofmusik gefördert und die Anzahl ihrer Mitglieder erhöht[40]; im Gegensatz dazu wurde unter seinem Nachfolger Emmerich Joseph (1707-1763-

---

[35] Zur Hofmusik seiner Zeit vgl. *Schweickert* (wie Anm. 13), S. 26-29, sowie *Gottron*, Musikgeschichte (wie Anm. 21), S. 125 ff. Zu den Verdiensten dieser drei Erzbischöfe und Kurfürsten um die Hofmusik vgl. *Schweickert*, S. 29: „Darf man Lothar Franz als den Neugründer der Hofmusik bezeichnen, so schuf das Musikinteresse Franz Ludwigs die bedeutende Erweiterung der Kapelle, während unter Philipp Carl die Vervollständigung der Besetzung durchgeführt wurde."

[36] Vgl. *Schweickert* (wie Anm. 13), S. 28, u. *Gottron*, Musikgeschichte (wie Anm. 21), S. 126; an beiden Stellen jeweils fälschlicherweise 1741 als Beginn der Staatskalender angegeben. Zum jeweiligen Redaktionsschluß, spätestens im September des jeweiligen Vorjahres, und zum Quellenwert dieser Hof- und Staatskalender vgl. *Hans-Bernd Spies*, Generalvikar des Erzbistums Mainz und des Bistums Worms – ein Beitrag zur Biographie Carl von Dalbergs für die Jahre 1770-1772 sowie zum Quellenwert der mainzischen Hof- und Staatskalender, in: MSSA (wie Anm. 1) 8 (2005-2007), S. 197-213, dies S. 198-201 u. 212 f.

[37] Vgl. Chur-Mayntzischer Stands- und Staats-Calender, Auf das Schalt-Jahr 1740. Worinnen kürtzlich zu ersehen, In welchen Kirchen der Stadt Mayntz die Haubt-Andachten und ZwölffStündiges- sowohl, als auch immerwährendes Gebett im gantzen Hohen Ertz-Stifft alltäglich das gantze Jahr hindurch gehalten wird. Sodann Verzeichnus aller des Heil. Stuhls zu Mayntz ersten Bischöffen, Ertz-Bischöffen und Churfürsten, bis auf Ihre jetzt Glorw. Regierende Churfürstl. Gnaden. Nebst allen ausführlichen Schematismo Sambtlicher des Hohen Ertz-Stiffts Geist- und Weltlicher, Civil- und Militar-Angehörigen, Dicasterien, mit deren Sessionen und Ferien, Ober- und Aembter auch Kellereyen &c. jeder mit seinem Prædicat, in Alphabetischer Ordnung. Item: Regierender Hoher Häupter in Europa Geburths-Täge. Ankommende und abgehende Posten, Land-Kutschen, Marckschiff, Marck-Nachen und Botten, auch Sperr-Ordnung der Stadt-Thoren in Mayntz, nebst einer Ausrechnung deren Carl D'or zu Gulden, Mainz o. J. [1739], S. 40 f. u. 144 („Druck- und andere Fehler."). Hier und bei weiteren in Frakturschrift gedruckten Titeln Zitaten J der jeweiligen Vorlage für I/J nach Lautstand wiedergegeben.

[38] Vgl. *Johann Heinrich Zedler*, Grosses vollständiges Universal-Lexikon, Bd. 5, Graz 1961 (Reprint der Ausgabe Halle / Leipzig 1733), Sp. 168: „*Calcant*, so wird derjenige genennet, welcher bey Orgel-Wercken in denen Kirchen die Bälge treten muß." Zu Bedeutung und Wertschätzung von Kalkanten sei beispielsweise darauf hingewiesen, daß 1516 in Lübeck eine kaufmännische Korporation, nämlich die Krämerkompanie, der dortigen Jakobikirche einen Geldbetrag schenkte, dessen Zinsen jährlich dem die Bälge der Kleinen Orgel dieser Kirche tretenden Kalkanten ausgezahlt werden sollten; vgl. dazu mit Druck der entsprechenden Urkunde *Hans-Bernd Spies*, Beispiele finanzieller Musikförderung durch Lübecker Bürger in der Frühen Neuzeit, in: Graßmann u. Neugebauer (wie Anm. 13), S. 57-63, dies S. 59 u. 62 f. Zu dieser spätestens 1467 entstandenen, später erweiterten und mehrmals reparierten, immer noch funktionsfähigen Orgel vgl. *Dietrich Wölfel*, Die wunderbare Welt der Orgeln. Lübeck als Orgelstadt, Lübeck 1980, S. 53-61.

[39] Zu diesem, der dem Adelsgeschlecht Ostein angehörte, ab 1756 bis zu seinem Tod auch Fürstbischof von Worms, vgl. *Friedhelm Jürgensmeier*, Johann Friedrich Karl (seit 1712 Reichsgraf) von Ostein, in: Gatz, Bischöfe 1648 bis 1803 (wie Anm. 1), S. 331-334.

[40] Zur Hofmusik seiner Zeit vgl. *Schweickert* (wie Anm. 13), S. 30-35, sowie *Gottron*, Musikgeschichte (wie Anm. 21), S. 87 u. 127-140; zu den vor allem unter ihm und weniger unter seinem Nachfolger eingestellten Musikern vgl. *Schweickert*, S. 38-52.

[41] Zu diesem, der dem Adelsgeschlecht Breidbach angehörte, ab 1768 bis zu seinem Tod auch Fürstbischof von Worms, vgl. *Friedhelm Jürgensmeier*, Emmerich Joseph Reichsfreiherr von Breidbach zu Bürresheim, in: Gatz, Bischöfe 1648 bis 1803 (wie Anm. 1), S. 42-44.

1774)[41] hauptsächlich aus finanziellen Gründen die personelle Erneuerung der Hofmusik lange versäumt, was im Laufe der Jahre zu einem beträchtlichen Qualitätsverlust führte[42]. Die im letzten Lebensjahr Emmerich Josephs vorgelegten Verbesserungsvorschläge konnten erst unter Erzbischof und Kurfürst Friedrich Carl Joseph (1719-1774-1802)[43] allmählich in die Tat umgesetzt werden[44], wozu neben der Einstellung besserer Musiker auch deren angemessene Bezahlung[45] sowie eine ausreichende finanzielle Ausstattung der Hofmusik[46] gehörten; schließlich erlebte diese Ende des 18. Jahrhunderts eine neue Blüte[47].

Diese Blütezeit beendeten die der Französischen Revolution ab 1792 folgenden Kriege, welche dazu führten, daß der linksrheinische Teil des Erzstiftes und auch Mainz selbst französisch besetzt wurden, dann provisorisch und 1801 schließlich auch völkerrechtlich an Frankreich fielen[48]. In dieser Zeit des Überganges war Aschaffenburg ab 1793 der neue Mittelpunkt des nur noch kurze Zeit bestehenden Erzstiftes geworden[49]. Die mit den territorialen Verlusten und den Kriegsfolgen einhergehenden finanziellen Engpässe führten dazu, daß auch weniger Geld für die Hofmusik zur Verfügung stand, dennoch dachten weder der Landesherr noch sein leitender Minister, Franz Joseph Freiherr von Albini (1748-1816)[50], daran, die Hofkapelle aufzulösen, allerdings wurden durch Tod oder Weggang einzelner Mitglieder freiwerdende Musikerstellen nicht mehr besetzt[51]. Ab Anfang 1797 wurden allerdings wieder Musiker eingestellt, um die Hofkapelle in ihrem Bestand zu

---

[42] Zur Hofmusik seiner Zeit vgl. *Schweickert* (wie Anm. 13), S. 35-38, sowie *Gottron*, Musikgeschichte (wie Anm. 21), S. 140-147.

[43] Zu diesem vgl. Anm. 1.

[44] Zur Hofmusik seiner Zeit vgl. *Schweickert* (wie Anm. 13), S. 53-93, sowie *Gottron*, Musikgeschichte (wie Anm. 21), S. 162-183.

[45] Vgl. *Gottron*, Musikgeschichte (wie Anm. 21), S. 164 ff. Die Ausgaben für Musikerbesoldungen stiegen von 1773 bis 1787 um fast 65 %; vgl. dazu die absoluten Zahlen bei *Schweickert* (wie Anm. 13), S. 131.

[46] Der Posten „An Musikalien und den Virtuosen" stieg von 1773 bis 1787 um knapp 116 %; vgl. dazu die Beträge bei *Schweickert* (wie Anm. 13), S. 131.

[47] Vgl. ebd., S. 53-93, zusammenfassende Beurteilung ebd., S. 93: „Dank der großzügigen Förderung durch den Kurfürsten und der umsichtigen Leitung der maßgebenden Persönlichkeiten erfuhr unter der Regierung Friedrich Karl Josephs die Hofmusik ihren größten Aufstieg und ihre reichste Entfaltung im 18. Jahrhundert. Ein Höhepunkt, der der künstlerischen Blüte zu Anfang des 17. Jahrhundert diametral gegenübersteht: im 17. Jahrhundert Pflege der v o k a l e n Kirchenmusik, am Ende des 18. Jahrhunderts hochentwickelte konzertmäßige Pflege der i n s t r u m e n t a l e n w e l t - l i c h e n Musik im Hofleben."

[48] Vgl. dazu zusammenfassend *Spies*, Von Kurmainz (wie Anm. 3), S. 263 f., sowie *ders.*, Verlegung (wie Anm. 2), S. 124, 128, 130 u. 134.

[49] Vgl. dazu oben S. 7 sowie *Hans-Bernd Spies*, Wilhelm Heinse in Aschaffenburg, in: *ders.*, Hein(t)ze (wie Anm. 12), S. 7-87, dies S. 70-75.

[50] Zu diesem, seit 1790 mainzischer Staats- und Konferenzminister mit dem Titel Hofkanzler, vgl. *Gerhard Menzel*, Franz Josef von Albini 1748-1816. Ein Staatsmann des alten Reiches. Zu Wandel und Fortleben der Reichstradition bei der Neugestaltung Deutschlands 1787-1815, in: Mainzer Zeitschrift. Mittelrheinisches Jahrbuch für Archäologie, Geschichte und Kunst 69 (1974), S. 1-126, sowie *Sigrid Jahns*, Das Reichskammergericht und seine Richter. Verfassung und Sozialstruktur eines höchsten Gerichts im Alten Reich, Teil II: Biographien, Bd. 2 (Quellen und Forschungen zur höchsten Gerichtsbarkeit im Alten Reich, Bd. 26, Tl. II,2), Köln / Weimar / Wien 2003, S. 770-795.

[51] Vgl. *Schweickert* (wie Anm. 13), S. 87 ff.; zum Weggang einzelner Musiker vgl. auch *Gottron*, Musikgeschichte (wie Anm. 21), S. 200 f.

sichern. Nach dem engültigen Verlust von Mainz am 30. Dezember 1797 mußten sich wie die sonstigen Hofbeamten auch alle Mitglieder der Hofkapelle in Aschaffenburg niederlassen. Da sie weiterhin nicht voll beschäftigt werden konnten und dadurch finanzielle Einbußen erlitten, waren ihnen schon früher Nebentätigkeiten gestattet worden[52].

Die erste mit Musikbegleitung in Aschaffenburg stattfindende Veranstaltung, welche in der damals seit gut einem halben Jahr erscheinenden örtlichen Tageszeitung[53] erwähnt wurde, war die Feier anläßlich des Wahl- und Namenstages[54] von Kurfürst Friedrich Carl Joseph am 18. Juli 1802[55]:

> „Gestern war für uns ein wahrhaft festlicher Tag – der Wahl- und Namenstag unsers allgeliebten Kurfürsten. Zur Vorfeyer dieses erwünschten Tags, ward unserm würdigsten Fürsten-Nestor[56] am Vorabend, den 17ten d., von der türkischen Bande der hiesigen Bürgerschaft, durch den Stadtschultheis[57] und die Bürgerhauptleute aufgeführt[58], eine treffliche Musik gebracht, die erst auf dem großen Schloßplatze unter den Fenstern des kurf. Schlosses – dann aber in dem Audienzsaale des Schlosses selbst in dem schönsten Einklange von 7 bis 9 Uhr[59]

---

[52] Vgl. *Schweickert* (wie Anm. 13), S. 89 ff.

[53] Zu deren Gründungsgeschichte vgl. *Hans-Bernd Spies*, Wochenblatt und Tageszeitung. Aschaffenburger Pressegeschichte von den Anfängen bis zur Mitte des 19. Jahrhunderts, in: Helmut Teufel u. Klaus Eymann (Hrsg.), Von Tag zu Tag. Zeitungsgeschichte und Zeitgeschehen am bayerischen Untermain. Zum 50. Jahrestag der Lizenzierung des „Main-Echos" am 24. November 1945, Aschaffenburg 1995, S. 8-66, dies S. 32-37 u. 59-62.

[54] Namenspatron des Kurfürsten war Friedrich von Utrecht, der an einem 18. Juli entweder 835, 836 oder 837 ermordete Bischof von Utrecht; zu diesem vgl. *Rolf Grosse*, Friedrich, hl. (Fest 18. Juli), Bf. v. Utrecht, in: Lexikon für Theologie und Kirche, hrsg. v. Walter Kasper, Bd. 4, Freiburg / Basel / Rom / Wien ³1995, Sp. 155.

[55] Privilegirte Kur-Mainzische Landes-Zeitung 1802, Nr. 86 (19. Juli), S. [1].

[56] Nestor repräsentierte in der griechischen Mythologie den „Typus des alt gewordenen Helden, der bereits einiges an körperlicher Stärke eingebüßt hat, aber durch seine Erfahrungen eine wichtige Funktion in der Versammlung der Anführer und damit im griech. Heer ausübt"; vgl. *Edzard Visser*, Nestor (Νέστωρ), in: Der neue Pauly. Enzyklopädie der Antike, hrsg. v. Hubert Cancik u. Helmuth Schneider, Bd. 8, Stuttgart / Weimar 2000, Sp. 861-864, Zitat Sp. 861.

[57] Damaliger Stadtschultheiß war seit 1796 Jakob Leo (1748-1825), der 1810 die Bezeichnung Maire erhielt und 1815 von seinem Amt zurücktrat; zu Leo vgl. *Carsten Pollnick*, Aschaffenburger Stadtoberhäupter von 1818 bis 1983, Würzburg 1983, S. 21-24. Der Stadtschultheiß, dessen Amt im Laufe der Jahrhunderte mehrere Veränderungen erfahren hatte, war der unmittelbar für die Stadt zuständige und in ihrer Verwaltung mitwirkende landesherrliche Beamte; vgl. *Heinrich Fußbahn*, Die Stadtverfassung Aschaffenburgs in der frühen Neuzeit (VGKA – wie Anm. 8 –, Bd. 45), Aschaffenburg 2000, S. 64-91, sowie *Günter Christ*, Aschaffenburg. Grundzüge der Verwaltung des Mainzer Oberstifts und des Dalbergstaates (Historischer Atlas von Bayern, Teil Franken, Reihe I, Heft 12), München 1963, 65 f., 76 ff., 95, 99, 101 u. 103 ff.

[58] Das Wort ‚aufführen' ist hier in der Bedeutung ‚anführen', ‚feierlich vorführen' oder ‚an einen bestimmten Ort bringen' gebraucht; vgl. Deutsches Wörterbuch von Jacob Grimm und Wilhelm Grimm (künftig: DW), Bd. 1, Leipzig 1854, Sp. 648 f., sowie DW. Neubearbeitung, hrsg. v. d. Berlin-Brandenburgischen Akademie der Wissenschaften u. d. Akademie der Wissenschaften zu Göttingen, Bd. 3, Stuttgart 2007, Sp. 491-494, bes. Sp. 491 f.

[59] Bei dieser und den weiteren Zeitabgaben handelt es sich um die Aschaffenburger Ortszeit, welche gegenüber der in Aschaffenburg zum 1. April 1892 und in ganz Deutschland zum 1. April 1893 eingeführten mitteleuropäischen Zeit einen Rückstand von 23 Minuten und 28 Minuten hat; vgl. dazu *Hans-Bernd Spies*, Zeitrechnung und Kalenderstile in Aschaffenburg und Umgebung. Ein Beitrag zur regionalen historischen Chronologie (MSSA – wie Anm. 1 –, Beiheft 3), Aschaffenburg 2009, S. 16 f.,

Abends spielte. An ihre Stelle trat hierauf das vorzüglich geschickte türkische Musikchor[60] des k. Militärs; es schien an diesem Abende sich selbst übertreffen zu wollen, so sehr zeichnete es sich durch Harmonie, Nachdruck und Raschheit des Spiels sowohl, als durch die Wahl vorzüglich schöner Stücke aus. Um $^1/_4$ nach 10 Uhr ward diese Feyer geendigt. – Gestern war grose Tafel bei Hofe. Während derselben ward unter Einstimmung der eben belobten türkischen Militärmusik die Gesundheit auf das höchste Wohl Seiner kurfürstlichen Gnaden ausgebracht."

Bei der zeitlich vor der kurfürstlichen Militärmusik anläßlich dieses Festtages aufspielenden „türkischen Bande der hiesigen Bürgerschaft" handelte es sich um die Musikgruppe des von Bürgerhauptleuten angeführten Bürgermilitärs[61]; diese Musiker spielten die auch Janitscharenmusik[62] – Janitscharen (türk.: yeniçeri = neue

Bildunterschrift zu Abb. S. 16.
Von Direktorialrat Pelletier am 26. Mai 1809 als Anlage A zu seinem Gutachten vom selben Tag aufgestellte „Stands Liste des bürgerlichen Musick Corps" Aschaffenburg (Vorlage: StAWü, MRA – wie Anm. 124 –, L 2624). Von den 22 Musikern spielten acht Klarinette, drei Fagott, einer Flöte, zwei Horn, vier Trompete sowie je einer Posaune, „Teller" (Becken), große Trommel und Wirbeltrommel; einige von ihnen dürften bereits 1802 bei der musikalischen Gestaltung des Wahl- und Namensfestes von Kurfürst Friedrich Carl Joseph mitgewirkt haben. Friedrich Carl Joseph Pelletier, spätestens 1793 in den Dienst des Erzstiftes Mainz getreten, war seit 1808 im Fürstprimatischen Staat Landesdirektionsrat sowie – was er auch im Großherzogtum Frankfurt blieb – Chef des Bürgermilitärs in Aschaffenburg, wo er am 16. April 1835 im Alter von 70 Jahren und drei Monaten starb; vgl. Kurmainzischer Hof- und Saats-Kalender auf das Jahr 1794. Mit einem Verzeichniß des erzhohen Domkapitels, auch aller zum k. Hof- und Kurstaate gehöriger Stellen und Aemter, Mainz o. J. [1793], S. 144 („**Hofkammerassessoren.** [...] Hr. Friderich Karl Joseph Pelletier."), Hof- und Staats-Kalender 1796 (wie Anm. 171), S. 142 („**Hofkammerräthe.** [...] Hr. Friderich Karl Joseph Pelletier."), Hof- und Staats-Kalender 1797 (wie Anm. 91), S. 108 („**Hofkammerräthe.** [...] Hr. Friderich Karl Joseph Pelletier."), Aschaffenburger Schreib- und Adreß-Kalender auf das Jahr 1808, Aschaffenburg o. J. [1807], Adreßbuchteil S. 27 („Pelletier, Hr. Friderich Carl Joseph, Hofkammerrath, auch spec. Fruchtmarkt- und Handelskommissär."), Aschaffenburger Schreib- und Adreß-Kalender auf das Jahr 1809, Aschaffenburg o. J. [1807], S. 27 f. („Pelletier, Hr. Friderich Carl Joseph, Landesdirektionsrath, Chef des Bürgermilitärs, auch spec. Fruchtmarkt- u. Handelskommissär."), *Winkopp* (wie Anm. 91), S. 92 f. („II. D e p a r t e m e n t   A s c h a f f e n b u r g. [...] P r ä f e c t u r. [...] P r ä f e c t u r r ä t h e : Hr. Friedrich Carl Joseph P e l l e t i e r , Commandant en Chef des Bürgermiliärs zu Aschaffenburg, Generaladjutant Sr. königl. Hoheit, Frucht-, Markt- und Handelscommissair, auch Mitglied der Administration der herrschaftlichen Waldungen und Gewässer, wie auch der Forstrügencommission für das Departement Aschaffenburg."), SSAA (wie Anm. 71), Sterberegister 1834-1847, S. 16 (Friedrich Carl Joseph Pelletier, Regierungsrat und Stadtkommissar), sowie Aschaffenburger Zeitung 1835, Nr. 93 (18. April), S. 386 (am 17. April 1835 von seinem Sohn Carl Pelletier aufgegebene Todesanzeige: „Am gestrigen verschied höchst sanft und ruhig [...] unser innigst geliebter Vater, der k[öniglich] b[ayerische] Regierungsrath und Stadtcommissär dahier, F r i e d r i c h   K a r l   J o s e p h   P e l l e t i e r , nach zurückgelegtem 70ten Lebensjahre.").

123 u. 125 ff. Die 24-Stundenzählung wurde erst in den 1920er Jahren, vor allem nach Einführung dieser Zählung im Sommerplan 1927 der Deutschen Reichsbahn, allgemein üblich; vgl. ebd., S. 138 f.
[60] Das Wort ‚Chor', damals männlich und sächlich gebraucht, bedeutet in diesem Fall nicht eine Gruppe von Sängern, sondern einfach ‚Kreis', ‚Reigen', ‚Menge', also eine Personengruppe; vgl. DW (wie Anm. 58), Bd. 2, Leipzig 1860, Sp. 617 f.
[61] Zu diesem vgl. *Arno Störkel*, Die Aschaffenburger Bürgerwehr 1806/9, in: MSSA (wie Anm. 1) 2 (1987-1989), S. 41-46, sowie *Fußbahn*, Stadtverfassung (wie Anm. 57), S. 203-206.
[62] Vgl. dazu *Ralf Martin Jäger*, Janitscharenmusik, in: MGG (wie Anm. 7), Sachteil, Bd. 4, Kassel / Basel / London / New York / Prag / Stuttgart / Weimar ²1996, Sp. 1316-1329, bes. Sp. 1316 u. 1325 ff.

Stand Liste des bürgerlichen Musik Corps.

Namen der Musikanten	Namen ihres Gewerbes	Namen der Instrumente	Anmerkungen
Joseph Huber	Krämer	Clarinett	Director.
Andreas Hittinger	Bäcker	Clarinett	
Daniel Schwarzbach	Großhändler	Clarinett	ausgetretten. I.
Wolfgang Staudner	Schreiner	Clarinett	
Eduard Hürt	Bäcker	Clarinett	
Adam Klein	Schneider	Clarinett	
Heinrich Held	Schumacher	Clarinett	
Georg Villatenrofa	Schuhknecht	Clarinett	Bürgers Sohn. 1.
Andreas Bauer	Bäcker	Fagot	
Conrad Hing	Branntweiner	Fagot	
Matthias Stein	Künnerbar	Fagot	
Ludwig Lauder	Schneider	Flöte	ausgetretten. II.
Joseph Pötz	Rothgerber	Horn	
Ludwig Anton	Müllergesell	Horn	Bürgers Sohn. 2.
Lorenz Stockart	Schuhknecht	Trompet	Bürgers Sohn. 3.
Johann Götz		Trompet	Volontair. a.
Franz Ernst		Trompet	Volontair. b.
Balthasar Hüber		Trompet	Volontair. c.
Ulrich Blaab		Posaun	Volontair. d.
Adam Breininger	Schneider	Tallas	ausgetretten. III.
Jacob Kayd	Kammergesell	große Trom	Bürgers Sohn. 4.
Franz Nemm	Schneider	Kesselrom	

Pressburg den 26ten May 1809.

Pelletier.

16

Truppe) waren die militärischen Eliteeinheiten des Osmanischen Reiches – genannte Türkische Musik, welche sich besonders seit dem 18. Jahrhundert in Europa verbreitet hatte. Bestand die gewöhnliche Militärmusik, Feld- oder Harmoniemusik genannt, aus Waldhorn, Fagott und Oboe, wurde sie für die Türkische Musik um mehrere Instrumente wie Klarinette, Trompete, Oktavflöte, große und kleine Trommel, Becken, Triangel und Schellenbaum erweitert.

Das Interesse an Musik ist auch aus einschlägigen, im Aschaffenburger Intelligenzblatt[63] – es wurde nach seinem ursprünglichen Namen[64] und seinem bis Mitte 1804 beibehaltenen Erscheinungsrhythmus[65] oftmals noch als Wochenblatt bezeichnet – erschienenen Anzeigen zu erkennen, die zumindest indirekt auf aktive Musikausübung hinweisen[66]. Das älteste überlieferte derartige Beispiel ist folgende zweimal von der Oberkellerei Aschaffenburg[67] veröffentlichte Versteigerungsanzeige[68]:

„Den Clavier-Liebhabern wird andurch bekannt gemacht, daß auf den 27ten Fruhe um 9 Uhr in kurfürstlicher Oberkellerey dahier ein Herrschaftlicher Clavier-Flügel an den Meistbiethenden wird versteigert werden, Liebhabere dazu können in kurfürstlicher Residenz dahier den Augenschein alltäglich nehmen.
Aschaffenburg den 15ten November
1787.
Von Oberkellerey
wegen."

Nicht nur amtliche Stellen, sondern auch Privatleute ließen Musikinstrumente auf diese Weise veräußern. So war in der Ankündigung der für den 23. Mai 1803 festge-

---

[63] Zu dessen früher Geschichte vgl. *Spies*, Wochenblatt (wie Anm. 53), S. 9-32, 47 f., 50-60 u. 65, sowie *ders.*, Zur Frühzeit der Aschaffenburger Pressegeschichte: das „Aschaffenburger Wochen-Blatt" (1783) von Alexander Kauffmann, in: MSSA (wie Anm. 1) 7 (2002-2004), S. 224-234.

[64] Es hieß wahrscheinlich von der Gründung im Jahre 1774 bis Ende 1785 – bekannt ist ein Exemplar vom 30. Mai 1783 – „Aschaffenburger Wochen-Blatt bestehend in allerhand dem gemeinen Wesen so nöthig- als nützlichen Sachen"; vgl. *Spies*, Zur Frühzeit (wie Anm. 63), S. 228 u. 232.

[65] Es erschien bis zum 16. Juli 1804 einmal und danach bis zu seinem zeitweiligen Ende am 31. Dezember 1831 zweimal wöchentlich; vgl. ebd., S. 232, sowie *Hans-Bernd Spies*, Vom Wochenblatt zur Abendzeitung – die Namensänderungen des Aschaffenburger Intelligenzblattes von seinem Beginn (1774) bis zur letzten Ausgabe (1905) vor der Verschmelzung mit der „Aschaffenburger Zeitung", in: MSSA (wie Anm. 1) 8 (2005-2007), S. 169-177, dies S. 169-172.

[66] Es werden hier nur Beispiele aus der Zeit vor Gründung der Musikschule angeführt. Falls sich biographische Daten zu den in den zitierten Anzeigen erwähnten Personen ermitteln ließen, sind solche in den Anmerkungen angegeben.

[67] Die Oberkellerei befand sich in dem früheren Gebäude auf dem heutigen Anwesen Schloßgasse Nr. 30; vgl. dazu *Alois Grimm*, Aschaffenburger Häuserbuch II. Altstadt zwischen Dalbergstraße und Schloß, Mainufer – Mainbrücke – Löherstraße (VGKA – wie Anm. 8 –, Bd. 34), Aschaffenburg 1991, S. 293-300. Die damalige Oberkellerei Aschaffenburg, 1782 durch Zusammenschluß der bisherigen Oberkellerei Aschaffenburg und der Kellerei Bachgau gebildet, war die für das Finanzwesen im Raum Aschaffenburg zuständige landesherrliche Behörde; vgl. *Christ* (wie Anm. 57), S. 67-70 u. 163.

[68] Aschaffenburger privilegirtes Intelligenzblatt 1787, Nr. 45 (17. November), S. [1], wiederholt Nr. 46 (24. November), S. [1 f.].

setzten Versteigerung des Nachlasses des wenige Wochen zuvor verstorbenen Hofsängers Christoph Santorini (1727-1803)[69] auch ein Klavier aufgeführt[70]:

> „Mondtag den 23ten d. Nachmittags 2 Uhr werden in der Behausung des Färbers Hüfner an der Aiche[71] des verstorbenen Hofsängers Santorini Möbels, als: Kupfer, Zinn, Meßing, und Eisenwerk, Bettung, Weiszeuch, Holzwerk, ein Klavier, allerlei italiänische auch französische Bücher, Mahlereien, und Porcellain &c. freiwillig versteigert werden."

In der Presse wurden immer wieder Musikinstrumente zum Verkauf oder zu mietweiser Überlassung angeboten, andererseits erschienen natürlich auch entsprechende Kauf- und Mietgesuche. Zumeist betrafen die Anzeigen Tasteninstrumente,

---

[69] Dieser war im Alter von 76 Jahren verstorben und am 27. April 1803 auf dem Agathakirchhof begraben worden, woraus sich obiges Geburtsjahr erschließen läßt; vgl. *Heinrich Fußbahn* (Red.), Kirchenbuch-Band IV der Pfarrei St. Agatha in Aschaffenburg (1801-1825), Aschaffenburg 2007, S. 836, Nr. 32100. Santorini, seit 1750 Mitglied der Hofmusik, denn er wurde erstmals im Staatskalender von 1751 genannt, und zwar, wie aus den genaueren Angaben jenes von 1765 hervorgeht, als Tenorsänger, hatte in Mainz zumindest 1774 versucht, durch den Verkauf von Notenpapier und Notentinte einen Zusatzverdienst zu bekommen; vgl. Chur-Mayntzischer Stands- und Staats-Schematismus, Aller des Hohen Ertz-Stiffts Geist- und Weltlicher auch Civil-Angehörigen, Dicasterien, mit deren Sessionen, Ferien, Ober- und Aemter, auch Kellereyen &c. jeder mit gehörigem Prædicat, in Alphabetischer Ordnung; Sambt einem vorhergehenden Calender Auf das Jahr nach Christi Geburt 1751. Da man zehlt von Erschaffung der Welt 5700. Jahr. Von der Sündfluth 1044. Vom Leyden, Sterben, Auferstehen und Himmelfarth Christi, 1718. Vom Anfang des Röm. Reichs unter Julio Cäsare dem Ersten Kayser 1798. Von Erwählung Ihro Römisch. Kayserl. Majest. Francisci I. 6. den 13. Septembr. Von der Geburt Ihrer Churfürstl. Gnaden zu Mayntz Joannis Friderici Caroli Unsers Gnädigsten Chur- und Lands-Fürsten den 6. Julii 62. Von dieses Dero Regierung 8. den 22, April. Auch seynd hierinnen kürtzlich zu lesen 1. Alle Andachten und Gebett-Stunden in- und ausserhalb Mayntz, 2. Die Continuation deren Herren Dhom-Capitularen von 1315, 3. Alle Ertz- und Bischöffe in der Christ-Catholischen Kirchen, mit Deroselben Geburts- und Consecrations-Jahren, auch Dern Bischthümer Situation, alles nach Alphabetischer Ordnung, Mainz o. J. [1750], S. 53 („**Hoff**-*Musici.* [...] Christoph *Santorini.*"), Chur-Maynzischer Hof- Staats- und Stands-Calender, Auf das Jahr Nach unsers Herrn und Heilands Jesu Christi Gnaden-reichen Geburt MDCCLXV. So ein gemein Jahr von 365. Täg ist. Darinnen zu lesen Alle Andachten und Gebet-Stunden in- und ausserhalb Maynz; sowohl des alltäglichen 12. Stündigen in Maynz, als des ewigen Gebets im ganzen hohen Ertz-Stift; Item Schema Eines Erz-Hohen Dhom-Capituls Auch aller des hohen Erz-stifts geist- und weltlichen angehörigen Dicasterien und Stellen, Mit deren Sessionen, Ferien, Vicedom- Ober- und Aemter, und Kellereyen, jeder mit gehörigem Prædicat. In Alphabetischer Ordnung, Mainz o. J. [1764], S. 69 (**Hof-Sänger und Sängerinne.** [...] Hr. Christoph *Santorini,* Tenorist"), *Schweickert* (wie Anm. 13), S. 45, 104, 113 u. 119, sowie *Gottron,* Musikgeschichte (wie Anm. 21), S. 210.

[70] Privilegirtes Aschaffenburger Intelligenzblatt (künftig: PAI) 1803, Nr. 20 (16. Mai), S. [5].

[71] Es handelte sich um das 1899 durch einen Neubau ersetzte Haus des Färbers Matthäus Hüfner (1736-1810) an der Ecke Roßmarkt/Hinter der Eich, heutiges Anwesen Roßmarkt Nr. 33; vgl. *Alois Grimm,* Aschaffenburger Häuserbuch III. Stadtgebiet zwischen Sandgasse, Roßmarkt, Betgasse und Wermbachstraße mit Nebengassen (VGKA – wie Anm. 8 –, Bd. 41), Aschaffenburg 1994, S. 650 ff. Hüfner, am 8. Juni 1736 in der Agathakirche auf die Namen Johann Mätthäus getauft, war am 21. Juli 1764 Bürger geworden und wurde am 21. Februar 1810 beerdigt; vgl. *Heinrich Fußbahn* (Red.), Die Kirchenbücher der Pfarrei St. Agatha in Aschaffenburg (1620-1738), Aschaffenburg 2000, S. 251, Nr. 9632, sowie *ders.* (Red.), Kirchenbuch 1801-1825 (wie Anm. 69), S. 846, Nr. 32717. Im Bürgerbuch 1659-1793 war „Mattheß Hüffner" zunächst am 22. Mai 1764 eingetragen, aber wieder gestrichen worden, worauf der endgültige Eintrag („Matheuß Hüffner") am 21. Juli 1764 erfolgte: Stadt- und Stiftsarchiv Aschaffenburg (künftig: SSAA), Stadtarchiv Mainzer Zeit, 21, S. 281 f. bzw. 284. Hier und bei allen weiteren Zitaten aus ungedruckten Quellen diplomatische Wiedergabe der Vorlage.

die zum Vermieten oder zum Verkauf[72], nur zum Verkauf[73] oder nur zum Vermie-

[72] Vgl. Aschaffenburger Intelligenzblatt (künftig: AI) 1804, Nr. 72 (12. Dezember), S. [3], wiederholt Nr. 73 (15. Dezember), S. [3]: „Ein noch gut und wohlgehaltenes Klavier ist sogleich Monatsweis zu vermiethen, oder auch käuflich abzugeben, wo? erfährt man in dem Intelligenzkomptoir."; AI 1805, Nr. 20 (9. März), S. [2], wiederholt Nr. 22 (16. März), S. [3]: „Ein Klavier ist zu verlehnen, auch zu verkaufen. Bei wem, ist beim Verleger zu erfahren."; AI 1806, Nr. 92 (15. November), S. [2], wiederholt Nr. 93 (19. November), S. [2], u. Nr. 95 (26. November), S. [2]: „Es ist ein Klavier stündlich zu verleihen oder auch um billigen Preis zu verkaufen. Das Nähere erfährt man bei dem Ausgeber des Wochenblatts." – Der Verleger des hin und wieder auch noch Wochenblatt genannten Intelligenzblattes wohnte seit Mai 1804 in dem damaligen Haus auf dem heutigen Anwesen Herstallstraße Nr. 24, sein Nachfolger, dem er das Blatt Mitte 1806 verkauft hatte, zog erst im April 1808 in sein knapp zwei Jahre zuvor erworbenes Haus auf dem heutigen Anwesen Löherstraße Nr. 11, in welchem er wahrscheinlich gleich nach Übernahme des Intelligenzblattes druckte und das daher auch seitdem das „Intelligenz-Comptoir" gewesen sein dürfte; vgl. *Spies*, Wochenblatt (wie Anm. 53), S. 14, 17, 22 f., 52 f. u. 55, sowie *Klaus Eymann*, Die Druckhäuser Aschaffenburger Zeitungen. Vom Wohnhaus im Löhergraben zum Großbetrieb an der Aschaff, in: Teufel u. Eymann (wie Anm. 53), S. 219-253, dies S. 219 u. 221 f. –; AI 1807, Nr. 49 (20. Juni), S. [3], wiederholt Nr. 50 (24. Juni), S. [3], u. Nr. 51 (27. Juni), S. [3]: „Es ist ein Forte-Piano stündlich zu verlehnen oder um billigen Preiß zu verkaufen. Bei wem? sagt der Ausgeber dieses Blatts."; AI 1808, Nr. 14 (17. Februar), S. [2], wiederholt Nr. 15 (20. Februar), S. [2]: „Ein noch gut gehaltenes Klavier ist monatsweise gegen Zins abzugeben, oder auch an Liebhaber zu verkaufen. Das Nähere im F[ürstl] P[rimatischen] Intelligenz-Comptoir."; AI 1809, Nr. 5 (18. Januar), S. [2], wiederholt Nr. 6 (21. Januar), S. [2], u. Nr. 7 (25. Januar), S. [4]: „Ein schon gebrauchtes aber noch ganz gutes Klavier, ist zu verkaufen, oder zu verlehnen. In dem Intelligenz-Comptoir das Nähere."; AI 1809, Nr. 48 (17. Juni), S. [4], wiederholt Nr. 49 (21. Juni), S. [4], u. Nr. 50 (24. Juni), S. [4]: „Ein neues gutes Klavier ist entweder monatlich zu verlehnen, oder zu verkaufen. Der Herausgeber dieses Blatts giebt nähere Auskunft."; AI 1809, Nr. 89 (8. November), S. [3], wiederholt Nr. 90 (11. November), S. [3], Nr. 91 (15. November), S. [3], u. Nr. 92 (18. November), S. [3]: „Ein sehr gutes Fortepiano und ein Flügel sind um billigen Preiß zu verkaufen, oder zu vermiethen. Wo? sagt der Ausgeber dieses Blattes."; AI 1810, Nr. 75 (19. September), S. [3], wiederholt Nr. 76 (22. September), S. [3], Nr. 77 (26. September), S. [4], u. Nr. 78 (29. September), S. [2]: „In dem Hause Lit. A No. 21 im Sack dahier, ist ein gutes Fortepiano zu verkaufen oder zu vermiethen." – bei dem genannten Haus handelte es sich um das auf dem heutigen Anwesen Sackgasse Nr. 6 stehende; vgl. dazu *Alois Grimm*, Aschaffenburger Häuserbuch [I]. Dalbergstraße – Stiftsgasse – Fischerviertel (VGKA – wie Anm. 8 –, Bd. 27), Aschaffenburg 1985, S. 483-486 –; AI 1810, Nr. 83 (17. Oktober), S. [4], wiederholt Nr. 84 (20. Oktober), S. [3], Nr. 85 (24. Oktober), S. [2], Nr. 86 (27. Oktober), S. [2], Nr. 87 (31. Oktober), S. [2], u. Nr. 88 (3. November), S. [2]: „Es hat Jemand dahier einen noch ganz neuen Flügel entweder zu verkaufen oder zu verlehnen. Das nähere sagt der Herausgeber dieser Blätter."

[73] Vgl. PAI (wie Anm. 70) 1803, Nr. 23 (6. Juni), S. [8], wiederholt Nr. 24 (13. Juni), S. [8], u. Nr. 25 (20. Juni), S. [6]: „Es ist ein schönes Klavier zu verkaufen; wo? wird in der Buchdruckerei gesagt." – Die Buchdruckerei und somit auch die Ausgabestelle des Intelligenzblattes befanden sich damals auf dem heutigen Anwesen Pfaffengasse Nr. 2; vgl. *Spies*, Wochenblatt (wie Anm. 53), S. 13 u. 51 –; AI (wie Anm. 72) 1804, Nr. 6 (6. Februar), S. [3]: „Ein Klavier ist zu verkaufen. Wo? wird in der Buchdruckerei gesagt."; AI 1804, Nr. 6 (6. Februar), S. [4], wiederholt Nr. 7 (13. Februar), S. [4], u. Nr. 8 (20. Februar), S. [3]: „Ein sehr gutes Fortepiano ist zu verkaufen. Wo? wird in der Buchdruckerei gesagt."; AI 1804, Nr. 18 (30. April), S. [4], wiederholt Nr. 19 (7. Mai), S. [4], Nr. 20 (14. Mai), S. [4], u. Nr. 21. (21. Mai), S. [7 f.]: „Ein sehr gutes Forte Piano ist zu verkaufen. Bei wem? wird in der Buchdruckerei gesagt."; AI 1807, Nr. 23 (21. März), S. [1], wiederholt Nr. 24 (25. März), S. [1], u. Nr. 25 (28. März), S. [1]: „Ein gutes Forte-Piano, dessen Veränderungen mit dem Knie dirigirt werden, ist zu verkaufen. Wo? erfährt man bei dem Ausgeber dieses Blatts."; AI 1807, Nr. 90 (11. November), S. [2], wiederholt Nr. 91 (14. November), S. [2]: „Ein gutes Klavier ist sogleich zu verkaufen. Wo? sagt der Verleger dieses Blatts."; AI 1808, Nr. 11 (6. Februar), S. [4], wiederholt Nr. 12 (10. Februar), S. [3], u. Nr. 13 (13. Februar), S. [3]: „Es ist ein gut conditionirter Clavier-Flügel zu verkaufen. Wo? sagt Ausgeber dieses Blatts."; AI 1808, Nr. 75 (17. September), S. [2], wiederholt Nr. 76 (21. September), S. [2], Nr. 77 (24. September), S. [3], Nr. 78 (28. September), S. [3], Nr. 79 (1. Oktober), S. [2], u. Nr. 80 (5. Oktober), S. [2]: „Ein gut Klavier ist zu verkaufen. Bei wem? sagt der Herausgeber dieses Blatts."; AI 1809, Nr. 4 (14. Januar), S. [3], wiederholt Nr. 5 (18. Januar), S. [2], u. Nr. 6 (21. Januar), S. [2]: „Ein vorzüglich guter Flügel von

ten[74] – mitunter auch in sonderbar anmutenden Verbindungen[75] – angeboten wur-

---

Heilmann ist zu verkaufen. Wo? erfährt man beim Heraugeber dieses Blatts." – Der Orgel- und Instrumentenmacher Matthäus Heilmann (1744-1817) in Mainz hatte wahrscheinlich mehr Klaviere als Orgeln hergestellt; zu diesem vgl. *Gottron*, Musikgeschichte (wie Anm. 21), S. 157 f. u. 209 –; AI 1809, Nr. 25 (29. März), S. [3], wiederholt Nr. 26 (1. April), S. [3], u. Nr. 27 (5. April), S. [2]: „Ein ganz neuer Flügel von Nußbaumen Holz, geschliffen, und ganz nach Wiener Art verfertiget, mit 6 Octaven und einer Leier versehen, ist nebst noch einem andern gebrauchten Flügel um billigen Preiß zu verkaufen. Bei wem? sagt der Heraugeber dieses Blatts."; AI 1809, Nr. 63 (9. August), S. [3], wie-derholt Nr. 64 (12. August), S. [2], u. Nr. 65 (16. August), S. [2]: „Bei Leonard Jakob Reinach wohnhaft im Gasthaus zur Stadt Mainz, ist ein gut gehaltenes Klavier mit einer Orgel versehen, zu verkaufen. Alle Tag von 10 bis 12 Uhr kann man solches einsehen."; AI 1810, Nr. 9 (31. Januar), S. [3], wiederholt Nr. 10 (3. Februar), S. [3]: „Ein gut konditionirter Flügel ist zu verkaufen. Das Nähere sagt der Heraugeber dieses Blattes."; AI 1810, Nr. 14 (17. Februar), S. [3], wiederholt Nr. 15 (21. Februar), S. [3], u. Nr. 16 (24. Februar), S. [4]: „Zwei ganz neue und gute Flügel, jeder mit 6 Octaven, und mit allen Veränderungen versehen, für welche auch auf Verlangen ein ganzes Jahr Bürge geleistet wird, sind unter annehmbaren Bedingnissen, und einem sehr gemäsigten Preiß zu verkaufen. Bei wem? sagt der Heraugeber dieses Blattes."; AI 1810, Nr. 21. (14. März), S. [2]: „Ein ganz neues Fortepiano ist um einen billigen Preiß im goldenen Adler dahier bei Herrn Sitzmann zu verkaufen."; AI 1810, Nr. 25 (28. März), S. [4], wiederholt Nr. 26 (31. März), S. [3], u. Nr. 27 (4. April), S. [3]: „Ein gut kondi-tionirtes Fortepiano mit allen Veränderungen ist um einen billigen Preiß zu verkaufen. Das Nähere sagt der Verleger dieser Blätter." Das Gasthaus Stadt Mainz befand sich in dem Gebäude auf dem heu-tigen Grundstück Steingasse Nr. 4, das Gasthaus zum goldenen Adler, dessen Inhaber 1806-1821 Christoph Sitzmann war, befand sich in dem 1944 durch einen Bombenvolltreffer zerstörten Gebäude auf dem heutigen Anwesen Strickergasse Nr. 9; vgl. *Alois Grimm*, Aschaffenburger Häuserbuch IV. Herstallstraße mit Entengasse, Landingstraße mit Marktplatz, Steingasse mit Nebensteingasse und Friedrichstraße (VGKA – wie Anm. 8 –, Bd. 43), Aschaffenburg 1996, S. 342-347, bzw. *ders.*, Aschaf-fenburger Häuserbach V. Kapuzinergasse und Kapuzinerplatz, Karlstraße, Erthalstraße zwischen Ridingerstraße und Justizgebäude, Treibgasse und Agathaplatz, Strickergasse, erweiterter Schloßplatz mit Markt, bearb. v. Monika Ebert u. Ernst Holleber (VGKA, Bd. 46), Aschaffenburg 2001, S. 505-513. Der aus Dettingen stammende Christoph Sitzmann war 1793 Pate bei einer Taufe in der Agathakirche, 1807 Trauzeuge bei einer Hochzeit in der Muttergotteskirche, 1809 erneut Taufpate in der Agatha-kirche – dabei im Kirchenbuch mit Vornamen Johann Christoph aufgeführt –, ließ erstmals 1808 und letztmals 1819 ein Kind in der Agathakirche taufen; vgl. *Heinrich Fußbahn* (Red.), Kirchenbuch-Band III der Pfarrei St. Agatha in Aschaffenburg (1738-1800), Aschaffenburg 2004, S. 486, Nr. 19170, *ders.* (Red.), Kirchenbücher der Pfarrei Unsere Liebe Frau in Aschaffenburg 1783-1837 (Bände 3, 5 und 7), Aschaffenburg 2003, S. 738, Nr. 22158, sowie *ders.*, Kirchenbuch 1801-1825 (wie Anm. 69), S. 715, Nr. 28914, S. 713, Nr. 28856, u. S. 762, Nr. 30288.

[74] Vgl. AI (wie Anm. 72) 1804, Nr. 6 (6. Februar), S. [4], wiederholt Nr. 7 (13. Februar), S. [4], u. Nr. 8 (20. Februar), S. [4]: „Ein noch wohlbeschaffenes Klavier ist Monatweis sogleich zu verlehnen. Liebhaber melden sich bei Jud Mayer in der Steingaß."; 1808, Nr. 45 (4. Juni), S. [4], wiederholt Nr. 46 (8. Juni), S. [4], Nr. 47 (11. Juni), S. [4], u. Nr. 48 (15. Juni), S. [4]: „Ein gutes Forte-Piano ist zu ver-lehnen. Das Nähere im Intelligenz-Comptoir."; AI 1809, Nr. 27 (5. April), S. [2], wiederholt Nr. 28 (8. April), S. [2], u. Nr. 29 (12. April), S. [2]: „Es hat Jemand einen Flügel monatlich zu vermiethen. Der Heraugeber dieses Blatts sagt das Nähere."; AI 1809, Nr. 59 (26. Juli), S. [2], wiederholt Nr. 60 (29. Juli), S. [2], Nr. 61 (2. August), S. [2], u. Nr. 62 (5. August), S. [2]: „Ein Flügel ist um billigen Preiß stündlich zu vermiethen. In dem Comptoir dieses Blattes [Vorlage: Blatttes] das Nähere."; AI 1809, Nr. 73 (13. September), S. [2], wiederholt Nr. 74 (16. September), S. [3], Nr. 75 (20. September), S. [2], u. Nr. 76 (23. September), S. [3]: „Ein noch wohl konditionirtes Fortepiano ist Monatsweis zu verlehnen. Heraugeber dieser Blätter sagt das Nähere."

[75] Vgl. AI (wie Anm. 72) 1804, Nr. 51 (29. September), S. [3], wiederholt Nr. 52 (3. Oktober), S. [3], u. 54 (10. Oktober), S. [3]: „Eine noch ganz gute Kelterbütte mit eisernen Stangen, Schrauben und Zugehör ist zu verkaufen; sodann auch ein noch ganz gutes Klavier zu verlehnen. Bei wem? ist im Intelligenzblattskomtoir zu erfahren."; AI 1809, Nr. 89 (8. November), S. [3], wiederholt Nr. 90 (11. November), S. [4]: „Ein Fortepiano ist zu vermiethen, auch werden Studenten in die Kost und Logis gesucht. Beim Verleger dieses Blatts das Nähere."

den, zu einer Versteigerungsmasse[76] gehörten bzw. zum Kauf[77] oder zum Mieten[78] gesucht wurden; aber auch mehrere Streichinstrumente gleichzeitig[79], eine einzelne Violine[80], eine Flöte zusammen mit einer Violine[81] und einmal zusammen mit einem Gewehr[82], eine Gitarre[83], eine Harfe[84] oder mehrere Trommeln[85] wurden zum Kauf

---

[76] Vgl. AI (wie Anm. 72) 1807, Nr. 31 (18. April), S. [2], wiederholt Nr. 32 (22. April), S. [3 f.], u. Nr. 33 (25. April), S. [2]: „Im dahiesigen Zollhause am Main wird bis Mondtag den 27ten dieses, und folgende Täge Nachmittags 2 Uhr öffentlich an den Meistbietenden gegen gleich baare Zahlung ein Heilmännischer Klavier-Flügel von Mahagoni-Holz, dann ein Reisewagen und verschiedene Effekten, als Weiszeug, Spiegel, Stühle, Kanapee, Kommode, Bettwerk &c. versteigert werden. Aschaffenburg am 15ten April 1807. Von Fürst- Primat. Oberlandesgerichts-Senats erster Instanz wegen. Fertig Sekretair." Das genannte Zollhaus, im Zeitraum 1816-1823 abgerissen, stand auf dem Grundstück Suicardusstraße Nr. 1; vgl. *Grimm*, Häuserbuch II (wie Anm. 67), S. 483-487. Zu Hugo Ernst Fertig (1757-1830) vgl. *Spies*, Heinse (wie Anm. 49), S. 17 f.

[77] Vgl. AI (wie Anm. 72) 1808, Nr. 51 (25. Juni), S. [3], wiederholt Nr. 52 (29. Juni), S. [4]: „Ein guter brauchbarer Flügel wird zu kaufen gesucht. Das Nähere im Intelligenz-Comptoir."

[78] Vgl. AI (wie Anm. 72) 1805, Nr. 62 (3. August), S. [2], wiederholt Nr. 63 (7. August), S. [3], u. Nr. 64 (10. August), S. [2]: „Es wünscht Jemand ein Forte-Piano auf einige Wochen gemiethet zu erhalten; das Nähere ist im Gasthause zum Adler zu erfragen."; AI 1806, Nr. 4 (11. Januar), S. [4], wiederholt Nr. 5 (15. Januar), S. [3]: „Es wird ein gutes Forte Piano monatweis zu lehnen gesucht."; AI 1807, Nr. 88 (4. November), S. [3], wiederholt Nr. 89 (7. November), S. [2], Nr. 90 (11. November), S. [3], u. Nr. 91 (14. November), S. [2]: „Ein gutes Klavier wird Monatsweise zu lehnen gesucht. Wo? ist bei Verleger dieses Blatts zu erfragen."; AI 1807, Nr 94 (25. November), S. [2], wiederholt Nr. 95 (28. November), S. [3], Nr. 98 (9. Dezember), S. [1], u. Nr. 99 (12. Dezember), S. [3]: „Es wird ein gutes Klavier zu lehnen gesucht. Das Nähere sagt der Verleger dieses Blatts."; AI 1808, Nr. 101 (17. Dezember), S. [3], wiederholt Nr. 102 (21. Dezember), S. [3], Nr. 103 (24. Dezember), S. [4], u. Nr. 104 (28. Dezember), S. [4]: „Es wird ein gutes Klavier monatlich oder vierteljährlich zu miethen gesucht. Von wem? erfährt man beim Verleger dieses Blatts."

[79] Vgl. AI (wie Anm. 72) 1806, Nr. 61 (30. Juli), S. [2], wiederholt Nr. 62 (2. August), S. [2]: „Ein gutes ausgespieltes *Violoncello*, ein *Orchestre Violoncello*, eine sehr gute *alto Viola*, und 2 *Violinen*, ferner der *Dictionaire de deux Nations* teutsch und franz., sind billigen Preises zu verkaufen. Wo? ist in der Buchdruckerei zu erfragen."; AI 1807, Nr. 94 (25. November), S. [1 f.], wiederholt Nr. 95 (28. November), S. [2], u. Nr. 96 (2. Dezember), S. [3]: „Ein ausgespieltes, wohlgehaltenes und gutes *Violoncello*, von dem verstorbenen kurmainzischen Hofgeigenmacher Herrn Martin Diehl im Jahre 1779 verfertigt, nebst Kasten; ferner eine sehr gute *Alto-Viola*, von Herrn Widham in Nürnberg vom Jahre 1779, sind nebst einem sehr alten *Orchestre Violoncello* ohne Kasten dahier zu verkaufen. Die Liebhaber dazu wollen sich bei Unterzeichnetem gefälligst melden. W a g n e r , Hofmusikus." Der Geigenbauer Martin Diehl (1741-1793) stammte aus Mainz und starb auch dort, allerdings war nicht er, sondern sein Schwiegervater Nikolaus Dopfer (um 1713-1788) Hofgeigenmacher; vgl. *Gottron*, Musikgeschichte (wie Anm. 21), S. 159 f. Bei dem in der Anzeige falsch geschriebenen Nürnberger Geigenbauer handelte es sich entweder um Martin Leopold Widhalm (1747-1806) oder um seinen Bruder Gallus Ignaz Widhalm (1752-1822); vgl. *Josef Focht* u. *Klaus Martius*, Widhalm, Wit(t)halm, Wiedhalm, in: MGG (wie Anm. 7), Personenteil, Bd. 17, Kassel / Basel / London / New York / Prag / Stuttgart / Weimar ²2007, Sp. 864-866, dies Sp. 865. Zu Wagner vgl. unten bei Anm. 90.

[80] Vgl. AI (wie Anm. 72) 1809, Nr. 46 (10. Juni), S. [2], wiederholt Nr. 47 (14. Juni), S. [3], u. Nr. 48 (17. Juni), S. [4]: „Es ist eine schöne und gute Violin, versehen mit einem Schraubenbogen, um einen billigen Preiß zu verkaufen. Das Nähere erfährt man beim Verleger dieses Blattes."

[81] Vgl. AI (wie Anm. 72) 1809, Nr. 23 (22. März), S. [2], wiederholt Nr. 24 (25. März), S. [4], Nr. 25 (29. März), S. [3], Nr. 26 (1. April), S. [3], u. Nr. 27 (5. April), S. [2[: „Es ist eine Flöte und Violine, jede um einen billigen Preiß zu verkaufen. Das Nähere im Intelligenz Comptoir."

[82] Vgl. AI (wie Anm. 72) 1804, Nr. 6 (6. Februar), S. [3]: „Eine gute Doppelflinte nebst einer Flöte sind zu verkaufen. In der Buchdruckerei wird gesagt wo?"

[83] Vgl. AI (wie Anm. 72) 1808, Nr. 72 (7. September), S. [2], wiederholt Nr. 73 (10. September), S. [2], Nr. 74 (14. September), S. [2], Nr. 75 (17. September), S. [2], Nr. 76 (21. September), S. [2], u. Nr. 77 (24. September), S. [3]: „Eine Guitarre ist zu verkaufen. Bei wem? sagt der Verleger dieses Blatts."

angeboten, andererseits wurde auch ein Flageolett[86], also eine hohe Blockflötenart, gesucht[87].

Nicht nur jene Anzeigen, in denen Musikinstrumente angeboten bzw. gesucht wurden, offenbaren, daß es in der Stadt nicht an „Liebhabern der Tonkunst"[88] mangelte, sondern auch solche, in denen einerseits Saiten für Musikinstrumente[89] und ande-

---

[84] Vgl. AI (wie Anm. 72) 1809, Nr. 99 (13. Dezember), S. [3], wiederholt Nr. 102 (23. Dezember), S. [4]: „Eine gut konditionirte Harpfe [Wiederholung: Harfe] ist zu verkaufen. Bei wem? sagt der Herausgeber dieser Blätter."

[85] Vgl. AI (wie Anm. 72) 1809, Nr. 71 (6. September), S. [1 f.], wiederholt Nr. 72 (9. September), S. [2], Nr. 73 (13. September), S. [1], u. Nr. 74 (16. September), S. [2]: „Vier annoch brauchbare hölzerne Trommeln sind dahier gegen baare Zahlung zu verkaufen. Die Liebhaber können sich bei dem bürgerlichen Tambour Major Kaspar Schüßler dahier melden." Schüßler, von Beruf Wagner, dem das damalige Haus auf dem heutigen Anwesen Roßmarkt Nr. 22 gehörte, starb 51jährig und wurde am 13. Februar 1814 auf dem Agathakirchhof beerdigt; vgl. *Grimm*, Häuserbuch III (wie Anm. 71), S. 693 ff., sowie *Fußbahn*, Kirchenbuch 1801-1825 (wie Anm. 69), S. 856, Nr. 33229.

[86] Zu diesem Instrument, das als Volksinstrument galt, u. a. zum Dressieren von Singvögeln geeignet war und im 18. Jahrhundert auch in der Kunstmusik eingesetzt wurde, vgl. *Marianne Betz*, Flageolett, in: MGG (wie Anm. 7), Sachteil, Bd. 3, Kassel / Basel / London / New York / Prag / Stuttgart / Weimar ²1995, Sp. 569-570.

[87] Vgl. AI (wie Anm 72) 1804, Nr. 65 (17. November), S. [4], wiederholt Nr. 66 (21. November), S. [3], u. Nr. 67 (24. November), S. [3]: „Es suchet jemand ein Flageolet zu kaufen; Ausgeber dieses sagt wer?"

[88] Zitat vom Schluß der in Anm. 89 angeführten Anzeige.

[89] Vgl. AI (wie Anm. 72) 1805, Nr. 31 (21. Juli), S. [4], wiederholt Nr. 32 (25. Juli), S. [3], u. Nr. 34 (1. August), S. [3]: „Handelsmann J. Heinrich Dumont wohnhaft in der Frau Accisor Gerster Behausung dahier hat ein Assortiment von romaner Saiten für *Guitarre, Violoncelle, alto Viola, Violin*, worunter auch übersponnene sind, ferner eine Parthie Klaviersaiten erhalten; er empfiehlt sich darinn den Liebhabern der Tonkunst." Heinrich Joseph Dumont – diese Vornamenfolge im Kirchenbuch –, der zuvor fürstprimatischer Beamter, u. a. im Pfandhaus, gewesen war, starb im Alter von 53 Jahren und wurde am 1. März 1808 auf dem Agathakirchhof begraben; vgl. *Fußbahn*, Kirchenbuch 1801-1825 (wie Anm. 69), S. 844, Nr. 32560. Seine Vermieterin, Franziska Gerster, der bis 1814 das damalige Haus auf dem heutigen Anwesen Wermbachstraße Nr. 6 gehörte – vgl. *Grimm*, Häuserbuch III (wie Anm. 71), S. 136 ff. –, Witwe des 46jährig verstorbenen und am 6. Juli 1787 auf dem Muttergotteskirchhof begrabenen Akzisors (Steuereinnehmer) Christian Gerster, am 10. Juni 1741 in der Agathakirche als Franziska Josepha Büber getauft, hatte, als Franziska Bieber bezeichnet, am 9. September 1767 den damaligen Bender Christian Gerster in der Agathakirche geheiratet; vgl. *Fußbahn*, Kirchenbücher 1783-1837 (wie Anm. 73), S. 804, Nr. 23068, *ders*., Kirchenbuch 1738-1800 (wie Anm. 73), S. 323, Nr. 13477, u. S. 545, Nr. 20775. Der spätere Beruf Gersters ergibt sich aus dem Heiratseintrag seiner Tochter Franziska vom 25. April 1797, in dem sie als Tochter des verstorbenen Akzisors Christian Gerster bezeichnet wurde; vgl. *ders*., Kirchenbücher 1783-1837, S. 718, Nr. 21791. Gerster war der erste Akzisor, der im Staatskalender erwähnt wurde, er stand darin auch noch in dem auf seinen Tod folgenden Jahrgang, erst im anschließenden Jahrgang ist sein Nachfolger genannt; vgl. Kurmainzischer Hof- und Staats-Kalender, Auf das Jahr MDCCLXXIV. Mit einem vollständigen Verzeichnisse des Erzhohen Domkapitels, Auch aller zum kurfürstl. Hofe und Kurstate gehörigen Dikasterien, Gerichtsstellen, und Aemter, Mainz o. J. [1773], S. 151 f. („**Oberkellerey.** [...] Herrschaftlicher *Accisor*, Hr. Christian Gerster."), Kurmainzischer Hof- und Staats-Kalender, Auf das Schaltjahr 1788. Mit einem Verzeichniß des Erzhohen Domkapitels, auch aller zum k. Hof- und Kurstaate gehörigen Stellen, und Aemter, Mainz o. J. [1787], S. 187 („**Oberkellerey und Kellerey Bachgau.** [...] Herrschaftlicher Accisor, Hr. Christian Gerster."), sowie Kurmainzischer Hof- und Staats-Kalender, Auf das Jahr 1789. Mit [...] Aemter, Mainz o. J. [1788], S. 193 („**Oberkellerey und Kellerey Bachgau.** [...] Herrschaftlicher Accisor, Hr. Valentin Gerster."). Franziska Gerster, richtig als 86jährig bezeichnet, starb am 14. September 1827: SSAA (wie Anm. 71), Sterberegister 1817-1834, S. 146. Zu der vom Akzisor erhobenen Akzise vgl. *Zedler* (wie Anm. 38), Bd. 1, Graz 1961 (Halle / Leipzig 1732), Sp. 276: „*Accise, Assisiæ, Licent*, oder Zoll, eine gewisse Art Steuer oder Abgabe, so die Unterthanen ihrem Landes-Herrn von allen aus- und eingehenden Gütern und Eß-Waaren, so sie zu ihrem nöthigen Unterhalt brauchen, entrichten müssen: *ab accidendo*, vom abschneiden, weil von dem Preiß derer zum Verkauf gewidmeten Sachen ein grosses abgeschnitten und abgezogen wird."

rerseits Partituren offeriert wurden. Auf letzterem Gebiet war insbesondere der Hof-musiker Wilhelm Wagner (1755-1834)[90] tätig, welcher der Hof- und Kammermusik seit 1777 als Klarinettist angehörte[91]. So ließ er im Sommer 1803 dreimal folgende Anzeige im Intelligenzblatt veröffentlichen[92]:

> „Unterschriebener macht einem geehrtem Publikum bekannt, daß bei ihm Vokal- und Instrumental-Musik, besonders für Klavier einzeln, auch mit Gesang: von *Hayd'n*[93], *Mozart*[94], *Salieri*[95], *Martin*[96], und andern guten Meistern, käuflich zu haben.

[90] Wagner, im Sterberegister nur mit Familiennamen und Berufsbezeichnung „Hofmusikus" und von anderer Hand als „70" – vermutlich versehentlich für ‚79' geschrieben – Jahre alt bezeichnet, starb am 5. Februar 1834 in Frankfurt am Main („auf Besuch seines Sohnes plötzlich gestorben"): SSAA (wie Anm. 71), Sterberegister 1817-1834, S. 284. Der in Mainz geborene Wagner war zu einem nicht bekannten Zeitpunkt nach 1793 – Abschluß des Bürgerbuches 1659-1793 (wie Anm. 71) – in Aschaffenburg Bürger geworden, wie sich aus seinem Eintrag (mit Vornamen Philipp Wilhelm) im Heimatregister, wonach auch obiges Geburtsjahr, ergibt: SSAA, Heimatregister W 1, Tab. 10.

[91] Im Staatskalender erstmals erwähnt 1778, als noch keine Musikinstrumente bei Musikern angegeben, 1779 unter den Klarinettisten, 1785 erstmals mit richtigem Familiennamen, im letzten mainzischen Staatskalender 1797 und im großherzoglich-frankfurtischen aufgeführt; vgl. Kurmainzischer Hof- und Staats-Kalender, Auf das Jahr 1778. Mit einem Verzeichniß des Erzhohen Domkapitels, auch aller zum k. Hof- und Kurstaat gehörigen Stellen, und Aemter, Mainz o. J. [1777], S. 109 („**Hofmusikanten.** [...] Wilhelm Wagener."); Kurmainzischer Hof- und Staats-Kalender, Auf das Jahr 1779. Mit [...] Aemter, Mainz o. J. [1778], S. 109 („**Klarinettisten.** [...] Hr. Wilhelm Wagener."), Kurmainzischer Hof- und Staats-Kalender, Auf das Jahr 1785. Mit einem Verzeichniße [...] Aemter, Mainz o. J. [1784] S. 111 („**Klarinetisten.** [...] Hr. Wilhelm Wagner."), Kurmainzischer Hof- und Staats-Kalender auf das 1797. Mit einem Verzeichniß des erzhohen Domkapitels, auch aller zum kurf. Hof- und Kurstaate gehörigen Stellen und Aemter, Mainz o. J. [1796], S. 94 („**Klarinetisten.** [...] Hr. Wilhelm Wagner."), sowie *[Peter Adolph Winkopp]*, Staats-Calender für das Grosherzogthum Frankfurt. 1812, Frankfurt am Main o. J. [1811], S. 37 („K l a r i n e t t i s t: Hr. Wilhelm W a g n e r."). Zu Wagner vgl. auch *Schweickert* (wie Anm. 13), S. 49, 92, 105 u. 119.

[92] PAI (wie Anm. 70) 1803, Nr. 29 (18. Juli), S. [4], wiederholt Nr. 30 (25. Juli), S. [4], u. Nr. 31 (1. August), S. [4].

[93] Zu dem in Rohrau bei Bruck an der Leitha in Niederösterreich geborenen Komponisten Joseph Haydn (1732-1809) vgl. *Georg Feder*, Franz Joseph Haydn, in: Neue deutsche Biographie (künftig: NDB), Bd. 8, Berlin 1969, S. 142-149, sowie *ders.*, (Franz) Joseph Haydn, in: MGG (wie Anm. 7), Personenteil, Bd. 8, Kassel / Basel / London / New York / Prag / Stuttgart / Weimar ²2002, Sp. 901-1094.

[94] Zu dem in Salzburg geborenen Komponisten Wolfgang Amadeus Mozart (1756-1791) vgl. *Sabine Henze-Döhring*, Wolfgang Amadeus (Amadé, eigtl. Joannes Chrysostomus Wolfgangus Theophilus) Mozart, in: NDB (wie Anm. 93), Bd. 18, Berlin 1997, sowie *Ulrich Konrad*, (Joannes Chrysostomus) Wolfgang, Wolfgangus, Theophilus, Amadeus, Mozart, in: MGG (wie Anm. 7), Personenteil, Bd. 12, Kassel / Basel / London / New York / Prag / Stuttgart / Weimar 2004, Sp. 591-758. Zu Mozarts kurzem Zwischenaufenthalt in Aschaffenburg am 28. September 1790 vgl. *Hans-Bernd Spies*, Mozarts Bemerkung über die Bewirtung in Aschaffenburg am 28. September 1790 während seiner Reise von Wien nach Frankfurt am Main, in: MSSA (wie Anm. 1) 7 (2002-2004), S. 306-309.

[95] Zu dem in Legnago in Italien geborenen Komponisten Antonio Salieri (1750-1825) vgl. *Peter Niedermüller*, Antonio (auch Anton) Salieri, Komponist, Kapellmeister, in: NDB (wie Anm. 93), Bd. 22, Berlin 2005, S. 370-371, sowie *Jane Schatkin Hettrick* u. *John A. Rice*, Antonio Salieri, in: MGG (wie Anm. 7), Personenteil, Bd. 14, Kassel / Basel / London / New York / Prag / Stuttgart / Weimar ²2005, Sp. 842-852.

[96] Zu dem in Valencia in Spanien geborenen und damals (seit 1787) am russischen Hof in St. Petersburg wirkenden Komponisten Vicente Martín y Soler (1754-1806); vgl. *Elisabeth Th. Fritz-Hilscher*, (Atanasio Martín Ignacio) Vicente (Tadeo Francisco Pellegrin) Martín y Soler, auch Ignazio Vicente lo Spagnuolo oder il Valenziano, Ignaz Martin, Vicente Martínez, in: MGG (wie Anm. 7), Personenteil, Bd. 11, Kassel / Basel / London / New York / Prag / Stuttgart / Weimar 2004, Sp. 1181-1184.

W i l h e l m   W a g n e r ,
k. Hofmusiker, wohnhaft bei Bäcker
Franz Hofmann in der Sandgaß[97]."

Im Frühjahr 1807 inserierte er ebenfalls dreimal[98]:

> „Unterzeichneter hat die Ehre einem geehrten Publikum bekannt zu machen, das in seinem Commissions-Verlag, wieder viele neue, sowohl Vokal- als Instrumental-Musik von den besten Meistern angekommen und bei ihm zu haben sind. Bei Bendermeister Jakob Häffner in der Herstallgasse[99] im dritten Stocke wohnhaft.

Wilhelm Wagner,
F. P. Hofmusiker."

Mit dem Verkauf von Musikalien war in Aschaffenburg zu jener Zeit offensichtlich Geld zu verdienen, was sich nicht nur aus Annoncen des Intelligenzblattverlegers und -druckers Peter Franz Elz (1774-1831)[100] schließen läßt, in denen er neben anderen Druckerzeugnissen immer wieder religiöse Lieder und Gesänge anbot[101], sondern auch aus der Tatsache, daß bereits drei Monate nach der Veröffentlichung von Wagners erster Anzeige eine in Würzburg ansässige Kunst- und Musikalienhandlung entsprechend im Intelligenzblatt inseriert hatte[102] und im Jahr nach seiner zweiten ein weiterer Anbieter im Sommer 1808 in der Stadt auftrat[103]:

---

[97] Es handelte sich um das Haus auf dem heutigen Anwesen Sandgasse Nr. 33, das damals seit 1773 dem Bäcker Franz Hofmann gehörte, der wenige Monate nach Veröffentlichung dieser Anzeige 58jährig starb und am 18. November 1803 auf dem Agathakirchhof beerdigt wurde; vgl. *Grimm*, Häuserbuch III (wie Anm. 71), S. 309-313, sowie *Fußbahn*, Kirchenbuch 1801-1825 (wie Anm. 69), S. 837, Nr. 32152 (Franz Hoffmann).

[98] AI (wie Anm. 72) 1807, Nr. 29 (11. April), S. [3], wiederholt Nr. 30 (15. April), S. [2 f.], u. Nr. 31 (18. April), S. [3].

[99] Es handelte sich um das damalige Haus auf dem heutigen Anwesen Herstallstraße Nr. 31; vgl. *Grimm*, Häuserbuch IV (wie Anm. 73), S. 52-55. Zum Vermieter ließen sich keine Lebensdaten ermitteln.

[100] Zu diesem, der von 1806 bis zu seinem Tod das Intelligenzblatt herausgab, vgl. *Spies*, Wochenblatt (wie Anm. 53), S. 17-31 u. 53-59, sowie *ders.*, Einblick in ein Kreditgeschäft zwischen Staatsrat Adolph Joseph Molitor und dem Aschaffenburger Buchdrucker Peter Franz Elz (1813), in: MSSA (wie Anm. 1) 8 (2005-2007), S. 12-15.

[101] Vgl. AI (wie Anm. 72) 1807, Nr. 56 (15. Juli), S. [3], wiederholt Nr. 57 (18. Juli), S. [3], u. Nr. 59 (25. Juli), S. [3], AI 1809, Nr. 39 (17. Mai), S. [2], wiederholt Nr. 40 (20. Mai), S. [2], Nr. 41 (24. Mai), S. [2], Nr. 42 (27. Mai), S. [2], u. Nr. 44 (3. Juni), S. [1], ebd., Nr. 45 (7. Juni), S. [2], AI 1810, Nr. 10 (3. Februar), S. [3], sowie ebd., Nr. 18 (3. März), S. [2], wiederholt Nr. 19 (7. März), S. [2 f.], dies S. [3], u. Nr. 20 (10. März), S. [2].

[102] Vgl. PAI (wie Anm. 70) 1803, Nr. 42 (17. Oktober), S. [2] – möglicherweise auch schon in Nr. 41 (10. Oktober), doch diese ist nicht überliefert –, wiederholt Nr. 43 (24. Oktober), S. [3 f.]: „Unterzeichneter hat die Ehre den Freunden der Musik anzuzeigen, daß beständig die neuesten Musikalien, aus allen Musikhandlungen in Deutschland bei ihm zu haben, und auch alle mögliche ältere musikalische Werke auf dem Lager vorräthig sind. Er verspricht die prompteste Bedienung und bei ansehnlichen Bestellungen einen zufriedenen Rabbat. [...] Briefe erbitte ich mir Postfrei. Würzburg den 3ten Oktober 1803. Kunst- und Musikalienhandlung von Carl Ph. Bonitas."

[103] AI (wie Anm. 72) 1808, Nr. 57 (16. Juli), S. [4], wiederholt Nr. 58 (20. Juli), S. [4], u. Nr. 59 (23. Juli), S. [3].

„In dem Hause *Lit. A.* Nr. 21 im Sack[104] allhier, sind mehrere Konzerte, und Arien, nebst verschiedener Sing- Klavier- und Quittarre[105] Musik um einen billigen Preiß zu verkaufen."

Aus den Anzeigen ergibt sich daneben, wo Wagner innerhalb Aschaffenburgs wohnte und daß er zwischen der Veröffentlichung der beiden Angebote umgezogen war: 1803 wohnte er in der Sandgasse Nr. 33[106] und 1807 in der Herstallstraße Nr. 31[107]. Auch die staatsrechtlichen Veränderungen während dieser Zeit[108] sind an seinem Titel zu erkennen: In der Anzeige vom Sommer 1803 bezeichnete er sich noch als „k. Hofmusiker", also als kurfürstlicher, genauer kurfürstlich erkanzlerischer oder kurerzkanzlerischer, und 1807 als fürstprimatischer Hofmusiker.

Blieb Wagner mit seiner Nebentätigkeit im musikalischem Bereich, so hatten sich einige seiner Kollegen wie der Trompeter Constantin Ehlinger (1761-1814)[109], der auch Saiteninstrumente beherrschte[110], und der Kontrabassist Johann Schmitt (1750-1816)[111] anderen Gebieten zugewandt[112]: Dieser besaß eine Ziegelbrennerei, von

---

[104] Anwesen Sackgasse Nr. 6; vgl. Anm. 72. Es ist nicht zu klären, wer der Anbieter der Noten war („Inhaber" oder Mieter?); vgl. *Grimm*, Häuserbuch I (wie Anm. 72), S. 482.

[105] So nur in der ersten dieser Anzeigen, in den beiden anderen heißt es „Guitarre". ‚Quittarre' ist eine andere Schreibweise für das aus dem spanischen Wort ‚Guitarre' entlehnte deutsche Wort ‚Gitarre'; vgl. *Hans Schulz*, Deutsches Fremdwörterbuch, Bd. 1, Straßburg 1913, S. 247, DW (wie Anm. 58), Bd. 4, Abt. 1, Tl. 4, bearb. v. Hermann Wunderlich und der Arbeitsstelle des Deutschen Wörterbuches, Leipzig 1949, Sp. 7569 f., sowie *Monika Burzik*, Gitarre, A. Bau und Geschichte, II. Terminologie und Frühgeschichte, in: MGG, Sachteil, Bd. 3 (wie Anm. 86), Sp. 1334-1338, dies Sp. 1334.

[106] Vgl. Anm. 97.

[107] Vgl. Anm. 99.

[108] Vgl. dazu Anm. 3.

[109] Dieser, aus Mainz stammend, starb laut Kirchenbuch 58jährig – Geburtsjahr wäre demnach 1756 gewesen; vgl. jedoch Anm. 114 – und wurde am 15. März 1814 auf dem Agathakirchhof beerdigt; vgl. *Fußbahn*, Kirchenbuch 1801-1825 (wie Anm. 69), S. 857, Nr. 33252, wo obige Schreibweise des Familiennamens, welche auch in der in Anm. 116 zitierten Anzeige verwendet. Ehlinger war 1789 Hoftrompeter geworden; vgl. Kurmainzischer Hof- und Staats-Kalender auf das Jahr 1790. Mit einem Verzeichniß des Erzhohen Domkapitels, auch aller zum k. Hof- und Kurstaate gehörigen Stellen und Aemter, Mainz o. J. [1789], S. 113 („**Hof- und Feldtrompeter.** [...] Konstantin Ellinger.") Hof- und Staats-Kalender 1797 (wie Anm. 91), S. 87 („**Hof- und Feldtrompeter.** [...] Konstantin Ellinger."), sowie *Winkopp* (wie Anm. 91), S. 37 („T r o m p e t e r : [...] Constantin E l l i n g e r.").

[110] Vgl. *Schweickert* (wie Anm. 13), S. 130.

[111] Dieser, aus Bensheim stammend und spätestens seit 1794 Miteigentümer des damaligen Hauses auf dem heutigen Anwesen Strickergasse Nr. 18, starb 66jährig, entsprechend obiges Geburtsjahr erschlossen, und wurde am 6. März 1816 auf dem Agathakirchhof beerdigt; vgl. *Grimm*, Häuserbuch V (wie Anm. 73), S. 588-591, sowie *Fußbahn*, Kirchenbuch 1801-1825 (wie Anm. 69), S. 862, Nr. 33486 (Johann Baptist Schmitt). Er wurde wahrscheinlich auch 1794 Bürger geworden, da er im Bürgerbuch 1659-1793 (wie Anm. 71) nicht erwähnt, aber im Heimatregister („Joh: Baptist Schmitt") eingetragen: SSAA (wie Anm. 71), Heimatregister S 1, Tab. 168. Schmitt war am 5. Februar 1777 als erster hauptberuflicher Kontrabassist Mitglied der Hofmusik geworden – vgl. *Schweickert* (wie Anm. 13), S. 64 – und wurde wie Wagner erstmals im Hof- und Staats-Kalender 1778 (wie Anm. 91), S. 109 („**Hofmusikanten.** [...] Johann Schmitt."), erwähnt; vgl. auch Hof- und Staats-Kalender 1779 (wie Anm. 91), S. 109 (nach Violoncellisten als „Violonist. Hr. Johann Schmitt."), Hof- und Staats-Kalender 1789 (wie Anm. 89), S. 118 („**Contra Bassisten.** Hr. Johann Schmitt."), Hof- und Staats-Kalender 1797 (wie Anm. 91), S. 93 („**Kontrabassisten.** Hr. Johann Schmitt."), sowie *Winkopp* (wie Anm. 91), S. 36 („C o n t r a b a s s i s t : Hr. Johann S c h m i t t."). Zu Schmitt vgl. außerdem *Schweikert*, S. 72 u. 119.

[112] Vgl. auch Anm. 122: Tabakhandel des Hoftompeters Bommerle.

welcher er sich im Dezember 1803 trennen wollte[113]. Jener hatte 1801 die „Bürgeraufnahme" in Aschaffenburg beantragt, dabei „sein Vermögen auf einige taußend Gulden an so gröstentheils in angeschafften Weinen bestehet" angegeben und erklärt, sich „mit dem Weinschenck ernähren" zu wollen, was ihm auch gestattet wurde[114]; im März 1803 bot er mit einer Anzeige im Intelligenzblatt verschiedene Flaschenweine zum Verkauf an[115]. Gut zwei Jahre später wurde über den „Bürger und Wirth, auch k. Hoftrompeter Konstantin Ellinger von Mainz" das Konkursverfahren eröffnet[116].

Einen ersten Hinweis auf in Aschaffenburg angebotenen Unterricht in Instrumentalmusik – hier auch erwähnter Gesangsunterricht war, allerdings nur „für den gebildeteren Theil der weiblichen Jugend", bereits von der am 5. Dezember 1804 eröffneten „Stick- und Singschule" angeboten worden[117], über die weiter nichts bekannt ist[118]

---

[113] Vgl. PAI (wie Anm. 70) 1803, Nr. 50 (12. Dezember), S. [3], wiederholt Nr. 51 (19. Dezember), S. [4], u. Nr. 52 (26. Dezember), S. [3]: „Hofmusicus Schmitt ist entschlossen seine vor dem Sandthor bei Aschaffenburg gelegene Ziegelbrennerei, entweder aus freier Hand zu verkaufen, oder zu verlehnen. Dazu Lusttragende belieben sich bei dem Eigenthümer zu melden."

[114] Auszug aus dem Bürgerannahmeprotokoll des Stadtamtes Aschaffenburg – zu diesem vgl. Anm. 134 – vom 11. September 1801 mit Vermerk über das Absenden der entsprechenden Unterlagen am 2. November an den Antragsteller: SSAA (wie Anm. 71), Ansässigmachungen, 1903. Ehlinger hatte bei seinem Antrag angegeben, „39 Jahre alt" zu sein, am Rand wurde nachträglich hinzugefügt „alt 40 Jahr", also für das Geburtsjahr als Grundlage genommen.

[115] Vgl. PAI (wie Anm. 70) 1803, Nr. 12 (21. März), S. [3]: „Bei Hoftrompeter Ehlinger, zum goldnen Trauben in der Steingaß sind folgende bestgehaltene Rheinweine [Hochheimer, Niersteiner und Hattenheimer] um benannten Preis käuflich zu bekommen. [...] Die Bouteillen werden zurück gegeben, bleibt die Bouteille, so werden 6 kr. dafür angerechnet." Das Wirtshaus zur goldenen Traube befand sich in dem Haus auf dem heutigen Anwesen Steingasse Nr. 17; vgl. *Grimm*, Häuserbuch IV (wie Anm. 73), S. 316 ff. Ehlinger war demnach zwischenzeitlich umgezogen, denn bei seinem Antrag auf Bürgerannahme (wie Anm. 114) hatte er erklärt, im „Stadtviertel *Lit: B.*" zu wohnen, also irgendwo in einer der heutigen Straßen Pfaffengasse, Schloßplatz, Schloßgasse, Fürstengasse, Metzgergasse, Stiegengasse, Kleine Metzgergasse, Webergasse, Pfarrgasse, Schloßberg, Suicardusstraße, Strickergasse, Karlstraße, Kapuzinergasse und einem Teil der Treibgasse; vgl. *Grimm*, Häuserbuch II (wie Anm. 67), S. 20 ff., u. V (wie Anm. 73), S. XIV ff.

[116] Vgl. AI (wie Anm. 72) 1805, Nr. 45 (5. Juni), S. [2], wiederholt Nr. 48 (15. Juni), S. [2], u. Nr. 54 (6. Juli), S. [2]: Ladung des Stadtamtes Aschaffenburg vom 25. Mai 1805.

[117] Diese Stick- und Singschule sollte laut der am 1. Dezember 1804 im Intelligenzblatt veröffentlichten undatierten Bekanntmachung der Kurfürstlich Erzkanzlerischen Schulkommission – Druck: AI (wie Anm. 72) 1804, Nr. 69 (1. Dezember), S. [3] – „nächsten Donnerstag [5. Dezember] eröffnet werden"; zum Kalender des Jahres 1804 vgl. *Hermann Grotefend*, Taschenbuch der Zeitrechnung des deutschen Mittelalters und der Neuzeit, Hannover [14]2007, S. 164 f.

[118] Vgl. dazu – jeweils auch die in Anm. 117 erwähnte Bekanntmachung, allerdings mit einigen Fehlern, zitierend – *Hermann Kundigraber*, Chronik der staedtischen Musik-Schule Aschaffenburg 1810-1910, Aschaffenburg (1910), S. 9 („Die weitere Entwicklung dieser ‚Stick- und Singschule' ist aber nicht näher zu verfolgen, doch scheint die Musikschule [die 1810 gegründete Bürgermusikschule] längere Zeit zur Verschönerung des Reliefs von Ausstellungen weiblicher Handarbeiten beigetragen zu haben."; dann ein Beispiel von 1836 angeführt.), *ders.*, 125 Jahre Städtische Musikschule Aschaffenburg 1810-1935. Gegründet 1810 durch Fürstprimas Karl Theodor von Dalberg, Großherzog von Frankfurt, Aschaffenburg (1935), S. 12 f. (S. 13: „Die weitere Entwicklung dieser ‚Stick- und Singschule' ist nicht mehr ersichtlich, doch ist nach dieser Bekanntmachung in Aschaffenburg die älteste öffentliche weltliche Singschule gegründet worden."), sowie *Theodor Jos[ef] Scherg*, Das Schulwesen unter Karl Theodor von Dalberg besonders im Fürstentum Aschaffenburg 1803-1813 und im Großherzogtum Frankfurt 1810-1813, München-Solln 1939, S. 301 (Kundigrabers erstes Zitat mißverstanden habend und daher fälschlicherweise die Singschule noch 1836 als bestehend betrachtet: „Die für die Mädchen gebotenen Bil-

und die vermutlich wenige Jahre später schon nicht mehr bestand[119] – gibt folgende im Juli 1810 dreimal im Intelligenzblatt veröffentlichte Anzeige[120]:

> „Mit hoher obrigkeitlicher Erlaubniß, hat Endesunterzogener die Ehre, einen hohen Adel und ein verehrungswürdiges Publikum zu benachrichten, daß er Unterricht im Klavier, Guittare, im Singen und besonders im General-Baß gebe; er verspricht seinen werthen Gönnern die Klaviere immer in der reinsten Stimmung und besten Bezug zu erhalten, und schon geübten hierin, mit der Violin zu accompagniren[121].
>
> Er wird sich besonders Mühe geben, das Zutrauen und die Achtung seiner hohen und werthen Gönner zu verdienen.
>
> F. Joseph P f e f f e r ,
im Logis bei Hr. Hofmusikus Bomerle[122]."

Um die erwähnte Erlaubnis zu erhalten, hatte Pfeffer in der ersten Junihälfte ein entsprechendes Gesuch an die „Grosherzogliche Fürst Primatische Hohe Landesdirektion" – sie war die damals für das Fürstentum Aschaffenburg zuständige, 1803 geschaffene oberste Verwaltungsbehörde[123] – gerichtet[124], in welchem er u. a. schrieb:

---

dungsmöglichkeiten scheinen Jahrzehnte hindurch miteinander mehr oder weniger verbunden gewesen zu sein, wahrscheinlich weil die Schülerinnen den beiderseitigen Unterricht genossen. Am 24. Sept. 1836 verkündete das Intelligenzblatt".).

[119] Dafür spricht folgende Bemerkung im Schreiben des Stadtamtes Aschaffenburg vom 28. Juni 1810 (wie Anm. 136): Pfeffer will „auch Unterricht im Singen geben, woran es wärklich dermal hier fehlt".

[120] AI (wie Anm. 72) 1810, Nr. 58 (21. Juli), S. [2], wiederholt Nr. 59 (25. Juli), S. [2], u. Nr. 60 (28. Juli), S. [2].

[121] Dieses französische Wort bedeutet hier, daß ein Musikinstrument ein anderes begleitet; vgl. *Zedler*, Bd. 1 (wie Anm. 89), Sp. 281: „*Accompagnare, accompagner, accompagnir*en, heisset in der Music, wenn zu einer oder mehr *Vocal*-Stimmen, ingleichen zu einem oder mehrern Instrument[en] noch ein anders, z. E. ein *Clavicymble, pro fundamento tractir*et wird".

[122] Der 1767 in Mainz geborene Johann Bommerle war 1783 Hoftrompeter geworden; vgl. *Schweickert* (wie Anm. 13), S. 130, Kurmainzischer Hof- und Staats-Kalender, Auf das Jahr 1784. Mit einem Verzeichnis des Erzhohen Domkapitels, auch aller zum k. Hof- und Kurstaat gehörigen Stellen, und Aemter, Mainz o. J. [1783], S. 101 (**Hof- und Feldtrompeter.** [...] Johann Bommerle."), Hof- und Staats-Kalender 1797 (wie Anm. 91), S. 87 („**Hof- und Feldtrompeter.** [...] Johann Bommerle."), sowie *Winkopp* (wie Anm. 91), S. 37 („T r o m p e t e r : [...] Hr. Johann B o m m e r l e."). Er beantragte am 16. Juli 1812, wobei seitens der Mairie – zu dieser vgl. Anm. 134 – unrichtigerweise „bezeugt, daß er über [...] 50 Jahre alt", mit Erfolg, wie der unten angeführte Eintrag im Heimatregister zeigt, in Aschaffenburg als Bürger angenommen zu werden, nachdem er am 19. Juni bereits die Erlaubnis zum Tabakhandel erhalten hatte; dies ist dem Auszug aus dem Bürgerannahmeprotokoll der Mairie Aschaffenburg vom 16. Juli 1812 zu entnehmen: SSAA (wie Anm. 71), Ansässigmachungen, 814. Er starb hier am 4. September 1827: SSAA, Heimatregister B 1, Tab. 66 (Geburts- und Sterbedatum angegeben), u. – in den beiden folgenden Quellen fälschlicherweise Bommerles Alter mit 64 Jahren angegeben – Sterberegister 1817-1834, S. 145, sowie *Fußbahn*, 1783-1837 (wie Anm. 73), S. 855, Nr. 26380.

[123] Nach der Auflösung des Erzstiftes Mainz und der Gründung des Erzkanzlerischen Kurstaates (1803) wurde für das Fürstentum Aschaffenburg eine Landesdirektion eingerichtet, die auch im Fürstprimatischen Staat (1806-1810) fortbestand; nach Bildung des Großherzogtums Frankfurt (1810) wurde das Fürstentum Aschaffenburg in ein Departement umgewandelt, an deren Spitze nicht mehr eine Landesdirektion, sondern ein ein Präfekt stand; vgl. dazu *Christ* (wie Anm. 57), S. 173 f. u. 179 f., sowie *Winkopp* (wie Anm. 91), S. 92 f., zu den staatlichen Veränderungen oben Anm. 3.

[124] Pfeffer (o. O. o. D.; Eingangsvermerk von Empfängerseite vom 15. Juni 1810) an die Landesdirektion Aschaffenburg: Staatsarchiv Würzburg (künftig: StAWü), Mainzer Regierungsarchiv (künftig: MRA), LG 3201.

„Der in *Aschaffenburg* immer wachsende, immer mehr beförderte, und begünstigte Geschmack an der Tonkunst, die hohe Protektion, welche das musikalische Talent dahier sowohl von Seiten des *Souverains*, als seiner weisen Gehilfen genieset, können anderst nicht als einladend für jeden Tonkünstler sein. Dieses, und die Betrachtung, daß in dem Claviere, im Gesange, und auf der *Guitarre* – als denen dahier beliebtesten Theilen der *Music* kein solcher Vorrath von Lehrern vorhanden ist, welcher mit der Menge der Unterrichtsbegierigen im Verhältnisse steht, haben mich bewogen, von *Mainz* wo, leider grade das umgekehrte Verhältniß eintritt, mich nach *Aschaffenburg* zu begeben, und dem dasigen Hohen Adel, und verehrungswürdigen *Publicum* meine in *Maynz*[125] seit 20 Jahren bestens renommierte Dienste anzubieten. [...]

Da es nun ein Grundsatz der Staats-Polizei[126] ist, keine Art von Gewerb oder Kunst [...] in ein Monopol ausarten zu lassen – da in bürgerlichen Gewerben nicht nur, sondern vornehmlich in den Künsten, wo vorzügliches Talent, und vorzügliche Anstrengung des Talentes nöthig ist, eine gewisse *Concurrenz* von Künstlern erfordert wird, um die Erschlaffung des Kunstfleises zu verhüten, und eine edle Nacheiferung zu wecken – da, was Clavier, und Gesang, und besonders die dermalen allbeliebte *Guitarre* angehet in *Aschaffenburg* nichts weniger als eine *Concurrenz* ausgezeichneter, und durch 20 Jahre erprobter Lehrer existirt – da im Punkte der Künste und Wissenschaften, so wie im Punkte des kriegerischen Verdienstes, nicht auf Herkunft und Vaterland, sondern auf gehörige Vollkommenheit, und entschiedene Brauchbarkeit des *Subject*es gesehen wird[127], so wage ich die angenehme Hofnung, daß es mir gnädig vergönnt werden dürfte, in der Hauptstadt des grösten Kunst- und Musikfreundes, dem die Tonkunst liebenden *Publicum* meine Dienste anzubieten.

Es ergeht daher an eine Hohe Landesdirektion meine unterthänigst gehorsamste Bitte, Hochdieselbe wolle geruhen[128] in Rücksicht des in *Aschaffenburg* in allen Ständen herrschenden musikalischen Geschmackes, und mit der bestehenden Anzahl der vorhandenen Lehrer nicht im Verhältnisse stehenden musikalischen Bedirfnisses [...], in Rücksicht des überall, den schönen Künsten, und ihren Lehrern, verschaften und erleichterten Zutrittes mir gnädig zu erlauben,[129] mich in *Aschaffenburg* als Clavier- Sing- und *Guitarre*lehrer zu etablieren."

---

[125] Die beiden vorhergehenden Wörter mit Einfügungszeichen über der Zeile hinzugesetzt.

[126] Zum damaligen Polizeibegriff vgl. *Zedler* (wie Anm. 38), Bd. 28, Graz 1982 (Reprint der Ausgabe Leipzig / Halle 1741), Sp. 1503: „**Policey** oder **Polizey**, Lat. *Politia*, ist entweder so viel, als das gemeine Wesen, Republick, Regiments-Forme, oder auch die Gesetze, Anstalten und Verordnungen, so einer Stadt oder Lande gegeben und vorgeschrieben, daß jedermann im Handel und Wandel sich darnach achten, mithin alles ordentlich und friedlich zu gehen, und die menschliche Gesellschafft erhalten werden möge. **Policey-Gesetze** [...] werden diejenigen Gesetze genennet, die auf den Wohlstand einer gantzen Republick oder des gemeinen Wesens gehen, damit die Unterthanen und Einwohner eines Landes oder Stadt in Ruhe und Friede, und bey gutem Auskommen verbleiben können."

[127] Dies Wort mit Einfügungszeichen über der Zeile hinzugesetzt.

[128] Der folgende Absatz in der Vorlage eingerückt.

[129] Der folgende Absatz in der Vorlage gegenüber dem vorhergehenden noch weiter eingerückt.

Mögen Pfeffers Ausführungen auch absichtlich etwas übertrieben sein, so geben sie dennoch einen gewissen Hinweis darauf, welche Wertschätzung die Musik damals in Aschaffenburg erfuhr und wie das von außen gesehen wurde. Das Lob des Souveräns – und „seiner weisen Gehilfen", also seiner Verwaltung –, nämlich Großherzog Carls (1744-1817)[130], der schon am Ende seines Studiums an der Universität in Heidelberg als Freund der Künste bezeichnet wurde[131], entspricht dem, was damals in weiten Kreisen Deutschlands über diesen gesagt wurde[132].

Nachdem das Schreiben Pfeffers von der Landesdirektion an das Vizedomamt Aschaffenburg[133] und von diesem an das Stadtamt Aschaffenburg[134] gesandt worden

---

[130] Zu diesem, der dem freiherrlichen Geschlecht Dalberg angehörte, als Landesherr Aschaffenburgs 1802-1803 Erzbischof von Mainz und Kurfürst des Heiligen Römischen Reiches Deutscher Nation, 1803-1806 Kurerzkanzler, 1806-1810 Fürstprimas und 1810-1813 Großherzog (von Frankfurt) – zu den entsprechenden staatlichen Gebilden vgl. Anm. 3 –, vgl. als umfangreiche bzw. als jüngste Biographie *Karl Freiherr von Beaulieu-Marconnay*, Karl von Dalberg und seine Zeit. Zur Biographie und Charakteristik des Fürsten Primas, Bd. 1-2, Weimar 1879, sowie *Konrad Maria Färber*, Kaiser und Erzkanzler. Carl von Dalberg und Napoleon am Ende des Alten Reiches. Die Biographie des letzten geistlichen Fürsten in Deutschland (Studien und Quellen zur Geschichte Regensburgs, Bd. 5), Regensburg 1988; beide Darstellungen hinsichtlich der frühen Jahre überholt durch *Hans-Bernd Spies*, Carl von Dalberg (1744-1817) – Neues zur frühen Biographie (bis 1772) des Fürstprimas, in: MSSA (wie Anm. 1) 9 (2008-2010), S. 69-98.

[131] Vgl. *Hans-Bernd Spies*, Ein Lobgedicht auf Dalbergs Studienabschluß an der Universität Heidelberg (1761), in: MSSA (wie Anm. 1) 9 (2008-2010), S. 336-342.

[132] Zu ihm als Förderer der Künste und Wissenschaften vgl. u. a. *Beaulieu-Marconnay* (wie Anm. 130), Bd. 1, S. 171-195, u. Bd. 2, S. 291 ff., *Klaus Rob*, Karl Theodor von Dalberg (1744-1817). Eine politische Biographie für die Jahre 1744-1806 (Europäische Hochschulschriften, Reihe III: Geschichte und ihre Hilfswissenschaften, Bd. 231), Frankfurt am Main / Bern / New York / Nancy 1984, S. 107-125 u. 455-460, *Färber* (wie Anm. 130), S. 26 ff., 36, 58 ff., 160 f., 163 u. 172, *Hans-Bernd Spies*, Eine Bemerkung Novalis' über Dalberg, in: MSSA (wie Anm. 1) 2 (1987-1989), S. 219-221, *Patricia Stahl*, Dalbergs Förderung der bildenden Kunst in Frankfurt am Main, in: Konrad M[aria] Färber, Albrecht Klose u. Hermann Reidel (Hrsg.), Carl von Dalberg. Erzbischof und Staatsmann, Regensburg 1994, S. 206-209, *Hans-Bernd Spies*, Ein Brief Dalbergs an Herder aus dem Jahre 1794, in: ders. (Hrsg.), Carl von Dalberg 1744-1817. Beiträge zu seiner Biographie (VGKA – wie Anm. 8 –, Bd. 40), Aschaffenburg 1994, S. 97-104, ders., Jean Paul und Dalberg, in: ebd., S. 210-226, ders., Eine Stiftung Dalbergs für „das wohlthätige Frankenland" (1803), in: Würzburger Diözesangeschichtsblätter 60 (1998), S. 425-431, ders., Johann Heinrich Jung-Stilling und Carl von Dalberg, in: Siegerland. Blätter des Siegerländer Heimatvereins 76 (1999), S. 125-134, ders., Ein Kommentar zu Dalbergs Wahl zum Coadjutor durch das Mainzer Domkapitel (1787), in: MSSA 6 (1999-2001), S. 143-144, ders., Ein unveröffentlichter Brief von Fürstprimas Carl an Jean Paul (1809), in: MSSA 7 (2002-2004), S. 206-212, sowie ders., Statthalter und Chronist. Carl von Dalbergs Erfurter Zeit von Herbst 1772 bis Sommer 1789 in der gedruckten Chronik und in den Tagebüchern Constantin Beyers, in: Jahrbuch für Erfurter Geschichte 3 (2008), S. 181-202, dies 187 f. u. 201 f. Aus dem vom Nachlaß seines Vorgängers, des Erzbischofs und Kurfürsten Friedrich Carl Joseph, dem Erzstift und den Armen zufallenden beiden Dritteln bildete er den Fridericianischen Fonds, dessen Erträge u. a. zur Förderung nützlicher Künste und Wissenschaften bestimmt waren; vgl. *Hermann Ketterer*, Das Fürstentum Aschaffenburg und sein Übergang an die Krone Bayern. Festschrift zum Jahrhundertgedächtnisse 1814 26. Juni 1914, Aschaffenburg 1915, S. 93, sowie *Martin Goes*, Die Wohltätigkeits- und Unterrichtsstiftungen von Aschaffenburg. Ein Beitrag zur Sozialgeschichte der Stadt (VGKA, Bd. 36), Aschaffenburg 1992, S. 82-85.

[133] Das Vizedomamt, eine Einrichtung der mittleren Verwaltungsebene, geht auf das frühe 12. Jahrhundert zurück, wurde 1810 aufgehoben, und an seine Stelle trat die Distriktsmairie; vgl. *Christ* (wie Anm. 57), S. 63-66, 174 u. 180, sowie *Fußbahn*, Stadtverfassung (wie Anm. 57), S. 23-27.

[134] Das Stadtamt Aschaffenburg war 1772 als Untergliederung des Vizedomamtes geschaffen worden, insbesondere für die Niedergerichtsbarkeit zuständig und wurde 1810 durch die Mairie abgelöst; vgl. *Christ* (wie Anm. 57), S. 97 ff., 106 f. 160, 174 f. u. 180 ff. In Aschaffenburg lagen die Ämter des Distriktsmaires und des Maires in einer Hand; vgl. ebd., S. 181, sowie *Winkopp* (wie Anm. 91), S. 96 f.

war[135], welches den Antrag am 28. Juni mit der Begründung befürwortete, daß die Anzahl der in der Stadt vorhandenen Musiklehrer immer noch nicht ausreichend sei gegenüber jenen, „welche ihren Kindern diese Art von Bildung zu geben nicht verabsäumen"[136], erlaubte die Landesregierung dem „Musiklehrer Franz Joseph Pfeffer" am 6. Juli, sich „auf unbestimmte Zeit" in der Stadt aufzuhalten und „Musik zu lehren"[137]. Ob Pfeffer längere Zeit in Aschaffenburg unterrichtete, läßt sich nicht sagen. Da er weder im Heimatregister noch in den Kirchenbüchern, noch in den städtischen Sterberegistern erwähnt ist, dürfte er die Stadt bald wieder verlassen haben.

Als dauerhaft sollte sich hingegen die wenige Monate später ins Leben gerufene Bürgermusikschule erweisen, für die in dem von Pfeffer skizzierten Umfeld natürlich günstige Voraussetzungen zu sehen waren und deren Gründer, Joseph Anton Becker (1777-1855)[138], bereits entsprechende Lehrerfolge vorweisen konnte. Sein Vater, Anton Joseph Becker, in Mainz zunächst Klarinettist bei der Türkischen Musik, hatte am 8. Februar 1788 die Anwartschaft auf eine Hofklarinettistenstelle zugesichert bekommen und war noch im selben Jahr eingestellt worden[139], im Staatskalender für 1789 ist er nämlich bei der Hof- und Kammermusik als dritter Klarinettist aufgeführt[140]. Vermutlich seit Sommer 1791 hielt er sich in Aschaffenburg auf, denn er heiratete, demnach war er verwitwet, am 14. August jenes Jahres in der Agathakirche eine 24jährige Bürgers- und Schifferstochter der mainzischen Nebenresidenzstadt[141]. Weder Anton Beckers Geburts- noch sein Sterbejahr sind bekannt[142].

---

[135] Auf der ersten Seite von Pfeffers in Anm. 124 genannten Schreiben oben Verfügung der Landesregierung (Aschaffenburg, 15. Juni 1810) mit Aufforderung an das Vizedomamt um gutachterliche Stellungnahme; dieses wiederum setzte unter die Anrede von Pfeffers Schreibens folgenden Beschluß (Aschaffenburg, 23. Juni 1810): „Dem Stadtamt dahier zum befohlenen gütächtlich[en] Bericht." Die Umwandlung der Verwaltungseinrichtungen nach französischem Muster erfolgte erst durch das Organisationspatent vom 16. August 1810; vgl. *Christ* (wie Anm. 57), S. 174.

[136] Stadtamt Aschaffenburg (Aschaffenburg, 28. Juni 1810; Eingangsvermerk von Empfängerseite vom 2. Juli) an das Vizedomamt Aschaffenburg: StAWü, MRA (wie Anm. 124), LG 3201.

[137] Beschluß der Landesdirektion (Aschaffenburg, 6. Juli 1810) auf der linken Vorderseite des in Anm. 136 genannten Stadtamtsberichtes; über diesem Beschluß Vermerk über Absendung der Genehmigung an Pfeffer vom 10. Juli.

[138] Zu diesem vgl. *Kundigraber*, Chronik (wie Anm. 118), S. 9-17, sowie *ders.*, 125 Jahre (wie Anm. 118), S. 13-17; Joseph Anton Becker wurde am 27. September 1777 in Mainz geboren und starb am 25. März 1855 in Speyer: SSAA (wie Anm. 71), Heimatregister B 1, Tab. 21 (hier als Joseph Becker eingetragen).

[139] Zu diesem vgl. *Schweickert* (wie Anm. 13), S. 77, sowie *Gottron*, Musikgeschichte (wie Anm. 21), S. 170.

[140] Vgl. Hof- und Staats-Kalender 1789 (wie Anm. 89), S. 118 („**Klarinetisten.** [...] Hr. Anton Becker."); so auch im letzten dieser Reihe aufgeführt: Hof- und Staats-Kalender 1797 (wie Anm. 91), S. 94 („**Klarinetisten.** [...] Hr. Anton Becker."), wo in einem Exemplar – SSAA, Bibliothek, Ma 8a, Nr. 10223635 – Beckers Name gestrichen und von zeitgenössischer Hand vermerkt: „+ 1806".

[141] Vgl. *Fußbahn*, Kirchenbuch 1738-1800 (wie Anm. 73), S. 578, Nr. 21415 (Anton Becker, aus Mainz gebürtiger Hofmusiker), zum Taufdatum (27. Juni 1767) der Braut ebd., S. 395, Nr. 16093.

[142] Außer seiner Heirat ist nichts über ihn in den Aschaffenburger Kirchenbüchern vermerkt. In den Hofverzeichnissen ist er bis 1802 geführt; vgl. *Schweickert* (wie Anm. 13), S. 77. Sein Sohn Joseph Becker gab am 25. August 1801 anläßlich seines Antrages auf Bürgerannahme (wie Anm. 153) an, „ein Sohn des abgelebten k. Hautboisten Joseph Beckers" zu sein. Trotz Angabe des falschen Instrumentes und nicht des Rufnamens – <u>Anton</u> Joseph Becker war Klarinettist und nicht Oboist – ist die Identität

Es kann davon ausgegangen werden, daß Joseph Anton Becker mit seinem Vater nach Aschaffenburg gezogen war, denn er war bei dessen Wiederverheiratung nicht einmal 14 Jahre alt. Wann der jüngere Becker selbst die Ehe einging, das ist nicht bekannt, jedenfalls war er, als er am 27. September 1799, seinem 22. Geburtstag, in der Agathakirche ihren gemeinsamen Sohn Jacob Anton taufen ließ, mit der damals noch nicht 17jährigen Anna Ursula, geb. Stürbrink[143], verheiratet[144]. Zu dieser Zeit war Becker, wie aus dem Taufeintrag für seinen Sohn hervorgeht, Musiker bei der Türkischen Bande, und zwar schon etwa vier Jahre[145]. Als er am 5. Oktober 1800 Trauzeuge war, wurde er ohne Berufsbezeichnung ins Kirchenbuch eingetragen – wahrscheinlich war er zu diesem Zeitpunkt nicht mehr Mitglied der Garnisonsmusik –, der Bräutigam hingegen war Flötist bei der kurfürstlichen Militärmusik und der andere Trauzeuge deren Direktor[146], gehörten also zum engeren Bekanntenkreis Beckers.

Vermutlich bald darauf kehrte Joseph Becker, gewiß alte Verbindungen nutzend, nach Mainz zurück, um dort den Lang- und Kurzwarenhandel zu erlernen – die ungefähre Zeit läßt sich aus dem vierten Punkt des über seinen Antrag auf Bürgerannahme in Aschaffenburg geführten Protokolls erschließen[147]. Unter Langwaren verstand man damals solche, die abgemessen verkauft wurden wie Tuche, im Gegensatz dazu wurden Kurzwaren wie hölzernes Spielgerät, kleine Eisenteile, Knöpfe, Nadeln usw. stückweise abgegeben[148]. Wandernde Händler mit derartigen Produkten waren häufig auf Jahrmärkten anzutreffen; in Johann Wolfgang Goethes (1749-1832)[149] 1773 entstandenem und 1778 überarbeitetem Maskenspiel „Das

---

[143] gesichert, zumal keiner der beiden Oboisten der Hofmusik Becker hieß; vgl. Hof- und Staatskalender 1797 (wie Anm. 91), S. 93, sowie *Winkopp* (wie Anm. 91), S. 37. Das handschriftlich nachgetragene Todesjahr 1806 – vgl. Anm. 140 – dürfte angesichts der angeführten Aussage des Sohnes unzutreffend sein.

[143] Anna Ursula Stürbrink, Tochter des Bürgers und Wolltuchmachers Johann Christoph Stürbrink und dessen Frau Maria Elisabeth, war am 25. November 1782 in der Agathakirche getauft worden; vgl. *Fußbahn*, Kirchenbuch 1738-1800 (wie Anm. 73), S. 447, Nr. 17913. Johann Christoph Stürbrink starb 50jährig und wurde am 21. August 1789 auf dem Agathakirchhof beerdigt; vgl. ebd., S. 664, Nr. 26648 (Christoph Stirbrinck). Seine Witwe überlebte ihn um fast 30 Jahre, starb 66jährig und wurde am 17. März 1819 auf dem heutigen Altstadtfriedhof beerdigt; vgl. *ders.*, Kirchenbuch 1801-1825 (wie Anm. 69), S. 868, Nr. 33824 (Elisabeth, Witwe des Christoph Stuirbrink). Sie war am 15. März 1817 gestorben, das Sterberegister gibt als ihr Alter 65 Jahre an: SSAA (wie Anm. 71), Sterberegister 1817-1834, S. 18. Der am 18. Juli 1809 am Güterberg eröffnete Friedhof hatte die Innenstadtkirchhöfe als Begräbnisstätte abgelöst; vgl. *Peter Körner*, „Damit die Toden die Lebenden nicht töden". Materialien zu 200 Jahren Altstadtfriedhof Aschaffenburg (1809 bis 2009) (VGKA – wie Anm. 8 –, Bd. 60), Aschaffenburg 2009, S. 46 f.

[144] Vgl. *Fußbahn*, Kirchenbuch 1738-1800 (wie Anm. 73), S. 511, Nr. 19934 (Vater Joseph Becker). Die Heirat hatte wahrscheinlich außerhalb Aschaffenburgs stattgefunden; vgl. dazu Anm. 154.

[145] Vgl. im Protokoll über Beckers Bürgerannahme (wie Anm. 153) Punkt 2.

[146] Vgl. *Fußbahn*, Kirchenbücher 1783-1837 (wie Anm. 73), S. 725, Nr. 21914: Bräutigam Hugo Arnold „musicus elect. militaris tibicen tibiae decumanae", erster Trauzeuge Bartholomäus Faubel, „musicus militaris Director", zweiter Trauzeuge Joseph Becker.

[147] Vgl. Anm. 153.

[148] Vgl. DW (wie Anm. 58), Bd. 5, bearb. v. Rudolf Hildebrand, Leiozig 1873, Sp. 2828.

[149] Zu diesem, Dichter, Naturforscher und Staatsmann, bei Niederschrift der Erstfassung noch als Rechtsanwalt in seiner Heimatstadt Frankfurt am Main tätig, zum Zeitpunkt der Überarbeitung bereits seit 7. November 1775 in Weimar und seit 11. Juni 1776 Geheimer Legationsrat, danach am 5. September

Musikdirektor Joseph Anton Becker, Portraitbiskuit, das sich um 1910 wahrscheinlich im Besitz seiner Nachkommen befand (Vorlage: *Kundigraber*, Chronik – wie Anm. 118 –, S. 12).

Jahrmarktfest zu Plundersweilern"[150] tritt ein Tiroler Lang- und Kurzwarenhändler mit folgenden Versen auf[151]:

> „Kauft allerhand, kauft allerhand,
> Kauft lang' und kurze War!
> Sechs Kreuzer[152] 's Stück, ist gar kein Geld,
> Wie's einem in die Hände fällt,
> Kauft allerhand, kauft allerhand,
> Kauft lang' und kurze War!"

Am 25. August 1801 beantragte „Joseph Becker von Mainz" vor dem Stadtamt Aschaffenburg die Annahme als Bürger[153], wobei dieses feststellte, daß er

1) keinen Taufschein vorlegen konnte, da er „solchen bei seiner Verehligung abgegeben zu haben vorgiebt[154], mit der Bemerkung, daß er 24 Jahre alt, ein Sohn des abgelebten k[urfürstlichen] Hautboisten Joseph Beckers[155], von Mainz gebürtig und katholisch, dahero

2) nicht leibeigen[156] seie[157], und von der k. *Garnisons*Musikbande, wobei er 5. Jahre gestanden, den hier beiliegenden Abschied[158] erhalten habe."

3) Er ist mit der Tochter Ursula des verstorbenen Tuchmachers Christoph „Sturbrinck" verheiratet und

4) „eigentlich ein Musikant, hat aber laut anliegenden *Attestats lit B.*[159] die lange und kurze Waarenhandlung durch 9. Monathe zu Mainz erlernet".

5) Becker hat „in Hinsicht seiner Aufführung Nichts gegen sich".

---

[^150]: 1779 zum Geheimen Rat ernannt und am 10. April 1782 geadelt, vgl. *Wilhelm Flitner*, Johann Wolfgang v. (Reichsadel 1782) Goethe, Dichter, in: NDB (wie Anm. 93), Bd. 6, Berlin 1964, S. 546-575, *Christoph Wetzel* u. *Gerhard Wiese* (Red.), Goethe und seine Zeit. Eine biographisch-synoptische Darstellung mit 300 Farbbildern, Salzburg 1982, bes. S. 80, 82, 97, 102, 113 u. 125, sowie *Karl Otto Conrady*, Goethe. Leben und Werk, München / Zürich 1994, bes. S. 177-189, 303 u. 338.

[^150]: Druck: *[Johann Wolfgang von] Goethe*, Poetische Werke. Dramatische Dichtungen I: Kleine Dramen (1767-1788), Dramatische Fragmente (1765-1787), bearb. v. Annemarie Noelle (Goethe – Berliner Ausgabe, Bd. 5), Berlin / Weimar ²1973, S. 113-123 (erste Fassung), 124-147 (zweite Fassung) u. 586-594 (Anmerkungen).

[^151]: Ebd., S. 126.

[^152]: Dazu vgl. Anm. 165.

[^153]: Auszug aus dem Bürgerannahmeprotokoll des Stadtamtes Aschaffenburg vom 25. August 1801: SSAA (wie Anm. 71), Ansässigmachungen, 472.

[^154]: Das spricht dafür, daß die Heirat nicht in Aschaffenburg, sondern auswärts stattfand, denn ansonsten hätte er seinen Taufschein von einer der beiden Pfarrkirchen zurückholen können.

[^155]: Joseph Anton Beckers Vater hieß Anton Joseph Becker und war nicht Oboist, sondern Klarinettist; vgl. Anm. 142.

[^156]: Leibeigenschaft im Erzstift Mainz bedeutete damals lediglich, daß die Betroffenen als jährlichen Kopfzins ein Huhn, Leibhuhn genannt, abzuliefern hatten und ohne landesherrliche Genehmigung nicht von ihrem Wohnort wegziehen durften; zur Leibeigenschaft im Erzstift Mainz vgl. *Rudolf Schäfer*, Förderung von „Handel und Wandel" in Kurmainz im 18. Jahrhundert, Frankfurt am Main-Höchst 1968, S. 95-100.

[^157]: Dieses Wort mit Einfügungszeichen nachträglich über der Zeile hinzugesetzt.

[^158]: Die Anlage A befindet sich nicht in der Akte.

[^159]: Auch die Anlage B befindet sich nicht in der Akte.

6) Er besitzt kein eigenes Vermögen, seine Frau „aber erhält von ihrer verwittibten Mutter an wirklichem Vermögen mehr, als zum bürgerlichen *inferendum*[160] erforderlich ist".

7) Er will sich als Bürger „mit dem Zitz-[161] Kattun-[162] und Tuchhandel ernähren",

8) wogegen die befragten Handelsleute einwandten, daß Becker „das Handlungs Geschäffte nicht gehörig erlernet" und auch seine Schwiegermutter, die „das Zunftrecht [der Krämerzunft] nicht habe, sondern als Tuchhändlerin der Wollenweberzunft ein verleibt seie, wozu sie denselben ebenfalls anzuweisen bitten".

9) Becker ist übrigens „weder leibsgebrechlich noch blödsinnig und kann seiner Haushaltung wohl vorstehen".

Aufgrund dieser Gegebenheiten und weil Becker mit einer Aschaffenburger Bürgerstochter verheiratet ist und durch diese ein ansehnliches Vermögen teils schon besitzt, teils künftig erhalten wird, dürfte er als Bürger angenommen werden; da er „mit dem alleinigen Tuchhandel sich nicht hinlänglich zu ernähren im Stand seyn würde", sollte „ihm der nachgesuchte Zitz, Kattun- und Tuchhandel ohnmaßgeblich zu gestatten seyn, als solches auch den Juden bei ihrer Schutzannahme[163] gestattet wird".

Vom Vizedomamt wurde zustimmend an die Landesregierung berichtet[164], welche Becker am 28. August die Befreiung von den Wanderjahren erteilte[165] – die entsprechende Kanzleitaxe dafür betrug 2 Gulden (fl) 45 Kreuzer (xr)[166] – und am 31. August bestimmte, daß er als Bürger und „Mitglied der Krämerzunft dahier aufgenommen" wird und „derselbe die Handels-Konsens-Urkunde bei K[urfürstlichem]

---

[160] Der Begriff meint: Es reicht zum angemessenen Leben als Bürger; das lateinische Wort ‚inferre' hat u. a. die Bedeutung ‚auf die Tafel bringen'; vgl. *Karl Ernst Georges*, Ausführliches lateinisch-deutsches Handwörterbuch. Aus den Quellen zusammengetragen und mit besonderer Bezugnahme auf Synonymik und Antiquitäten unter Berücksichtigung der besten Hilfsmittel ausgearbeitet. Unveränderter Nachdruck der achten verbesserten und vermehrten Auflage von Heinrich Georges, Bd. 2, Darmstadt 1983, Sp. 234 ff., dies Sp. 235.

[161] ‚Zitz' war ursprünglich die Bezeichnung für in Ostindien hergestellte, mehrfarbig bemalte Baumwolle, seit Ende des 18. Jahrhunderts allgemein für in Europa maschinell gewebte und bedruckte Sorten feinerer Qualität; vgl. DW (wie Anm. 58), Bd. 15, bearb. v. Moriz Heyne, Henry Seedorf u. Hermann Teuchert, Leipzig 1956, Sp. 1714 f.

[162] ‚Kattun', im 17. Jahrhundert aus dem Niederländischen übernommenes Wort für Baumwolle; vgl. DW, Bd. 5 (wie Anm. 148), Sp. 278.

[163] Zur rechtlichen und wirtschaftlichen Lage der Juden seit 1774 im Erzstift Mainz bzw. im Fürstentum Aschaffenburg vgl. *Bernhard Post*, Judentoleranz und Judenemanzipation in Kurmainz 1774-1813 (Schriften der Kommission für die Geschichte der Juden in Hessen, Bd. 7), Wiesbaden 1985, bes. S. 112-117, 160-163, 312-319, 367-384, 450-460 u. 469-476.

[164] Undatierter Vermerk auf der linken Hälfte der ersten Seite des in Anm. 153 angeführten Protokollauszuges.

[165] Landesregierung (Aschaffenburg, 28. August 1801; gedrucktes Formular, auf dem nach Unterschrift Höhe der Kanzleitaxe gesetzt) an das Vizedomamt Aschaffenburg: SSAA (wie Anm. 71), Ansässigmachungen, 472.

[166] Der damals in Süddeutschland gebräuchliche (Silber-)Gulden (fl) war eingeteilt in 60 Kreuzer (xr) zu je 4 Pfennigen; vgl. *Konrad Schneider*, Gulden (Silber), in: Michael North (Hrsg.), Von Aktie bis Zoll. Ein historisches Lexikon des Geldes, München 1995, S. 152-153, sowie *Gert Hatz*, Kreuzer, in: ebd., S. 198.

Taxamt auszulösen" hat[167], wofür eine weitere Kanzleitaxe von 1 fl 54 xr fällig war. Das Stadtamt teilte Becker am 7. September die Genehmigung seines Antrages, für die er insgesamt 4 fl 39 xr zu entrichten hatte, mit[168]. Für diesen Betrag hätte man damals in Aschaffenburg ungefähr 42 kg Roggenbrot, 13-18 kg Fleisch (Schweine-, Ochsen- und Kuhfleisch) bzw. 93 Liter Bier oder Milch kaufen können[169]. Joseph Becker zahlte den festgesetzten Betrag, erhielt dafür die benötigten Unterlagen und wurde dementsprechend bei seiner nächsten Erwähnung im Kirchenbuch – er war Taufpate – am 14. November 1801 als Bürger und Kaufmann bezeichnet[170].

Doch zwischen diesen beiden Daten hatte Becker vom Stadtamt aufgrund eines Beschlusses des Vizedomamtes Aschaffenburg vom 24. September 1801 den Auftrag erhalten, „eine städtische türkische Musik zu errichten"[171], so daß er seine unterbrochene Musikertätigkeit fortsetzen konnte[172]. Er hatte damit, wie er 1804 schrieb,

---

[167] Landesregierung (Aschaffenburg, 31. August 1801; nach der Unterschrift folgt Angabe der Kanzleitaxe) an das Vizedomant Aschaffenburg: SSAA (wie Anm. 71), Ansässigmachungen, 472.

[168] Auf das in Anm. 167 angeführte Schreiben wurde seitens des Vizedomamtes der am 5. September gefaßte Beschluß gesetzt, dem Stadtamt das Ergebnis mitzuteilen – was laut Vermerk am selben Tag geschah –, um es Becker bekanntzugeben. Das entsprechende Schreiben an Becker ging laut Absendevermerk des Stadtamtes oben auf der ersten Seite des in Anm. 153 angeführten Protokollauszuges am 7. September 1801 ab.

[169] Da für 1801 keine Lebensmittelpreise für Aschaffenburg bekannt sind, wurden die im März 1803 gültigen – Brottaxe vom 19. März 1803, Fleischtaxe vom 24. Januar 1803, Biertaxe vom 9. November 1802 und Milchtaxe vom 4. Februar 1802 – zugrunde gelegt; vgl. *Hans-Bernd Spies*, Grundnahrungsmittelpreise in Aschaffenburg 1803-1814, in: MSSA (wie Anm. 1) 7 (2002-2004), S. 310-344, dies S. 314.

[170] Vgl. *Fußbahn*, Kirchenbuch 1801-1825 (wie Anm. 69), S. 685, Nr. 27956 (Pate Joseph Becker). Gleiche Bezeichnung auch bei der Taufe seiner Söhne Johann Michael und Franz Martin in der Agathakirche am 2. Juni 1802 bzw. 11. November 1804 (Vater jeweils Joseph Anton Becker); vgl. ebd., S. 688, Nr. 28049, u. S. 698, Nr. 28364.

[171] Jos. Anton Becker (o. O. o. D., konzipiert von Reatz, Eingangsvermerk von Empfängerseite vom 5. Juli 1805) an die Landesdirektion Aschaffenburg: StAWü, MRA (wie Anm. 124), L 2622. Der sich hier als Verfasser von Beckers Schreiben nennende Advokat Joseph Reatz wurde als solcher erstmals im Staatskalender für 1796 und letztmals in dem für 1812 aufgeführt; vgl. Kurmainzischer Hof- und Staats-Kalender auf das Jahr 1796. Mit einem Verzeichniß des erzhohen Domkapitels, auch zum k. Hof- und Kurstaate gehörigen Stellen und Aemter, Mainz o. J. [1795], S. 139 f. („**Advokaten.** [...] Hr. Joseph Reatz."), Hof- und Staats-Kalender 1797 (wie Anm. 91), S. 106 („**Advokaten.** [...] Hr. Joseph Reaz."), sowie *Winkopp* (wie Anm. 91), S. 181 („P r o c u r a t o r e n und A d v o c a t e n , welche in Aschaffenburg wohnen. [...] Hr. Joseph R e a z , auch Advocat."). Reatz starb 55jährig am 8. September 1814 in Aschaffenburg; vgl. *Fußbahn*, Kirchenbücher 1783-1837 (wie Anm. 73), S. 835, Nr. 25200 (Joseph Reaz), sowie Aschaffenburger Intelligenz-Blatt 1814, Nr. 74 (10. September), S. [4]: „V e r s t o r b e n e . [...] 8 September Hr. Joseph Reatz, 55 Jahre alt, Dikasterialadvokat dahier."

[172] Bei seiner auf 1804 – vgl. Anm. 170 – folgenden nächsten Erwähnung im Kirchenbuch, am 15. März 1807 bei der Taufe seiner Tochter Anna Ursula in der Agathakirche, wurde er wieder als Musiker bezeichnet; vgl. *Fußbahn*, Kirchenbuch 1801-1825 (wie Anm. 69), S. 707, Nr. 28660 (Vater Joseph Becker). Als er gut zwei Monate später, am 17. Mai 1807, Trauzeuge war, wurde er Musikdirektor genannt; vgl. ebd., S. 801, Nr. 31218 (erster Trauzeuge Joseph Becker). Wurde bei weiteren Kirchenbucherwähnungen Beckers sein Beruf angegeben, so lautete dieser zumeist Bürger(militär)musikdirektor; vgl. ebd., S. 717, Nr. 28981 (2. Juli 1809: Joseph Becker, Bürgermusikdirektor, Taufe des Sohnes Johann Adam), *Fußbahn*, Kirchenbücher 1783-1837 (wie Anm. 73), S. 594, Nr. 18509 (9. Oktober 1809: Taufpate Joseph Anton Becker, Stadtmusikdirektor), *ders.*, Kirchenbuch 1801-1825, S. 727, Nr. 29291 (18. September 1811: Joseph Becker, Bürgermilitärmusikdirektor, Taufe der Tochter Anna Elisabeth), S. 849, Nr. 32863 (22. September 1811: Joseph Becker, Bürgermilitärmusikdirektor, Beerdigung der vier Jahre und sechs Monate alten – am 15. März 1807 getauften – Tochter Ursula),

„die müheselige und äußerst verdrüßige Arbeit übernommen, 16. in der Musik noch ganz unerfahrene Leute zu unterrichten"[173], und war darin „auch einigermaßen" erfolgreich, „eine erträgliche Musik hinzustellen, die ich noch täglich zu vervollkommnen mich bestrebe"[174]. Mehrmals bat Becker, indem er auf die ihm u. a. für Notenpapier und Licht entstandenen Ausgaben hinwies, um finanzielle Vergünstigungen[175]. Anfang 1806 führte er in einem neuerlichen Schreiben über seine „beträchtliche Kösten" aus[176]:

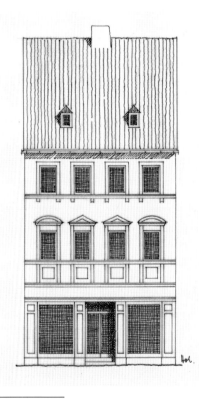

Das Haus von Beckers Schwiegermutter, Sandgasse Nr. 17 (damals Lit C 31 u. C 31^{1}/2), Zustand nach 1876 (Vorlage: *Grimm*, Häuserbuch III – wie Anm. 71 –, S. 275, Zeichnung von Ernst Holleber), in dem er mit dem Bürgermilitärkorps probte und ab 1810 Unterricht in seiner „Gesang- und Blasenden-Instrumenten-Schule" erteilte.

S. 854, Nr. 33090 (29. September 1813: Joseph Anton Becker, Bürgermilitärmusikdirektor, Beerdigung der zwei Jahre und zehn Tage alten – am 18. September 1811 getauften – Tochter Elisabeth), S. 738, Nr. 29639 (11. März 1814: Joseph Anton Becker, Bürgermusikdirektor, Taufe des an diesem Tag geborenen Sohnes Daniel Joseph), S. 751, Nr. 30001 (8. September 1816: Joseph Anton Becker, Stadtmusikdirektor, Taufe des am Vortag geborenen Sohnes Franz Joseph), u. S. 767, Nr. 30442 (1. März 1820: Joseph Becker, Bürgermusikdirektor, Taufe der am Vortag geborenen Tochter Anna Josepha Ursula).

[173] Joseph Becker (o. O. o. D., vom Empfänger am 17. August 1804 an die Landesdirektion weitergeleitet) an Kurerzkanzler Carl: StAWü, MRA (wie Anm. 124), L 2622.

[174] Joseph Becker (o. O. o. D., konzipiert von Reatz, Eingangsvermerk von Empfängerseite vom 23. März 1804) an die Landesdirektion Aschaffenburg: StAWü, MRA (wie Anm. 124), L 2622. Dieses und die in Anm. 171 u. 173 angeführten Schreiben Beckers haben in diesem Zusammenhang ähnliche Formulierungen.

[175] So in seinen in Anm. 171, 173 u. 174 angeführten Schreiben.

[176] Joseph Becker (o. O. o. D., konzipiert von Reatz; Eingangsvermerk von Empfängerseite vom 11. Januar 1806) an die Landesdirektion in Aschaffenburg: StAWü, MRA (wie Anm. 124), L 2622.

„1. Habe ich neue Musikalien angeschaft, und muß deren stets noch neue ankaufen, das Musikpapier kostet *p[ro]* Bogen 4 xr, zu liniren 1 xr. und zu schreiben 12 xr, der Bogen stehet mich also 17 xr.

2. Da die Proben wegen der Nahrunggeschäften der Mitglieder des Abends müssen gehalten werden, so erfodern[177] sie Lichter, und im Winter Holz, welches dermalen sehr theuer ist.

3. Muß ich ein geräumiges Zimmer dazu, und zu Aufbewahrung der Jnstrummente einräumen, wo für meine Schwiegermutter[178] dermalen einen beträchtlichen Zins[179] ziehen könnte.

4. Habe ich es anständig gefunden mir eine ordentliche Uniform anzuschafen.

5. Habe ich die Composition bei Herrn Conzertmeister Kreuser[180] mit Kösten erlernt.

6. Habe ich selbst für mein Geld mehrere Jnstrumente angeschaft, und habe überhaupt schon mehr als 500 fl für diese Musik verwendet.“

Aufgrund dieser Punkte bat Becker die Landesdirektion, ihm für seine „Mühe und Auslagen eine billige Vergütung“ von 22 fl[181] jährlich aus der Stadtkasse nebst Kopf- und Personalfreiheit[182] „zu bestimmen“. Waren Beckers bisherige Eingaben stets abschlägig beschieden worden, so sollte er diesmal insofern einen Teilerfolg erzielen, als ihm nun die erbetene Befreiung gewährt wurde; das war deshalb möglich geworden, weil ein Inhaber von Kopf- und Personalfreiheit aus Aschaffenburg weggezogen war[183].

---

[177] Nebenform von ‚erfordern‘; vgl. DW (wie Anm. 58), Bd. 3, Leipzig 1862, Sp. 802, 804, 1866 ff u. 1890 f.

[178] Maria Elisabeth Stürbrink/St(u)irbrink; vgl. Anm. 143.

[179] Hier in der Bedeutung ‚Miete‘ gebraucht; vgl. DW, Bd. 15 (wie Anm. 161), Sp. 1493, sowie *Zedler* (wie Anm. 38), Bd. 62, Graz 1964 (Reprint der Ausgabe Leipzig / Halle 1749), Sp. 970: „**Zins** [...]: dieses Wort hat überhaupt und nach seinem weitläufftigsten Begriffe mancherley Bedeutungen; so, daß es nicht allein die Revenüen und Nutzungen von einem ausgeliehenen Capital, sondern auch alle und jede jährliche Gefälle, insonderheit aber die jährlichen Renten anzeiget, welche der Rentner aus seinem stehenden Erbe oder Hause zu erheben hat.“

[180] Der 1746 in Heidingsfeld geborene Georg Anton Kreusser, Komponist und Violinist, war Ende 1773 zum Vizekonzertmeister der Hofkapelle in Mainz berufen worden, wurde rund zwei Monate später im Februar 1774 Konzertmeister und starb am 1. November 1810 in Aschaffenburg; vgl. *Schweickert* (wie Anm. 13), S. 37, 41 ff., 61 ff., 70, 74, 104, 124 u. 129, *Gottron*, Musikgeschichte (wie Anm. 21), S. 143-146, 194 u. 212, sowie *Günter Wagner*, Georg Anton Kreusser, in: MGG (wie Anm. 8), Personenteil, Bd. 10, Kassel / Basel / London / New York / Prag / Stuttgart / Weimar ²2003, Sp. 695-697.

[181] Zum Vergleich folgende Mitte Januar 1806 in Aschaffenburg geltenden Preise nach der amtlichen Festsetzung: rund 3 kg Roggenbrot 17 xr, je rund 0,5 kg Ochsen-, Kalb- bzw. Schweinefleisch 9 xr 2 pf, 8 xr 2 pf bzw. 11 xr 2 pf, knapp 2 Liter Bier bzw. Milch 6 xr bzw. 8 xr; vgl. *Spies*, Grundnahrungsmittelpreise (wie Anm. 169), S. 319.

[182] Kopffreiheit bedeutete die Befreiung von einer Kopfgeld genannten personenbezogenen Steuer, Personalfreiheit wiederum beinhaltete die Freiheit von Bürgerpflichten wie Wachtdienst oder Mitwirkung bei öffentlichen Arbeiten; vgl. Deutsches Rechtswörterbuch. Wörterbuch der älteren deutschen Rechtssprache, hrsg. von der Heidelberger Akademie der Wissenschaften, Bd. 7, bearb. v. Günther Dickel u. Heino Speer, Weimar 1974-1983, Sp. 1286 f., u. Bd. 10, bearb. v. Heino Speer, Weimar 1997-2001, Sp. 613

[183] Mit entsprechendem Vorschlag Vizedomamt Aschaffenburg (Aschaffenburg, 15. März 1806, Eingangsvermerk von Empfängerseite vom 21.) an die Landesdirektion, welche zustimmte (auf erster Textseite Marginalvermerk: „C[onclusum] cum voto.“), außerdem deren Antwortkonzept (Aschaffenburg, 24. März 1806, mit Absendevermerk vom 1. April) an das Vizedomamt: StAWü, MRA (wie Anm. 124), L 2622.

Im Vorjahr hatte sich das Stadtamt am 12. Juli 1805 in seinem Bericht an das Vizedomamt dafür ausgesprochen, Becker nicht nur die Kopf- und Personalfreiheit zu gewähren, sondern ihm „wenigstens einige jährliche Unterstüzung aus der Stadt *Cassa* zu verabreichen, und solche vor der Hand, und in so lang bis der Zustand der Stadt *Cassa* sich verbessert" auf 12 fl jährlich festzusetzen[184]. Das Vizedomamt wandte sich am 20. Juli in seiner Stellungnahme an die Landesdirektion zwar gegen eine Geldzahlung, befürwortete aber die Kopf- und Personalfreiheit[185]. Doch die Landesdirektion lehnte am 12. August, ohne „die Verdienste des städtischen MusikDirektor Becker zu mißkennen", selbst das ab und verwies auf ihre vom 20. Juli 1802, 23. April und 26. Oktober 1804 „erlassenen Weisungen"[186].

Aufgrund des ihm zugegangenen Berichtes des Stadtamtes hatte das Vizedomamt der Landesregierung am 20. Juli 1805 ausführlich Beckers Verdienste dargelegt: Er hat sich „in Ansehung der mühesamen Organisirung der itzt bestehenden Musickbande allerdings ein groses Verdienst erworben", indem er innerhalb von vier Jahren „die aus 18 Mitgliedern bestehende Musickbande, wovon nur 3 etwas Musick verstanden, mit den übrigen 15 aber er bei den ersten Anfangs Gründen ausgehen muste, schon so weit gebracht, daß er[187] sie nicht nur als ein gutbestelltes türkisches *Music corps produciren*, sondern sie[188] auch bei Bällen und andern Gesellschaften, die Musick zum Tanzen machen können. Einige hievon haben es schon so weit gebracht, daß sie sogar bei denen von Sr Kurfürstl[ichen] Gnaden gn[ä]d[i]gst angeordneten *Concerten* gebraucht werden." Es ist erforderlich, „daß in einer Stadt wie hier ein Musick *corps*" besteht, sonst müßten selbst „in den *Carnaval*zeiten und bei sich ergebenden Feierlichkeiten" wie vorher „Musikanten von andern Orten mit ungleich gröseren Köstenaufwand" herbeigeholt werden.

Seine mühevolle Arbeit bei Aufstellung des Bürgermusikkorps hatten Becker vermutlich zu der Erkenntnis geführt, daß zur Heranbildung geeigneten Musikernachwuchses der entsprechende Unterricht früher und in geordneten Bahnen beginnen müsse. Deshalb arbeitete er einen Plan zur „Errichtung einer Gesang- und Blasenden-Instrumenten-Schule" aus, den er Großherzog Carl einreichte und welcher von diesem am 4. November 1810 genehmigt wurde[189]. Daraufhin ließ Joseph

---

[184] Stadtamt Aschaffenburg (Aschaffenburg, 12. Juli 1805) an das Vizedomamt Aschaffenburg: StAWü, MRA (wie Anm. 124), L 2622. Die Landesdirektion hatte oben auf der ersten Seite von Beckers in Anm. 171 genannten Schreiben über der Überschrift am 5. Juli 1805 eine Verfügung gesetzt, mit der sie das Vizedomamt zum Bericht aufforderte, welches wiederum durch unter die Anrede gesetzte eigene Verfügung vom 6. Juli Beckers Schreiben an das Stadtamt „zum befohlenen gütächt[lich]en Berichte" weiterleitete.

[185] Vizedomamt Aschaffenburg (Aschaffenburg, 20. Juli 1805) an die Landesdirektion Aschaffenburg: StAWü, MRA (wie Anm. 124), L 2622.

[186] Entsprechende Verfügung vom 12. August 1805 auf der ersten Seite des in Anm. 185 genannten Berichtes.

[187] Dies Wort über der Zeile hinzugefügt.

[188] Dies Wort über der Zeile hinzugefügt.

[189] Da darüber keine Akten vorliegen, läßt sich dieser Vorgang lediglich aufgrund von Beckers in Anm. 190 angeführter Anzeige, woraus obiges Zitat, erschließen. Das Genehmigungsdatum steht in dem in Anm. 205 angeführten Dekret.

Großherzog Carl von Frankfurt, Stich von J. N. Joly nach einer Zeichnung von M. (Vorlage: SSAA – wie Anm. 71 –, Graphische Sammlung).

Anton Becker am 7. November folgende Bekanntmachung in der Presse veröffentlichen[190]:

> „Nachdem Se. Königl. Hoheit der Durchlauchtigste Fürst Primas, und Großherzog von Frankfurt allergnädigst geruhet haben, nach einem Allerhöchstdenenselben eingereichten Plan, die Errichtung einer Gesang- und Blasenden-Instrumenten-Schule zum Besten der hiesigen Bürgers-Söhne zu genehmigen, und dem Unterzeichneten das Lehramt desfalls huldreichest zu übertragen, dergestalt jedoch, daß den armen Bürgerssöhnen der Unterricht unentgeldlich, den Bemit-

---

[190] AI (wie Anm. 72) 1810, Nr. 89 (7. November), S. [3]; fehlerhaft, jedoch jeweils unterschiedlich, zitiert bei *Kundigraber*, Chronik (wie Anm. 118), S. 10, sowie *ders.*, 125 Jahre (wie Anm. 125), S. 13.

telten aber gegen einen in eine besondere Musik-Schulkasse monatlich einzulegenden Gulden[191] ertheilt werden solle; als wird dieß hiemit[192] zur öffentlichen Kenntniß gebracht, damit die Lusttragende alsbald als Lehrlinge sich melden, und geprüft werden mögen, ob sie die dazu erforderlichen Fähigkeiten besitzen, welchem vorgängig der Unterricht sogleich seinen Anfang nehmen soll. Die zum Unterrichte in der Woche bestimmten Täge[193] und Stunden, werden vom Unterzeichneten annoch[194] bekannt gemacht werden.

Aschaffenburg am 6ten Nov. 1810.

J. A. B e c k e r ,

Burger-Militair-Musik-Direktor."

In der übernächsten Ausgabe des Intelligenzblattes machte Becker eine Woche später den Stundenplan für das Wintersemester bekannt[195]. Demnach wollte er wöchentlich insgesamt 16 Stunden, verteilt auf jeweils vier Stunden montags, dienstags, donnerstags und sonnabends, Unterricht erteilen, und zwar fünf Stunden in Gesang sowie elf Stunden in vier verschiedenen Musikinstrumenten (Fagott, Flöte, Klarinette und Oboe).

In keiner seiner beiden Bekanntmachungen gab Becker an, wo er den Musikunterricht erteilen wollte. Da, wie er in seinem Schreiben von Anfang 1806[196] erklärt hatte, die Proben des Bürgermusikkorps im Haus seiner Schwiegermutter stattfanden, kann davon ausgegangen werden, daß er seine Musikunterrichtsstunden ebenfalls dort abhielt. Mithin ist das 1944 durch einen Bombenvolltreffer zerstörte Haus auf dem heutigen Anwesen Sandgasse Nr. 17[197] als Gründungsstätte von Beckers „Gesang- und Blasenden-Instrumenten-Schule" und damit der heutigen Städtischen Musikschule anzusehen.

Etwas mehr über die Bedingungen, zu denen Becker mit der Leitung der „Gesang- und Blasenden-Instrumenten-Schule" betraut worden war, ergibt sich aus zwei im Sommer 1813 entstandenen Schriftstücken. Damals, wahrscheinlich in der zweiten Julihälfte, wandte Becker sich an Großherzog Carl und bemerkte zunächst in seinem Schreiben[198], dieser habe „zu dem so wohlthätigen Zweke einer Musik-Schule" ihm „als Musikdirektor durch ein höchstes Jnskript" vom 4. November 1810[199] ein

---

[191] Zum Vergleich folgende Anfang November 1810 in Aschaffenburg geltenden Preise nach der amtlichen Festsetzung: rund 3 kg Roggenbrot 17 xr 2 pf, je rund 0,5 kg Ochsen-, Kalb- bzw. Schweinefleisch 10 xr 2 pf, 11 xr bzw. 11 xr 2 pf, knapp 2 Liter Bier nach Qualität bzw. Milch 6 oder 5 xr bzw. 6 xr; vgl. *Spies*, Grundnahrungsmittelpreise (wie Anm. 169), S. 332.

[192] Nebenform von ,hiermit'; vgl. DW (wie Anm. 58), Bd. 4, Abt. 2, bearb. v. Moriz Heyne, Leipzig 1877, Sp. 1311.

[193] Mundartliche Nebenform von ,Tage'; vgl. ebd., Bd. 11, Abt. 1, Tl. 1, bearb. v. Matthias Lexer, Dietrich Kralik und der Arbeitsstelle des Deutschen Wörterbuches, Leipzig 1935, Sp. 27.

[194] Hier in der Bedeutung von ,erst noch' gebraucht; vgl. DW, Bd. 1 (wie Anm. 58), Sp. 418 f.

[195] AI (wie Anm. 72) 1810, Nr. 91 (14. November), AS. [1].

[196] Vgl. die Punkte 2 und 3 seines in Anm. 176 angeführten Schreibens.

[197] Vgl. dazu *Grimm*, Häuserbuch III (wie Anm. 71), S. 274 ff.

[198] Joseph Becker (o. O. o. D. [Juli 1813, erschlossen aufgrund des in Anm. 205 genannten Schriftstückes]) an Großherzog Carl: StAWü (wie Anm. 124), Mainzer Geheime Kanzlei, 244.

[199] Vorlage hat hier und an einer weiteren Stelle des Schreibens den 3. November 1810.

No. 91.

Aschaffenburger Intelligenzblatt.

Mit gnädigstem Privilegio.

Mittwoch — 1810 — am 14ten November.

Bekanntmachung.

Unterzeichneter wird während des Wintersemesters nach der hier folgenden Tabelle der Täge und Stunden mit Ertheilung des Unterrichts in der Tonkunst sich beschäftigen.

Vormittag.

Stunden.	Mondtag.	Dienstag.	Donnerstag.	Samstag.
Von 10 bis 11	Gesang.	Oboe.	Fagott.	Gesang.
Von 11 bis 12	Oboe.			Oboe.

Nachmittag.

	Mondtag.	Dienstag.	Donnerstag.	Samstag.
Von 1 bis 2	Fagott.	Gesang.	Gesang.	Clarinett und Flaute.
Von 2 bis 3	Clarinett und Flaute.	Gesang.	Clarinett	Fagott.
Von 3 bis 4	—	Clarinett und Flaute.	Fagott und Oboe.	—

Welches also hiermit bekannt gemacht wird.

J. A. Becker,
Bürger = Militair = Musik = Direktor.

Versteigerungen.

Auf Mondtag den 19ten Novemb. l. J. Nachmittags 2 Uhr werden auf dem Rathhause dahier in dem Rhentamtszimmer die Städtischen Jahrmarktstände öffentlich an den Meistbietenden auf 3 Jahre verliehen, wozu die Liebhaber hiemit eingeladen werden.

Aschaffenburg am 9ten Nov. 1810.
Von F. P. G. F. Stadtamts wegen,
In fidem Tempel Stadtschreiber.

Zur Versteigerung der zur Verlassenschaft des verlebten hiesigen Burgers und Metzgermeisters Karl Ignaz Flach gehörigen, nachbenannten Güter, als:

a) 2 Viertel, 10 Ruthen Acker und Baumstück in der Röttern neben Adam Kaiser und Johann Böffinger,

b) 1 Morgen, 20 Ruthen Acker allda neben Johann Böffinger.

c) 1 Garten vor dem Wermbachsthore neben Stiftsoberglöckner Jakob Köhler und Glasermeister Franz Jos. Hirsch, an dem Promenadeweege, von nicht be=

Im Aschaffenburger Intelligenzblatt vom 14. November 1810 (vgl. Anm. 195) veröffentlichter erster Stundenplan von Beckers „Gesang- und Blasenden-Instrumenten-Schule".

jährliches Festgehalt von 500 fl „huldreichst zu bewilligen" geruht. Anschließend erklärte Becker, diese Einrichtung „hatte bereits unter der Oberaufsicht des Herrn [...] Kapellmeister *Sterkel* früher schon begonnen", und er hoffe zuversichtlich, „berufend auf das Zeugniß des gedachten Herrn Kapellmeisters", der Absicht des Großherzogs „durch Eifer und Thätigkeit in vollstem Maaße entsprochen zu haben". Schließlich bat Becker den Empfänger, ihm ergänzend zu dem Inskript von 1810 „ein gnädigstes Dekret ausfertigen zu lassen".

Aus diesem Schreiben ergibt sich, daß Becker mit dem Musikunterricht bereits einige Zeit vor der eigentlichen Gründung der Schule begonnen hatte, und zwar unter Aufsicht des Kapellmeisters Johann Franz Xaver Sterkel (1750-1817)[200]. Durch den Hinweis auf Sterkel läßt sich der fragliche Zeitraum eingrenzen, denn Sterkel hatte sich seit 1802 in Regensburg aufgehalten, wo er bis zum Frühjahr 1810 wirkte, und anschließend war er einige Monate in seiner Geburtstadt Würzburg tätig[201]. Am 22. August übernahm er in Aschaffenburg als Kapellmeister die Leitung der groß-herzoglichen Hofkapelle[202], mithin dürfte Becker mit seinem Unterricht im September begonnen haben.

Beckers Bitte, das landesherrliche Inskript durch ein Dekret ergänzen zu lassen, hatte folgenden Hintergrund: Wie aus seiner am 6. November 1810 datierten Bekanntmachung hervorgeht, hatte Becker Großherzog Carl einen Plan zur „Errich-tung einer Gesang- und Blasenden-Instrumenten-Schule" zukommen lassen, wel-chen dieser genehmigte. Diese Genehmigung erfolgte durch ein Inskript[203], d. h., der Großherzog hatte auf Beckers Plan die Bedingungen für die Errichtung der Musikschule entweder eigenhändig gesetzt oder durch seinen Sekretär schreiben lassen und anschließend unterzeichnet; danach ging eine von Verwaltung ange-fertigte Abschrift des Wortlautes des Inskriptes Becker zu. Da ihm dies auf Dauer nicht hinreichend war, suchte Becker erfolgreich um ein landesherrliches Dekret nach[204]. Dieses wurde am 2. August 1813 ausgestellt und hat folgenden Wortlaut[205]:

---

[200] Zu diesem in Würzburg geborenen und verstorbenen Komponisten und Pianisten vgl. *Augustin Scharnagl*, Johann Franz Xaver Sterkel. Ein Beitrag zur Musikgeschichte Mainfrankens, Würzburg 1943, sowie *Axel Beer* u. *Günter Wagner*, Johann Franz Xaver Sterkel, in: MGG (wie Anm. 7), Perso-nenteil, Bd. 15, Kassel / Basel / London / New York / Prag / Stuttgart / Weimar ²2006, Sp. 1433-1437.

[201] Vgl. *Scharnagl* (wie Anm. 200), S. 20-25 u. 93 f.

[202] Dazu und zu seiner Zeit in Aschaffenburg bis zu seinem Tod in Würzburg vgl. ebd., S. 25-28 u. 94 ff.; vgl. auch *Winkopp* (wie Anm. 91), S. 36: „c) H o f - u n d K a m m e r m u s i k . [...] M u s i k -d i r e k t o r u n d K a p e l l m e i s t e r . Hr. Johann Franz Xaver S t e r k e l ."

[203] Zu diesem Begriff vgl. *Karl Bruns* (Bearb.), Die Amtssprache. Verdeutschung der hauptsächlichsten im Verkehre der Gerichts- und Verwaltungsbehörden sowie in Rechts- und Staatswissenschaft ge-brauchten Fremdwörter (Verdeutschungsbücher des Allgemeinen Deutschen Sprachvereins, Bd. 5), Berlin ⁹1915, S. 67: **Inskription** Eintragung, Einschreibung; Aufschrift.

[204] Über der Anrede auf Beckers in Anm. 198 angeführten Schreiben steht die undatierte Anweisung: „*Expediatur* das verlangte Dekret."

[205] Korrigiertes und mit am 2. August 1813 datierter Ausfertigungsverfügung versehenes Konzept: StAWü (wie Anm. 124), Mainzer Geheime Kanzlei, 244. Es wird der nach den Korrekturen gültige Wortlaut wiedergegeben, allerdings in zwei Fällen von der Vorlage abweichend hier Großschreibung (Qua-talraten, Kasse). Daß das Dekret in der Tat mit dem Datum der Ausferigungsverfügung versehen wurde, das ergibt sich aus dem nach einer späteren beglaubigten Abschrift wiedergegebenen Druck bei *Kundigraber*, Chronik (wie Anm. 118), S. 9 f., sowie *ders.*, 125 Jahre (wie Anm. 118), S. 13 (sehr fehlerhaft, zumal Texteil in einem Satz fehlt).

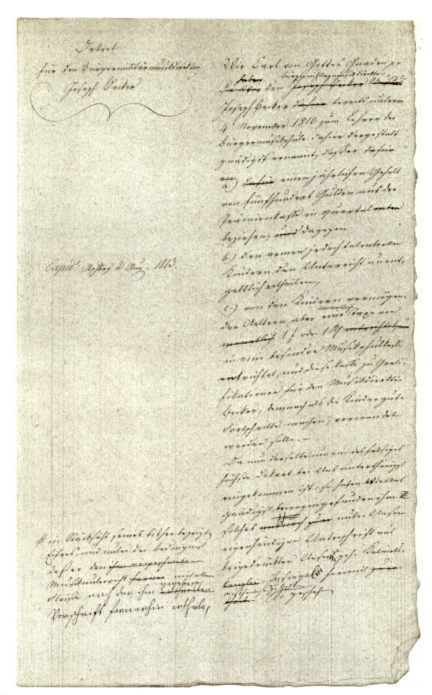

Konzept des am 2. August 1813 ausgestellten Dekretes Großherzog Carls für Bürgermilitärmusikdirektor Becker (Vorlage: wie Anm. 205).

„Dekret[206] für den Bürgermilitärmusikdirektor Joseph Becker

Wir Carl von Gottes Gnaden [etc.][207]
haben den Bürgermilitermusikdirektor Joseph Becker bereits unterm 4[t[en]] November 1810 zum Lehrer der Bürgermusikschule dahier dergestalt gnädigst ernannt, daß er

a.) einen jährlichen Gehalt von fünfhundert Gulden aus der Prämienkasse in Quartalraten beziehen, dagegen

b.) den armen jedoch talentvollen Kindern den Unterricht unentgeltlich ertheilen,

c.) von den Kindern vermögender Aeltern aber eine monatliche Taxe von 1 f oder 1 R[208] in eine besondere Musikschulkasse entrichtet, und diese Kasse zu Gratifikationen für den Musikdirektor Becker, demnach als die Kinder gute Fortschritte machen, verwendet werden solle.

Da nun derselbe um ein desfallsiges höchste[s] Dekret bei Uns unterthänigst eingekommen ist: so haben Wir Uns gnädigst bewogen gefunden ihm in Rücksicht seines bisher bezeigten Eifers, und unter der Bedingniß daß er den Musikunterricht mit allem Fleiße nach der ihm gegebenen Vorschrift fernerhin ertheile, solches unter Unsrer eigenhändigen Unterschrift und beigedrückten Unserm geh. Kabinets-Jnsiegel hiermit ausfertigen zu lassen.
So geschehen [Aschaffenburg den 2ten August 1813.   Carl]".

Das von Becker erbetene Schriftstück enthielt neben dem von ihm gewünschten Inhalt, wenngleich die Wendung „in Rücksicht seines bisher bezeigten Eifers" recht formelhaft ist, auch ein Lob Großherzog Carls für die geleistete Arbeit.

Joseph Anton Becker, 1777 in Mainz geboren[209], der vermutlich spätestens 1791 aus seiner Geburtstadt nach Aschaffenburg gekommen und etwa 1795-1800 Mitglied der Garnisonsmusik gewesen war[210], hatte 1800-1801 in Mainz den Lang- und Kurzwarenhandel erlernt[211] und wurde daraufhin im Spätsommer 1801 nach seiner Rückkehr in Aschaffenburg Bürger und Krämer[212]. Am 24. September 1801 erhielt Becker den Auftrag zur Aufstellung einer städtischen Türkischen Musikbande[213]. Aus der mühevollen Probearbeit mit den auf musikalischem Gebiet größtenteils

---

[206] Eigentlich handelt es sich nicht um ein Dekret, ein solches wäre in unpersönlichem Stil abgefaßt gewesen, sondern um ein Reskript; vgl. *Heinrich Otto Meisner*, Archivalienkunde vom 16. Jahrhundert bis 1918, Göttingen 1969, S. 156 ff. bzw. 142 f.

[207] Die damals verwendete Titulatur lautet: ‚Wir Carl von Gottes Gnaden Fürst-Primas des rheinischen Bundes, Großherzog von Frankfurt, Erzbischof von Regensburg etc. etc.'; vgl. *Spies*, Von Kurmainz (wie Anm. 3), S. 274.

[208] Der Gulden hatte 60, der Reichstaler hingegen 90 Kreuzer; vgl. Anm. 166 sowie *Konrad Schneider*, Taler, in: North (wie Anm. 166), S. 389-391. Es wurde Becker bei der Taxe also ein Spielraum gelassen, allerdings entschied er sich, wie aus seiner ersten Bekanntmachung hervorgeht, für den geringen Betrag.

[209] Siehe dazu oben S. 30.

[210] Siehe dazu oben S. 31.

[211] Siehe dazu oben S. 31.

[212] Siehe dazu oben S. 33 ff.

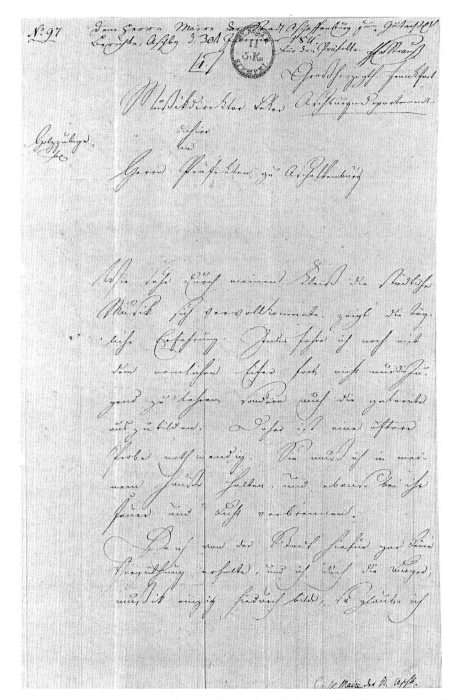

Undatiertes, von Januar 1811 stammendes Schreiben Beckers (Vorlage: StAWü, MRA – wie Anm. 124 –, L 2625) an die Präfektur Aschaffenburg mit seiner vollständigen Unterschrift.

unerfahrenen Männern entwickelte sich bei ihm der Gedanke, eine „Gesang- und Blasenden-Instrumenten-Schule" zu gründen, für die er am 4. November 1810 die Genehmigung Großherzog Carls erhielt[214]. An dieser Schule unterrichtete Becker, seit 1826 an den Folgen eines Unfalles leidend, bis 1842. Nach seiner Pensionierung im Jahre 1844 zog er nach Speyer, wo er 1855 starb[215].

[213] Siehe dazu oben S. 35.
[214] Siehe dazu oben S. 38 f.
[215] Vgl. *Kundigraber*, Chronik (wie Anm. 118), S. 11-16, sowie *ders.*, 125 Jahre (wie Anm. 118), S. 14-17.

Hohe und tiefe Töne
Die wechselvolle Geschichte der Musikschule[*]

von Barbara Hippeli

Genau 200 Jahre ist es her, da wurde in Aschaffenburg der Grundstein für systematische musikalische Ausbildung gelegt. Besondere Feierlichkeiten gaben bereits in der Vergangenheit immer wieder den Anstoß, die Geschichte der Institution „Musikschule" aufzuarbeiten[1]. Die Zusammenstellungen dürfen alle als gut recherchiert bezeichnet werden, wenngleich nicht immer genau ersichtlich ist, woher die Informationen stammen. Offenbar standen vor dem Zweiten Weltkrieg außer den hier benutzten Unterlagen noch die gesamte Überlieferung der Lokalschulkommission[2] und andere unbekannte Quellen für die Ausarbeitung zur Verfügung. Ohne sich in reinen Wiederholungen der vorhandenen Literatur zu verlieren, soll hier nun ein umfassendes Bild über die wechselvollen Jahre der Musikschule gezeichnet werden.

Schwerpunktmäßig wird der Zeitraum ab 1841 behandelt, da die im Stadt- und Stiftsarchiv Aschaffenburg aufbewahrte Überlieferung der Bürgermusikschule erst zu diesem Zeitpunkt einsetzt. Wie hatte sich diese nun seit ihrer Gründung entwickelt? In welcher Ausgangslage befand sie sich Mitte des 19. Jahrhunderts?

Etwa 30 Jahre lang handelte es sich gewissermaßen um einen Ein-Mann-Betrieb des Joseph Becker[3]. Er bezog jährlich 500 fl.[4] als Gehalt aus staatlicher Kasse[5]. Die Bür-

---

[*] Folgende Siglen werden in diesem Beitrag verwendet: AM = Ansässigmachungsakten, AV = Aschaffenburger Volksblatt, AZ = Aschaffenburger Zeitung, BaM = Beobachter am Main (und) Aschaffenburger Anzeiger, ME = Main-Echo, MS = Musikschule, ProtGB = Protokolle der Gemeindebevollmächtigten, ProtM = Protokolle des Magistrats, SBZ = Stadtarchiv bayerische Zeit, SSAA = Stadt- und Stiftsarchiv Aschaffenburg, StAWü = Staatsarchiv Würzburg, ZGS = Zeitgeschichtliche Sammlung.

[1] *Hermann Kundigraber*, Chronik der Staedtischen Musik-Schule Aschaffenburg 1810-1910, Aschaffenburg (1910), sowie *ders.*, 125 Jahre Städt. Musikschule Aschaffenburg 1810-1935. Gegründet 1810 durch Fürstprimas Karl Theodor von Dalberg, Großherzog von Frankfurt, Aschaffenburg (1935), sowie Festschrift zur Übergabe des Gebäudes der Städtischen Musikschule Aschaffenburg am 10. Februar 1989, hrsg. von der Städtischen Musikschule Aschaffenburg, Aschaffenburg 1989.

[2] Die Lokalschulkommission, ab 1898 Stadtschulkommission, nahm Aufgaben der Schulaufsicht wahr. Ihr gehörten der Bürgermeister, Pfarrer, Magistratsräte und Volksschullehrer an – SSAA, Acten der Königl. Lokalschul-Kommission Aschaffenburg, Abteilung I, Akte Nr. 7; Aschaffenburger Adress-Buch. Adress- und Geschäfts-Handbuch für die kgl. bayer. Stadt Aschaffenburg nebst einem Stadtplan, Aschaffenburg 1900, Abt. 2, S. 26 – . Derzeit befindet sich von diesem Gremium im Stadt- und Stiftsarchiv ca. 0,25 m Schriftgut vorwiegend aus dem Zeitraum 1870 bis Anfang des 20. Jahrhunderts. Über den Verbleib der restlichen Unterlagen ist nichts bekannt. Einzelne Berichte der Lokalschulkommission an die Regierung von Unterfranken und Aschaffenburg sind Bestandteil der Akte StAWü, Regierungsabgabe 1943/45, Nr. 13310.

[3] Zu diesem vgl. *Hans-Bernd Spies*, Voraussetzungen und Gründung der Bürgermusikschule in Aschaffenburg (1810), oben S. 7-46, dies S. 30-46.

[4] Die Abkürzung fl. steht für Floren und meint in diesem Fall den damals in Süddeutschland gebräuchlichen (Silber-) Gulden, eingeteilt in 60 Kreuzer (xr) zu je 4 Pfennigen; vgl. *Konrad Schneider*, Gulden (Silber), in: Michael North (Hrsg.), Von Aktie bis Zoll. Ein historisches Lexikon des Geldes, München 1995, S. 152-153, sowie *Gert Hatz*, Kreuzer, in: ebd., S. 198.

[5] SSAA, MS, Nr. 739 u. Nr. 1.

germusikschule unterstand zunächst keinerlei Aufsicht. Weder für Räumlichkeiten noch für Beheizung und Instrumente war gesorgt. Mit der Anerkennung als „Lokal-Unterrichts-Anstalt" 1822 übernahm die Lokalschulkommission, die sich bereits im Vorjahr der Musikschule angenommen hatte, die Aufsicht und wies ein Lehrzimmer im unteren Stock des Knabenschulhauses an (Lit. B Nr. 14³/4, später Landingstraße 17[6]). Wegen der Feuchtigkeit im Gebäude fand der Unterricht aber nie dort statt, sondern in Beckers Wohnung (Sandgasse 17[7]). Erst 1836 wurden die Verhältnisse der Musikschule neu geordnet[8]. Becker erhielt für die Bereitstellung des Raums ab dem 1. April von der Stadt einen finanziellen Ausgleich von monatlich 2 fl. 42 xr[9] und ab 1837 zusätzlich 1 fl. 21 xr pro Monat für die Nutzung seiner Instrumente[10]. Zur Beheizung des Raums bekam er als Naturalzuschuß Holz[11].

Zwischen 1818 und 1820 unterrichtete er etwa 15 Schüler; im Folgejahr gab er den Stand von elf an[12], im Februar 1841 waren es wieder 15. In Form von Aufführungen hatten sie sich einer jährlichen Prüfung zu unterziehen[13].

Reorganisation 1841/42 und Amtszeit Adam Brands (1842-1854)

Bereits zu Beginn des Jahres 1841 kündigte sich eine Umstrukturierung an. Die Regierung nahm vom unerfreulichen Zustand der Bürgermusikschule, die außer Blasinstrumenten keine weiteren Fächer anbot, Kenntnis und schlug eine Reorganisation und die Gründung eines musikalischen Lehrinstituts für Aschaffenburg und Umgebung vor[14]. Offiziell wurde die Bürgermusikschule infolge des Reskripts der königlichen Regierung von Unterfranken und Aschaffenburg, Kammer des Innern vom 16. November 1841 reorganisiert[15] und ein zweiter Lehrer angestellt[16]: Adam Brand, geboren ca. 1807[17] in Stadtprozelten und von 1831 bis 1841 Schullehrer in Damm. Er erteilte zu dieser Zeit bereits Musikunterricht am Gymnasium, dirigierte das Orchester der Stadtmusik sowie Gesangübungen des Vereins

6   Vgl. *Alois Grimm*, Aschaffenburger Häuserbuch IV. Herstallstraße mit Entengasse, Landingstraße mit Marktplatz, Steingasse mit Nebensteingasse und Friedrichstraße (Veröffentlichungen des Geschichts- und Kunstvereins Aschaffenburg – künftig: VGKA –, Bd. 43), Aschaffenburg 1996, S. 249 ff.

7   Vgl. *ders.*, Aschaffenburger Häuserbuch III. Stadtgebiet zwischen Sandgasse, Roßmarkt, Betgasse und Wermbachstraße mit Nebengassen (ebd., Bd. 41), Aschaffenburg 1994, S. 274 ff.

8   StAWü, Regierungsabgabe 1943/45, Nr. 13310, fol. 1, 4-7.

9   SSAA, ProtM, Nr. 15, Vortragsnr. 735 (31. März 1836).

10 SSAA, ProtM, Nr. 16, Vortragsnr. 659 (6. April 1837).

11 StAWü, Regierungsabgabe 1943/45, Nr. 13310, fol. 4-7. Bereits in der Sitzung des Stadtmagistrats am 7. Oktober 1822 wurde für die Beheizung des Musiklehrzimmers Holz genehmigt: SSAA, ProtM, Nr. 3, Vortragsnr. 24.

12 Vgl. *Kundigraber*, Chronik (wie Anm. 1), S. 11.

13 StAWü, Regierungsabgabe 1943/45, Nr. 13310, fol. 4-7. Im Originalwortlaut sind die Aufführungen als „Produktionen" bezeichnet.

14 StAWü, Regierungsabgabe 1943/45, Nr. 13310, fol. 13 u. 16; vgl. *Kundigraber*, Chronik (wie Anm. 1), S. 11 u. 13 f.

15 SSAA, MS, Nr. 1.

16 Vgl. *Kundigraber*, Chronik (wie Anm. 1), S. 14.

17 Erschlossen aufgrund seines im Sterbeeintrag angegebenen Alters; s. Anm 63.

„Liedertafel" und hatte auch Kenntnisse in Musiktheorie vorzuweisen[18]. Ab dem 1. Dezember bezog er ein Gehalt von jährlich 350 fl.[19].

Die neuen Bestimmungen zur Organisation der Musikschule veröffentlichte die Lokalschulkommission Ende Dezember 1841[20]: Es gab nun zwei Lehrer – Brand übernahm den Unterricht in Streichinstrumenten und Gesang, Becker wie bisher den in Blasinstrumenten. Die Schüler gruppierte man in zwei Kurse. Je ein Jahr dauerte der Kurs für Streichinstrumente und Gesang, ein halbes Jahr nur der Kurs für Blasinstrumente, wonach sich auch die Aufnahmetermine richteten (jährlich am 3. November und ggf. der 15. Mai). Im Gegenzug für den unentgeltlichen Unterricht erwartete man den regelmäßigen Musikschulbesuch mit der Androhung von Strafen bis hin zur Entlassung bei Nichtein-

Adam Brand (Vorlage: *Kundigraber*, Chronik – wie Anm. 1 –, S. 17).

haltung. Die Stunden wurden so gelegt, „daß auch die Kinder in den teutschen Schulen Theil daran nehmen können". Der Ge-sangunterricht war nur für die aus der Schule entlassenen Knaben und Mädchen (gesondert in verschiedenen Stunden) bestimmt. Anmeldeschluß war der 3. Januar 1842, der auch als Eröffnungstag der Musikschule gilt[21].

Die genauen Statuten machte die Lokalschulkommission im März 1842 bekannt[22]: Demnach bildeten die Kurse 1 (Anfänger) und 2 (Fortgeschrittene) die eigentliche Musikschule, wohingegen ein zusätzlicher 3. Kurs als „musikalisches Institut" mindestens einmal wöchentlich befähigte Laien und städtische Musiker zur gemeinsamen Fortbildung und Übung in den Abendstunden vereinte. Pro Woche sollten mindestens 26 Unterrichtsstunden stattfinden, bei den Ferien glich man sich den „teutschen Schulen" an. Die Schüler hatten die Instrumente selbst zu stellen, weniger begüterte konnten sich diesbezüglich an den Armenpflegschaftsrat wenden.

Zur Jahreswende 1841/42 hatte Brand von Becker die Funktion als Musikmeister beim königlichen Landwehrbataillon Aschaffenburg übernommen[23]. Als solcher erhielt er 50 fl. im Jahr unter der Bedingung, bei allen Paraden und Ausrückungen der Landwehr in Uniform zu erscheinen und zu dirigieren. Da er dieser Verpflich-

---

[18] StAWü, Regierungsabgabe 1943/45, Nr. 13310, fol. 21-22 u. 102. Als Beleg für seine Tätigkeit an der Studienanstalt vgl. auch AZ 1855, Nr. 71 (23. März), S. [1], für sein Wirken bei der „Liedertafel" auch AZ 1842, Nr. 309 (26. Dezember), S. [4].
[19] SSAA, MS, Nr. 1; StAWü, Regierungsabgabe 1943/45, Nr. 13310, fol. 24-26.
[20] AZ 1841, Nr. 308 (24. Dezember), S. [4].
[21] SSAA, MS, Nr. 73, Beleg Nr. 2.
[22] Intelligenzblatt der Königl. Bayer. Stadt Aschaffenburg 1842, Nr. 13 (26. März), S. [1 f.].
[23] SSAA, MS, Nr. 1.

tung mehrmals nicht nachkam – sogar den Veranstaltungen zum Geburtstag der Königin blieb er fern –, eigenmächtiger handelte, als ihm zustand, und kein Blasinstrument beherrschte, enthob man ihn durch Schreiben des Landwehrbataillonskommandos vom 10. Juli 1844 dieses Amtes und stellte die Zahlung des jährlichen Betrags von 50 fl. ein[24]. Im Nachgang dazu wurde ihm sein Gehalt gekürzt, aber nach Einschaltung der Regierung von Unterfranken und Aschaffenburg doch voll zugestanden[25].

Die ‚Entpersonalisierung‘ der Musikschule von Becker geschah durch die Verlegung des Musiklehrzimmers aus seinem Haus[26] in das neue, von der Stadt im Wert von 36 fl. pro Jahr[27] kostenfrei bereitgestellte Lokal zu Beginn des Jahres 1842[28]. Bereits im Vorjahr hatten der Stadtmagistrat und das Kollegium der Gemeindebevollmächtigten als Lehrzimmer das Lokal der ehemaligen Kleinkinderbewahranstalt vorgesehen[29]. Es lag zu diesem Zeitpunkt höchstwahrscheinlich auf der Rückseite des Schönborner Hofs (Wermbachstraße 15[30]) bzw. im danebenliegenden Haus „Storchennest"[31]. Daß die Musikschule tatsächlich dort ihren Sitz nahm, geht aus einer Akte über die Unterbringung des Bezirksgerichts im Schönborner Hof[32] hervor. So schrieb das Direktorium des Königlich Bayerischen Bezirksgerichts Aschaffenburg am 4. November 1857 an den Stadtmagistrat:

„Der Umstand, daß der Eingang in das städtische Musiklocale im hinteren Hofe des Bezirksgerichts-Gebäudes angebracht ist, auf welchen zu ebener Erde die Fenster des Arrest-Lokals und oben die des öffentlichen Sitzungs-Saals hinausgehen, führt zu mehrfachen Inkonvenienzen [= Unzuträglichkeiten[33]], indem die ein- und ausgehenden Zöglinge daselbst unbewacht lärmen u. allerlei Unfug durch Werfen mit Steinen und Ballen treiben, und Collusionen, sowie mannigfaltig gefährlicher Verkehr mit Arrestanten zu besorgen sind. Es wird deßhalb das dienstergebene Ersuchen gestellt, den obenbezeichneten Ein- und Ausgang zu sperren und dagegen solchen durch den Hof der Kleinkinder-Bewahranstalt herzustellen".

---

[24] SSAA, MS, Nr. 75, Beleg Nr. 1.
[25] SSAA, MS, Nr. 4 u. Nr. 76, Beleg Nr. 10.
[26] Becker erhielt für die Bereitstellung eines Raums von Oktober bis Dezember 1841 noch 12 fl. 9 xr: SSAA, MS, Nr. 1.
[27] SSAA, MS, Nr. 1.
[28] SSAA, MS, Nr. 73, Beleg Nr. 21.
[29] SSAA, ProtM, Nr. 23, Vortragsnr. 331 (8. März 1841), sowie ProtGB, Nr. 13, S. 110 f., Sitzung vom 8. März 1841.
[30] Vgl. *Grimm*, Häuserbuch III (wie Anm. 7), S. 84 ff.
[31] Vgl. SSAA, SBZ I, Nr. 877-878; vgl. *Peter Körner*, „Veränderte soziale Verhältnisse rufen Vater und Mutter zur Arbeitsstätte". 150 Jahre „Suppenschule" in Aschaffenburg 1837-1987, Aschaffenburg 1987, S. 12 u. 17, Anm. 4, sowie *Grimm*, Häuserbuch III (wie Anm. 7), S. 96 u. 108 f.
[32] SSAA, SBZ I, Nr. 496.
[33] Vgl. *Karl Bruns* (Hrsg.), Die Amtssprache. Verdeutschung der hauptsächlichsten im Verkehre der Gerichts- und Verwaltungsbehörden sowie in Rechts- und Staatswissenschaft gebrauchten Fremdwörter. Nachdruck der Ausgabe 1915 (Landschaftsverband Westfalen-Lippe – Westfälisches Archivamt, Texte und Untersuchungen zur Archivpflege, Bd. 18), Münster 2004, S. 66.

Schönborner Hof, zeitweise Domizil der Musikschule (Vorlage: SSAA, Fotoarchiv).

Da der jährliche Mietanschlag (36 fl.) von 1841/42 bis 1857/58 gleich blieb[34], ist anzunehmen, daß die Musikschule seit 1842 kontinuierlich im Schönborner Hof untergebracht war. Die Stadt stellte aber nicht nur das Lokal zur Verfügung, sondern hatte sich auch für die Übernahme der Beheizung sowie einen künftigen jährlichen Zuschuß von 100 fl. bereiterklärt[35].

Eine weitere Einnahmequelle für die Musikschule stellten die Mieteinnahmen der Direktorenwohnung dar: Im November 1842 beschloß die Lokalschulkommission, bei der Regierung um die Nutzung des Hauses Lit. A Nr. 13[36] unter bestimmten Bedingungen für die Musikschule zu bitten[37]. Die Regierung gewährte diesen Wunsch und überließ schließlich ab Juli 1843 bis auf Widerruf das dem Studienfonds[38] zugehörige Gebäude dem Stadtmagistrat zur Vermietung an einen Lehrer und den hieraus entspringenden Mietzins zu 100 fl. der Musikschule[39]. Da das Haus im bisherigen Zustand nicht bewohnbar war, standen zunächst Reparaturarbeiten an[40], so daß Adam Brand es erst Anfang August 1845 bezog[41].

Nicht nur räumlich, sondern auch personell trennten sich die Wege der Musikschule und Joseph Beckers weiter: Im November 1842 befürwortete die Lokalschulkommission bereits die Entbindung des erkrankten Beckers vom Musikunterricht und stellte gegen ein monatliches Gehalt von 10 fl. provisorisch und widerruflich als Musiklehrer den Schneidermeister Joseph Heegmann an[42]. Becker wurde erst 1844 pensioniert[43] und erhielt bis zu seinem Tod im März 1855 jährlich 500 fl.[44]. Eine weitere Stütze des Lehrkörpers kam mit der Anstellung eines dritten Musiklehrers ab Dezember 1846, und zwar in der Person des Landwehrmusikmeisters Friedrich Ostermeyer[45] mit einem Jahresgehalt von 200 fl. aus dem Allgemeinen Schul- und Studienfonds[46].

---

[34] SSAA, MS, Nr. 1-18.

[35] SSAA, ProtM, Nr. 23, Vortragsnr. 331 (8. März 1841), sowie ProtGB, Nr. 13, S. 110 f., Sitzung vom 8. März 1841.

[36] Zu diesem, ehemals in Verbindung mit der Stiftsschule stehenden Gebäude vgl. *Alois Grimm*, Aschaffenburger Häuserbuch [I]. Dalbergstraße – Stiftsgasse – Fischerviertel (VGKA – wie Anm. 6 –, Bd. 27), Aschaffenburg 1985, S. 418 ff. Es befand sich in der Stiftsgasse, etwa in Höhe der Rückseite des heutigen Rathauses; vgl. ebd., Abb. 38-40 auf S. 294 ff.

[37] SSAA, MS, Nr. 74, Beleg Nr. 9.

[38] Im Allgemeinen Schul- und Studienfonds war das Vermögen des 1803 säkularisierten Kollegiatstifts St. Peter und Alexander mit der Zweckbindung für Bildung und Lehre aufgegangen; vgl. *Theodor Josef Scherg*, Dalbergs Hochschulstadt Aschaffenburg, Bd. 1: Geschichte der Karls-Universität (1798-1818) und des Bayerischen Lyceums (1818-1873), Aschaffenburg 1954, S. 813. Aus diesem Fonds flossen jährlich 250 fl. und später weitere Zuschüsse in die Musikschulkasse: SSAA, MS, Nr. 1 ff.

[39] StAWü, Stiftungsamt, Gruppe I B, Nr. 508, fol. 8 u. 14-17.

[40] Ebd., fol. 14-17.

[41] SSAA, MS, Nr. 76, Beleg Nr. 2.

[42] SSAA, MS, Nr. 2. Die Schreibweise des Nachnamens variiert in den Quellen des öfteren zwischen „Heegmann" und „Hegmann". Zu diesem: SSAA, AM, Nr. 3821, sowie Heimatregister H, 45.

[43] Vgl. *Kundigraber*, Chronik (wie Anm. 1), S. 16.

[44] SSAA, MS, Nr. 15.

[45] Zu diesem, z. T. auch „Ostermayer" oder „Ostermaier" geschrieben: SSAA, AM, Nr. 7589, sowie Heimatregister O, 42.

[46] SSAA, MS, Nr. 78, Beleg Nr. 1.

Inzwischen waren im Jahr 1846/47 56 Schüler im Alter zwischen neun und 20 Jahren zu unterrichten, davon 20 in Gesang, 22 in Streichinstrumenten und 14 in Blasinstrumenten[47].

Dank der kontinuierlichen und großzügigen Zuschüsse aus öffentlichen Kassen konnten nicht nur die Gehälter, sondern auch Noten, Instrumente und deren Herrichtung bezahlt werden. Die Musikalien bezog man überwiegend von örtlichen Händlern[48], aber auch aus Offenbach[49], später auch aus Frankfurt[50]. Die Instrumente erwarb man von Privatpersonen[51], Aschaffenburger Instrumentenmachern[52], auch vom Landwehrbataillon[53] und ließ sie vor Ort instand halten[54]. Die Prüfungen, zu deren Abhaltung die Musikschule verpflichtet war[55], fanden außerhalb der Räumlichkeiten statt, z. B. im Gymnasium[56], wohin immer wieder Instrumente entliehen und transportiert[57] werden mußten.

Konkurrenz machte der Musikschule die Erteilung von Klavierunterricht durch Franz Joseph Ziegler. Er reichte im März 1852 beim Magistrat sein Gesuch um Erlaubnis zur Errichtung einer Musikschule in Klavierspielen ein, was ihm auch kurz darauf genehmigt wurde[58]. Er inserierte regelmäßig in der Aschaffenburger Zeitung[59]. Den Erfolg seiner Lehrmethode zeigte eine im Theatersaal abgehaltene musikalische öffentliche Prüfung[60]. Sogar Statuten gab es für diese private Einrichtung[61]. Ziegler war bis zu seinem Ableben 1870[62] tätig.

Adam Brand wirkte noch bis zu seinem Tod am 14. Oktober 1854. Er starb im Alter von 47 Jahren an Leberleiden und Gelbsucht[63] und hinterließ eine Witwe sowie sechs Kinder[64]. Von seiner Beliebtheit zeugt der Nachruf von einem seiner Schüler[65].

---

[47] StAWü, Regierungsabgabe 1943/45, Nr. 13310, fol. 76, 77 u. 81.

[48] SSAA, MS, Nr. 73, Beleg Nr. 8, Nr. 76, Beleg Nr. 20, Nr. 77, Beleg Nr. 13, u. Nr. 79, Beleg Nr. 17.

[49] SSAA, MS, Nr. 78, Beleg Nr. 22, u. Nr. 79, Beleg Nr. 16.

[50] SSAA, MS, Nr. 91, Beleg Nr. 25.

[51] SSAA, MS, Nr. 76, Belege Nr. 17 u. 18, u. Nr. 10, Beleg Nr. 16.

[52] SSAA, MS, Nr. 78, Belege Nr. 19 u. 20.

[53] SSAA, MS, Nr. 84, Beleg Nr. 17.

[54] SSAA, MS, Nr. 78, Beleg Nr. 21, Nr. 81, Belege Nr. 19-21, u. Nr. 82, Beleg Nr. 17.

[55] SSAA, ProtM, Nr. 15, Vortragsnr. 735 (31. März 1836).

[56] SSAA, MS, Nr. 76, Beleg Nr. 24.

[57] Nachgewiesen u. a. in SSAA, MS, Nr. 4, Nr. 81, Belege Nr. 22-24, Nr. 82, Beleg Nr. 18, u. Nr. 83, Beleg Nr. 17.

[58] SSAA, SBZ I, Nr. 768.

[59] Nachgewiesen u. a. in: AZ 1852, Nr. 117 (27. April), S. [4], u. Nr. 295 (24. Oktober), S. [4], 1856, Nr. 169 (16. Juli), S. [4], 1859, Nr. 73 (26. März), S. [4], sowie 1860, Nr. 71 (22. März), S. [4].

[60] Vgl. AZ 1860, Nr. 80 (2. April), S. [3].

[61] Darauf hingewiesen in: AZ 1869, Nr. 242 (30. September), S. [4].

[62] SSAA, Sterberegister 1869-1881, Eintrag vom 21. November 1870.

[63] SSAA, Sterberegister 1847-1868, Eintrag vom 14. Oktober 1854; ärztliches Zeugnis: StAWü, Regierungsabgabe 1943/45, Nr. 13310, fol. 105.

[64] Vgl. AZ 1854, Nr. 249 (17. Oktober), S. [4].

[65] Ebd., Nr. 248 (16. Oktober), S. [4].

Stagnation unter Franz Deuerling (1855-1868)

Franz Deuerling (Vorlage: *Kundigraber, 125 Jahre* – wie Anm. 1 –, S. 19).

Um den freigewordenen Platz bewarb sich Franz Deuerling aus dem oberfränkischen Marktzeuln[66]. Geboren am 30. März 1805, war er von 1825-1831 als Schulverweser tätig und anschließend als Schullehrer in Burggrub bei Kronach[67] angestellt, ehe er 1849 nach Marktzeuln kam und sechs Jahre dort bleiben sollte[68]. Im Februar 1855 erhielt er die Zusage für die Stelle in Aschaffenburg mit einem Jahresgehalt von 350 fl.[69]. Nach einigen Querelen[70] übernahm er schließlich seine Funktion als Erster Musiklehrer an der Musikschule zum 1. Mai[71]. Auch als Mieter im Haus Lit. A Nr. 13 folgte er Brand nach[72]. Er wirkte als Dirigent der örtlichen Chöre[73] und betätigte sich als Komponist: Zum Namens- und Geburtstag des inzwischen abgedankten König Ludwigs I. (1786-1868)[74] fand in dessen Gegenwart am 25. August 1860 eine von Deuerling komponierte Messe mit Te Deum in der festlich geschmückten Schloßkapelle statt[75]. Bei der Feier zum 50. Geburtstag von König Maximilian II. (1811-1864)[76] führten die drei Gesangvereine und viele Laien eine von Deuerling komponierte Festkantate im Theatersaal auf[77]. Beim Konzert zu Gunsten der Musikschule am ersten Tag des Studiengenossenfestes am 12. September 1865 standen ein Herbst- und ein Wanderlied – beides Quartette für gemischte Stimmen aus der Feder Deuerlings – auf dem

---

[66] StAWü, Regierungsabgabe 1943/45, Nr. 13310, fol. 111 u. 114. Auch wenn es in der Akte ab fol. 115 „Marktzeulizheim" heißt, kann aufgrund der Lage in Oberfranken nur der – anfangs korrekt geschriebene – Markt Marktzeuln im Bezirksamt, heute Landkreis, Lichtenfels gemeint sein; vgl. Gemeinde-Verzeichnis für das Königreich Bayern, nach den endgültigen Ergebnissen der Volkzählung vom 1. Dezember 1905. Mit einem Berichte über die Ergebnisse der Volkzählung und einem Diagramm, hrsg. vom K. Statistischen Bureau (Beiträge zur Statistik des Königreichs Bayern, Heft LXVIII), München 1906, S. 157.
[67] Gemeinde-Verzeichnis (wie Anm. 66), S. 153.
[68] StAWü, Regierungsabgabe 1943/45, Nr. 13310, fol. 205-206.
[69] SSAA, MS, Nr. 15.
[70] Vgl. AZ 1855, Nr. 71 (23. März), S. [1], u. Nr. 76 (29. März), S. [3], sowie *Kundigraber*, Chronik (wie Anm. 1), S. 18 f.
[71] SSAA, MS, Nr. 15, Belege Nr. 1 u. 7.
[72] Ebd., Beleg Nr. 1.
[73] Nachgewiesen u. a. in: AZ 1855, Nr. 154 (29. Juni), S. [2], sowie 1861, Nr. 247 (16. Oktober), S. [4].
[74] Zu diesem vgl. *Andreas Kraus*, Ludwig I., König von Bayern (1825-48), in: Neue Deutsche Biographie (künftig: NDB), Bd. 15, Berlin 1987, S. 367-374.
[75] Vgl. AZ 1860, Nr. 206 (27. August), S. [1].
[76] Zu diesem vgl. *Andreas Kraus*, Maximilian II., König von Bayern (seit 1848), in: NDB (wie Anm. 74), Bd. 16, Berlin 1990, S. 490-495.
[77] Vgl. AZ 1861, Nr. 287 (1. Dezember), S. [1].

Programm[78]. Auch eine Gesangschule verfaßte er, von denen einige Exemplare an die Barmherzigen Schwestern zum Unterricht armer Schülerinnen abgegeben wurden[79]. Er scheint zeitgenössischer Kunst gegenüber aufgeschlossen gewesen zu sein, denn er ließ von Richard Wagners (1813-1883) erst etwa zehn Jahre zuvor fertiggestellter Oper „Tannhäuser"[80] für 17 fl. 6 xr eine Abschrift der Partitur vom zweiten Akt fertigen[81]. Einer seiner späteren Nachfolger, ein begeisterter Anhänger Wagners, bezeichnete Deuerlings Bearbeitung des Werks allerdings als „Unikum"[82].

In seiner Amtszeit kaufte die Musikschule einige Instrumente[83], wobei die Schüler aber weiterhin ihre Instrumente selbst zu stellen hatten[84]. Über die unterrichteten Fächer und die Anzahl der Schüler ist leider nichts bekannt. An Personal standen außer Deuerling (Jahresgehalt 350 fl.) weiterhin die Lehrer Joseph Heegmann (100 fl.) und Friedrich Ostermeyer (200 fl.) zur Verfügung[85]. Ab Juli 1860 war als erster Diener der Musikschule Peter Kirchberger mit einem Monatsgehalt von 30 xr (d. h. 6 fl. pro Jahr) beschäftigt[86].

Im Jahre 1857 hatte es Pläne gegeben, die Musikschule aus dem Schönborner Hof wegzuverlegen. Gründe waren die vorzunehmenden Umbauarbeiten für das Appellationsgericht bzw. Bezirksgericht. Außerdem hatten sich wie bereits beschrieben Mißstände durch lärmende Musikschüler ergeben[87]. Diesem Problem versuchte die Stadtverwaltung zu begegnen, indem sie die Musiklehrer bzw. die Bürgermusikschule aufforderte, „die Schüler anzuweisen, daß sie still und ohne Aufenthalt durch den Hof in die Musikschule und aus derselben gehen. Diese Weisung wolle möglichst überwacht und die etwaigen Übertreter derselben zur Anzeige gebracht werden"[88]. Ob ein Umzug der Musikschule stattfand, ist den Quellen leider nicht zu entnehmen. Der Musikschuldirektor jedenfalls erhielt eine neue Bleibe: Das Haus Lit. A Nr. 13, das ihm bisher Platz für die Erteilung von Unterricht und das Abhalten kleiner Proben geboten hatte, während die Musikschullokalität zu beengt war, als daß alle drei aufgestellten Lehrer gleichzeitig darin hätten unterrichten können, befand sich 1861 in einem ruinösen Zustand[89]. Daher wurde es im Herbst 1863

---

[78] Vgl. AZ 1865, Nr. 218 (11. September), S. [4].
[79] SSAA, MS, Nr. 86, Beleg Nr. 2.
[80] Die Oper „Tannhäuser und der Sängerkrieg auf der Wartburg" entstand Anfang der 1840er Jahre, Uraufführung war 1845 in Dresden; zu Richard Wagner vgl. *Sven Friedrich, Klaus Döge* u. *Martin Geck*, Richard Wagner, in: Die Musik in Geschichte und Gegenwart. Allgemeine Enzyklopädie der Musik, begr. v. Friedrich Blume, hrsg. v. Ludwig Finscher (künftig: MGG), Personenteil, Bd. 1-17, Kassel / Basel / London / New York / Prag / Stuttgart / Weimar ²1999-2007, dies Bd. 17, Sp. 286-367, zum „Tannhäuser" Sp. 292 f., 307 f. u. 359.
[81] SSAA, MS, Nr. 86, Beleg Nr. 15.
[82] *Kundigraber,* Chronik (wie Anm. 1), S. 21.
[83] SSAA, MS, Nr. 16 (u. a. ein Serpent), Nr. 18, Nr. 26-28, sowie Nr. 85, Beleg Nr. 15 (kupferne Kesselpauken von St. Agatha).
[84] SSAA, MS, Nr. 27.
[85] SSAA, MS, Nr. 20.
[86] SSAA, MS, Nr. 89, Beleg Nr. 3.
[87] SSAA, SBZ I, Nr. 496.
[88] Ebd., Schreiben des Stadtmagistrats (Konzept) an die Herren Musiklehrer, an die Bürgermusikschule vom 9. November 1857.
[89] StAWü, Stiftungsamt, Gruppe I B, Nr. 508, fol. 33-34 nach der Zählung am unteren Rand.

abgebrochen und Deuerling eine Wohnung im Gebäude Lit. B Nr. 13 (Gymnasium, Pfaffengasse 22[90]), laut Quelle im Landing lokalisiert, zugewiesen[91]. Sie befand sich offensichtlich auf der dem Landing zugewandten Rückseite des Gymnasiumkomplexes[92] und war veranschlagt mit dem Wert von 40 fl.[93]. Man gestand ihm Wohnrecht zu, solange das Gebäude Musikschulzwecken diene[94]. Als Ersatz für das abgerissene Gebäude Lit. A Nr. 13 und die daraus entstehenden Ausfälle von Mieteinnahmen erhielt die Musikschulkasse außerordentliche Zuschüsse aus dem Allgemeinen Schul- und Studienfonds[95].

Die Lokalschulkommission bemängelte des öfteren, „daß die Leistungen der Musikschule keine vorzüglichen sind"[96]. Tatsächlich weist Deuerlings Amtszeit keine besonderen Höhen auf. Er starb am 24. August 1868 im Alter von 63 Jahren nach kurzem Krankenlager[97]. Seine Witwe durfte bis zum Einzug des neuernannten Direktors wohnen bleiben und erhielt eine finanzielle Unterstützung bis zu ihrem Tod[98].

Konsolidierung mit Hilfe Eduard Rommels (1869-1900)

Ein neues Kapitel der Musikschule begann mit der Anstellung des Kapellmeisters Eduard Rommel aus München im April 1869[99]: Der Stadtmagistrat erkannte, daß das Gedeihen der städtischen Musikschule von einem tüchtigen Dirigenten und Ersten Lehrer abhing, und erklärte sich bereit, den jährlichen Zuschuß von 148 fl. 36 xr auf 250 fl. zu erhöhen. Mit dem Zuschuß der 550 fl. aus Stiftsmitteln konnte so ein großzügiges Gehalt von 600 fl. für die Stelle angesetzt werden. Dafür sollte die dritte Lehrerstelle entfallen und deren Aufgaben der Erste Lehrer übernehmen. Die Regierung sprach dem Magistrat und der Lokalschulkommission das Präsentationsrecht für einen Bewerber ab, wollte aber deren Anträge bei der Auswahl eines Bewerbers berücksichtigen. Die Entscheidung fiel auf Rommel, der außer dem Jahresgehalt noch freie Wohnung „im Landingschulgebäude" erhielt. Er zahlte zwar jährlich 40 fl. Miete für die renovierte[100] Wohnung im Gebäude Lit. B Nr. 13, die ihm aber wieder zurückerstattet wurde[101].

Rommel, geboren 1825 in Schweina bei Bad Salzungen, trat früh als Musiker in Hildburghausen auf, arbeitete als Musikpädagoge in Kassel und wurde Professor am Konservatorium in München, bis er als Musikschuldirektor in Aschaffenburg

---

[90] Vgl. *Alois Grimm*, Aschaffenburger Häuserbuch II. Altstadt zwischen Dalbergstraße und Schloß, Mainufer – Mainbrücke – Löherstraße (VGKA – wie Anm. 6 –, Bd. 34), Aschaffenburg 1991, S. 177-182.
[91] SSAA, MS, Nr. 24, fol. 1 sowie die Belege Nr. 1 und 21.
[92] Vgl. *Grimm*, Häuserbuch II (wie Anm. 90), Abb. 28 auf S. 216.
[93] SSAA, MS, Nr. 90, Beleg Nr. 1.
[94] SSAA, MS, Nr. 92, Beleg Nr. 9.
[95] SSAA, MS, Nr. 26-27, sowie StAWü, Regierungsabgabe 1943/45, Nr. 13310, fol. 258-265.
[96] StAWü, Regierungsabgabe 1943/45, Nr. 13310, fol. 213.
[97] Vgl. AZ 1868, Nr. 203 (25. August), S. [4].
[98] SSAA, MS, Nr. 31-35 u. Nr. 93, Beleg Nr. [32].
[99] SSAA, MS, Nr. 95, Beleg Nr. 11.
[100] SSAA, ProtM, Nr. 64, Vortragsnr. 143 (25. Februar 1869).
[101] SSAA, MS, Nr. 29-35. Zur Lokalisierung des Hauses Lit. B Nr. 13 s. o. bei Anm. 90.

seine Tätigkeit aufnahm[102]. Eines seiner großen Verdienste lag in der Gründung des Allgemeinen Musikvereins, der sich am 31. März 1870 konstituierte und den er dirigierte[103]. Er erntete für seine Arbeit größtes Lob, und auch das von ihm komponierte Requiem wurde in der Aschaffenburger Zeitung überaus positiv besprochen[104].

Die dritte Lehrerstelle, die der Magistrat hatte einsparen wollte, schien jedoch nicht entbehrlich gewesen zu sein: Statt Heegmann, der nur für Januar bis Juni 1869 Gehalt bezog, unterrichtete ab September 1869 der Hilfslehrer Heinrich Sauer[105]. Er litt allerdings an Wahnvorstellungen und krankhafter Eifersucht. So lauerte er mehreren Männern auf, von denen er glaubte, sie hätten seine Frau zur Untreue verführt, und bedrohte sie teilweise mit dem Revolver. Mit der zweiten Einweisung in die Kreis-

Eduard Rommel (Vorlage: *Kundigraber*, Chronik – wie Anm. 1 –, S. 20).

irrenanstalt in Werneck endete seine Tätigkeit an der Musikschule[106]. Er wurde ab Oktober 1871 durch Wolfgang Höchner ersetzt[107].

So gab es neben Rommel und Ostermeyer nach wie vor einen dritten Lehrer. Gemeinsam unterrichteten sie im Jahr 1873 insgesamt 63 Zöglinge, darunter „manches musikalische Talent mit anerkennenswerthen Leistungen", wie die Prüfung der Musikschule ergab[108]. Die Schülerzahl schwankte offenbar noch sehr stark, denn 1872 waren es nur 31 Schüler gewesen[109]. Der Andrang der Violinschüler war so groß, daß man nach einer Probezeit einige wieder entließ und nur 24-30 Schüler bleiben durften[110]. Nach Höchners Tod[111] gehörten Stefan Froer (von 1876 bis zu

[102] Zu diesem und dessen Ehefrau Anna: SSAA, AM, Nr. 8303-8304, sowie MS, Nr. 223 (Erinnerungen von Anna Rommel über Eduard Rommels Werdegang und Kompositionen); vgl. *Kundigraber*, Chronik (wie Anm. 1), S. 21; Nachrufe auf Eduard Rommel s. Anm. 158; *Ingward Ullrich*, Hildburghäuser Musiker. Ein Beitrag zur Musikgeschichte der Stadt Hildburghausen (Schriften zur Geschichte der Stadt Hildburghausen, Bd. 4), Hildburghausen 2003, S. 78 u. 96. Als Bürger wurde Rommel allerdings erst posthum angenommen, da sein früherer Antrag offensichtlich nicht wirksam geworden war: SSAA, AM, Nr. 8304.
[103] BaM 1870, Nr. 74 (2. April), S. [2].
[104] AZ 1871, Nr. 14 (17. Januar), S. [3], u. Nr. 61 (12. März), S. [1].
[105] SSAA, MS, Nr. 29. Zu Sauer: SSAA, AM, Nr. 8744. Er starb am 14. November 1876 im Alter von 44 Jahren: Vgl. AZ 1876, Nr. 276 (15. November), S. [4].
[106] SSAA, SBZ I, Nr. 811.
[107] SSAA, MS, Nr. 31. Zu Höchner: SSAA, AM, Nr. 4261.
[108] AZ 1873, Nr. 212 (1. August), S. 3.
[109] Vgl. *Kundigraber*, Chronik (wie Anm. 1), S. 22.
[110] BaM 1878, Nr. 228 (7. Oktober), S. [6].
[111] Er starb am 24. August 1876 im Alter von 40 Jahren: SSAA, MS, Nr. 36, Beleg Nr. 41, sowie BaM 1876, Nr. 189 (25. August), S. [4].

seinem Tod am 16. März 1879[112]) und nach dessen Ableben vorübergehend der Musiker Konrad Lang (1879[113]) zum Lehrpersonal.

Fraglich ist, wo genau die Musikschule in den vergangenen Jahren untergebracht war. Der seit 1842 konstante Mietansatz von 36 fl.[114], der auch nach der Währungsumstellung 1876[115] mit 65 M im Wert annähernd gleich blieb[116], läßt vermuten, daß die Institution nicht aus dem Schönborner Hof ausgezogen war. Dagegen spricht aber zum einen, daß der Stadt das Gebäude von 1875 bis 1901 nicht gehörte[117] und sie somit keine Räume darin bereitstellen konnte. Zum anderen betrug der Mietanschlag auch nach Bezug eines anderen Gebäudes 1878 pro Jahr 65 M[118], so daß sich dieser Rechnungsposten als kein zuverlässiges Kriterium erweist. Die Frage muß also unbeantwortet bleiben. Im Januar 1878 genehmigte der Magistrat die Verlegung des Musikschullokals und der Wohnung von Direktor Rommel in die vom Straßen- und Flußbauamt genutzten Räumlichkeiten im „deutschen Haus"[119] (Theatergebäude Lit. B Nr. 31, Schloßgasse 8[120]). Über eine Stiege gelangte man in die Musikschule[121]. Sie lag folglich im oberen Stock und verfügte über keine Petroleumbeleuchtung[122]. Die Wohnung war mit 300 M veranschlagt[123]. Tatsächlich blieb es vorerst noch beim Betrag von 70 M, der neue galt erst ab 1881[124], obwohl Rommel schon im Deutschhaus wohnte[125]. Die Stadt stellte also die Räumlichkeiten, bestritt den Großteil der Personalausgaben sowie die Sachausgaben und die entstandenen Haushaltsdefizite[126]; in der Zeitung war von der „städtischen Musikschule" zu lesen[127]. Allerdings hatte über die Anstellung Rommels die Regierung entschieden,

---

[112] SSAA, MS, Nr. 36 u. 39.

[113] SSAA, MS, Nr. 39, Belege Nr. 21-29.

[114] SSAA, MS, Nr. 1-35.

[115] Die Mark, abgekürzt M, löste im Zuge der neu eingeführten Reichswährung Anfang der 1870er Jahre den Gulden (s. Anm. 4) ab: 35 süddeutsche Kreuzer waren 1 Mark wert, daher entsprachen 60 Kreuzer, also ein Gulden, 1$\frac{5}{7}$ Mark, in Dezimalzahl 1,714 Mark; vgl. *Walter Grasser*, Deutsche Münzgesetze 1871-1971, Wiesbaden 1971, S. 14 f. Sukzessive zog man die einzelnen Münzen ein; Auflistung aller Gesetze zur Außerkurssetzung des Guldens ebd., S. 41 ff. Die im Münzgesetz vom 9. Juli 1873 – Druck: ebd., S. 71-79 – angekündigte Einführung der Reichswährung im gesamten Reichsgebiet wurde mit Verordnung vom 22. September 1875 – Druck: ebd., S. 103 – auf den 1. Januar 1876 festgesetzt. Einige Bundesstaaten konnten bereits früher die alten Währungen zu Gunsten der Mark ablösen, in Bayern blieb es bei dem festgelegten Stichtag; vgl. ebd., S. 17.

[116] SSAA, MS, Nr. 36-37.

[117] Vgl. *Grimm*, Häuserbuch III (wie Anm. 7), S. 105.

[118] SSAA, MS, Nr. 38 ff.

[119] SSAA, ProtM, Nr. 73, Vortragsnr. 87 (31. Januar 1878).

[120] Vgl. *Grimm*, Häuserbuch II (wie Anm. 90), S. 261-274.

[121] Vgl. BaM 1879, Nr. 217 (25. September), S. [5].

[122] Angabe aus dem Jahre 1884: SSAA, MS, Nr. 215.

[123] SSAA, ProtM, Nr. 73, Vortragsnr. 87 (31. Januar 1878). Bei der Umstellung von Gulden auf Mark rechnete das Stiftsrentamt seinen jährlichen Zuschuß aus dem Schul- und Studienfonds genau mit dem Faktor $\frac{12}{7}$ um. Die Stadt hob ihre Forderungen leicht an, rundete aber dafür großzügig die Gehälter auf; vgl. dazu Rechnungen der Jahre 1875 und 1876: SSAA, MS, Nr. 35 u. Nr. 36.

[124] SSAA, MS, Nr. 41.

[125] Vgl. *Max Hochsprung*, Wohnungs-Anzeiger nebst Adreß- und Geschäftshandbuch für die Stadt Aschaffenburg auf das Jahr 1879, Aschaffenburg 1879, S. 9.

[126] SSAA, MS, Nr. 39.

[127] BaM 1879, Nr. 217 (25. September), S. [5].

Deutschhaus in der Schloßgasse 8, Domizil der Musikschule 1878-1944 (Vorlage: SSAA, Fotoarchiv, Aufnahme: Otto Hesse).

und der jährliche Zuschuß aus dem (staatlichen) Allgemeinen Schul- und Studienfonds von 924,86 M wurde bis 1921 gewährt[128], so daß von einer rein städtischen Institution nicht die Rede sein kann.

Neben der räumlichen Veränderung gab es auch personelle und strukturelle: Der Magistrat entschied angesichts des personellen Engpasses, einen neuen Musiklehrer mit dem Jahresgehalt von 1200 Mark für wöchentlich 12-18 Unterrichtsstunden anzustellen[129] (im Vergleich: Rommel verdiente pro Jahr 1400 M, Ostermeyer 600 M) und ernannte ab dem 1. November 1879 Christian Lindenlaub aus Frankfurt zum Violinlehrer[130]. Neu war auch die Einführung eines Schulgelds von 5 M pro Jahr, das der Magistrat nach Antrag der Gemeindebevollmächtigten beschloß[131] und das die Musikschule ab dem Schuljahr 1879/80 jährlich und ab dem Folgejahr pro Semester vereinnahmte; einigen Schülern gewährte man Schulgeldbefreiung, sei es daß die Familie bedürftig war oder die Kinder aus dem Waisen-

---

[128] SSAA, MS, Nr. 65.
[129] SSAA, ProtM, Nr. 74, Vortragsnr. 384 (1. Mai 1879).
[130] SSAA, MS, Nr. 39, u. a. Beleg Nr. 30. Zu diesem: SSAA, AM, Nr. 6302; vgl. auch S. 68.
[131] SSAA, ProtM, Nr. 74, Vortragsnr. 772 (14. August 1879).

haus stammten[132]. Bemerkenswert ist die Herkunft der Schüler aus Familien verschiedener Schichten, wie aus dem Schülerverzeichnis 1879/80[133] hervorgeht: Die Väter waren von Beruf beispielsweise Lehrer, Hotelbesitzer, Privatier, Oberförster, Gastwirt, Handwerker, Taglöhner, Kaufmann, Beamter oder Fabrikant. Im Schuljahr 1879/80 waren insgesamt 94 Schüler registriert; von denen waren einige während des Schuljahrs ein- oder ausgetreten, so daß die tatsächliche Zahl immer darunter lag. Die Zahl von Jungen (56) und Mädchen (38) war recht ausgewogen. Als Unterrichtsfächer wurden Gesang, Violinspiel, Flöte, Klarinette, Horn, Trompete und Posaune angeboten[134]. Das Inventar der Musikschule läßt vermuten, daß der Schwerpunkt auf der Ausbildung an den Blasinstrumenten lag: Sie besaß 1872 an Instrumenten zwei Fagotte, zwei Violinen mit Bogen, ein Violoncello, drei Violen, einen Kontrabaß, drei Oboen, eine A-, zwei B- und zwei C-Klarinetten, vier D-Flöten, eine F-Flöte, eine Posaune mit drei Ventilen, ein Klavier (Flügel von Streicher[135]), vier Trompeten, zwei Hörner, ein paar Pauken, eine Violine und eine neue Violine mit Bogen[136].

Wie bisher und auch künftig begann das Schuljahr etwa Anfang Oktober, was regelmäßig durch Anzeigen in der Aschaffenburger Presse mit dem Aufruf zur Anmeldung bekanntgemacht wurde[137], und schloß etwa Ende Juli oder Anfang August mit Jahresprüfung und Abschlußkonzerten im Theatersaal, zu denen die Familien und andere Musikfreunde eingeladen waren[138]. Zu diesem Anlaß transportierte man den Flügel in den Deutschhaussaal[139]. Beim Prüfungskonzert von 1880 stand die von Rommel komponierte Wittelsbacher Hymne auf dem Programm, und die Vorschußlorbeeren in der Zeitung lassen auf bisher stets in hoher Qualität dargebotene Leistungen schließen[140]. Beim Schlußkonzert 1881 gab es 17 musikalische Vorträge, abwechselnd Gesangs- und Violinstücke, bevorzugt von Komponisten aus dem ausgehenden 18. Jahrhundert und aus der ersten Hälfte des 19. Jahrhunderts[141].

---

[132] SSAA, MS, Nr. 40, u. a. Beleg Nr. 4.

[133] Ebd., Beleg Nr. 2.

[134] Vgl. BaM 1879, Nr. 217 (25. September), S. [5].

[135] Er war 1871 zum Preis von 200 fl. über die Musikalien- und Pianofortehandlung „Haus Mozart" (C. A. André) in einer Mahagoni-Ausführung angeschafft worden (SSAA, MS, Nr. 96, Belege Nr. 1 u. 41) und wurde regelmäßig vom hiesigen Klaviermacher Martin Simon gestimmt (SSAA, MS, Nr. 41, Beleg Nr. 22).

[136] SSAA, MS, Nr. 32.

[137] AZ 1863, Nr. 232 (28. September), S. [4], BaM 1879, Nr. 217 (25. September), S. [5], sowie Intelligenzblatt. Beiblatt zur „Aschaffenburger Zeitung", zugleich „Amtlicher Anzeiger" für die k. Bezirksämter Aschaffenburg und Alzenau 1880, Nr. 223 (4. Oktober), S. [4], u. 1881, Nr. 219 (29. September), S. [4].

[138] Vgl. AZ 1867, Nr. 181 (31. Juli), S. [4], u. 1873, Nr. 212 (1. August), S. 3, SSAA, MS, Nr. 39, Beleg Nr. 8 (Programm des Prüfungskonzerts vom 26. Juli 1878), BaM 1879, Nr. 169 (29. Juli), S. [4], AZ 1880, Nr. 176 (24. Juli), S. [4], u. 1881, Nr. 171 (20. Juli), S. [4], sowie SSAA, ZGS, Nr. 126, Konzertprogramme vom 25. Juli 1881 und vom 27. Juli 1885.

[139] SSAA, MS, Nr. 98, Beleg Nr. 55, u. Nr. 39, Belege Nr. 34-35.

[140] AZ 1880, Nr. 178 (27. Juli), S. [2]. Die Hymne wurde später nochmals aufgeführt: ebd., Nr. 185 (4. August), S. [1 f.], sowie BaM 1897, Nr. 245 (6. September), S. [1].

[141] SSAA, ZGS, Nr. 126, Konzertprogramm vom 25. Juli 1881.

Die Schülerzahl – hier immer die Gesamtzahl der pro Schuljahr angemeldeten Kinder[142] – schwankte im Zeitraum 1879/80-1883/84 zwischen 80 und 100. In den Folgejahren steigerte sie sich auf 100-120 Schüler und fiel ab 1888/89 wieder auf die alten Werte zurück. Ein neuerliches Hoch erreichte sie mit einem Spitzenwert von 119 Schülern im ersten Semester des Schuljahres 1893/94. Zum Ende der Ära Rommel sank die Zahl deutlich (69 Schüler im ersten Semester 1899/1900). Diese Variable bescherte ständig wechselnde Schulgeldeinnahmen. Vom ersten Semester eines Schuljahres auf das zweite Semester war flächendeckend ein Rückgang zu beobachten, stets überwog der Anteil der männlichen Musikschüler. Die Verteilung auf die verschiedenen Lehrkräfte deckte sich mit den Gehältern: Ostermeyer hatte die wenigsten Schüler, Rommel und Lindenlaub unterrichteten jeweils sehr viele.

Der alte Flügel war inzwischen unbrauchbar geworden und erfüllte seine Zwecke nicht mehr; so ersuchte Rommel 1884 beim Magistrat um den Ankauf eines anderen Flügels[143]. Glücklicherweise bot der Allgemeine Musikverein 1885 der Musikschule seinen gebrauchten für 400 M an, der Streicher-Flügel konnte für 130 M noch verkauft werden[144]. Das neue Instrument des Allgemeinen Musikvereins stand wie derjenige der Musikschule im Theatergebäude und stammte aus der kgl. Hof-Pianoforte-Fabrik J. Mayer & Co in München. Dieser Konzertflügel aus Ebonit[145] war 1884 vom Verein zum verhandelten Preis von 1800 M gekauft worden, finanziert über 90 Aktien à 20 M, die größtenteils von wohlhabenden Beamten, Industriellen, Unternehmern und Gewerbetreibenden erworben wurden und nach einem Losverfahren in den nächsten Jahren zurückzuzahlen waren[146]. Die Musikschule leistete sich in den folgenden Jahren weitere Musikinstrumente, zum einen Blasinstrumente aus Markneukirchen in Sachsen[147], zum anderen die sämtlich gut erhaltenen der aufgelösten Feuerwehrkapelle (inklusive Schlagwerk-Instrumente) zum Preis von 450 M, zahlbar in drei Jahresraten. Außerdem genehmigte der Magistrat die Verdopplung des Etats für Musikalien und Instrumente auf 200 M[148]. Die Beträge scheinen ab und an nicht ausgereicht zu haben: 1889 überzog Rommel „ohne Rücksicht auf die etatsmäßigen Mittel" sein Budget um ca. 150 M[149], und 1891 betrugen die Ausgaben auf den Posten „Musikalien und Instrumente" abzüglich der Rate für die Feuerwehrinstrumente noch 249,60 M[150]. Nur außerordentliche Zuschüsse aus der Stadtkasse konnten die ständig wachsenden Investitionen auffangen und in den 1890ern für einen stets ausgeglichenen Haushalt sorgen[151].

---

[142] Alle Zahlen stammen aus den Schülerverzeichnissen in den Jahresrechnungen: SSAA, MS, Nr. 40-59.
[143] SSAA, MS, Nr. 45, Beleg Nr. 27.
[144] Ebd., Beleg Nr. 6.
[145] Quelle hat fälschlicherweise Ebenit statt Ebonit. Vgl. dazu *Peter W. Hartmann*, Kunstlexikon, Wien 1996, S. 376: „Ebonit, aus Naturkautschuk hergestellter schwarzer Hartgummi. Schwarz eingefärbtes Hartholz, das als Ersatz für Ebenholz dient, wird bisweilen fälschlich E. genannt."
[146] SSAA, MS, Nr. 215.
[147] SSAA, MS, Nr. 48, Beleg Nr. 23, u. Nr. 53, Beleg Nr. 14 (Flageolett).
[148] SSAA, MS, Nr. 48, u. a. Beleg Nr. $16^{1}/_{2}$.
[149] SSAA, MS, Nr. 50, Beleg Nr. 27.
[150] SSAA, MS, Nr. 51.
[151] SSAA, MS, Nr. 51-59.

Im Januar 1885 starb der Musiklehrer Friedrich Ostermeyer, der über 38 Jahre als Lehrer an der Musikschule und an der Studienanstalt unterrichtet hatte[152]. Ihm folgte im April Albrecht Ziegler[153] nach, der ein Gehalt von 300 M jährlich bezog und seinen Dienst am 16. April 1885 antrat[154].

Die Gemeindebevollmächtigten forderten 1887, zwecks Heranbildung einer tüchtigen Stadtmusik den Unterricht mehr auf die Erlernung von Blasinstrumenten auszudehnen. Der für die Musikschule als Inspizient zuständige Magistratsrat Theodor Nees schilderte in einer Sitzung des Magistrats[155] die zurückgegangene Nachfrage und das darauf auszurichtende Angebot und bestritt die Notwendigkeit einer Stadtmusik, da sie in Konkurrenz zu den guten Militärkapellen in Karlstadt, Lohr oder Ochsenfurt einen schweren Stand hätte. Er regte an, die Erlernung von Instrumentalmusik zu fördern, indem die Lehrer auf die Schüler einwirken sollten und es für hervorragende Schülerleistungen öffentliche Unterstützungen geben sollte. Den Inhalt dieses Gutachtens teilte man den Gemeindebevollmächtigten zur Kenntnisnahme mit.

Eduard Rommel konnte 1894 schließlich auf 25 Jahre erfolgreiche Tätigkeit als Musikschuldirektor zurückblicken und erhielt eine Gehaltserhöhung von 1600 auf 1900 M pro Jahr[156]. Er gab aufgrund eines schweren Herzleidens Ende 1898 bzw. Anfang 1899 die Dirigentenstelle beim Allgemeinen Musikverein auf, mußte seine Tätigkeit als Direktor der städtischen Musikschule einstellen und starb schließlich am 3. Januar 1900[157]. Nachrufe in der Zeitung lobten seine Verdienste für die Musikschule und sein Wirken für den Verein, mit dessen Konzerten er das Aschaffenburger Musikleben bereichert hatte[158]. Aus seiner Feder stammten zahlreiche Instrumentalwerke sowie Gesänge und Lieder[159]. Einige seiner Kompositionen waren

---

[152] Vgl. BaM 1885, Nr. 4 (7. Januar), S. [4], hier in der Schreibweise Ostermayer.
[153] Zu diesem: SSAA, Heimatregister Z, 58.
[154] SSAA, MS, Nr. 45.
[155] SSAA, ProtM, Nr. 82, Vortragsnr. 425 (27. Mai 1887).
[156] SSAA, MS, Nr. 54, Beleg Nr. 14.
[157] Vgl. AZ 1900, Nr. 4 (5. Januar), S. [2].
[158] Vgl. ebd., Nr. 6 (8. Januar), S. [1], u. Nr. 9 (11. Januar), S. [2].
[159] Vgl. ebd., Nr. 4 (5. Januar), S. [2]. Fundstellen einzelner Werke: **An das Vaterland:** BaM 1870, Nr. 269 (17. November), S. [4], sowie SSAA, ZGS, Nr. 127, Konzertprogramm vom 17. November 1870; **Requiem:** ebd., Konzertprogramm vom 14. Januar 1871; **Concert-Ouverture:** ebd., Konzertprogramm vom 25. April 1872; **Variationen für Violine über ein Thema aus Gounod's „Faust"** bzw. **Introduction und Variationen für die Violine über ein Thema aus der Oper „Faust" von Gounod:** ebd., Konzertprogramm vom 25. Dezember 1872 bzw. vom 10. Januar 1879; **Andere Welt:** ebd., Konzertprogramm vom 17. Mai 1873; **Blüht draussen die erste Rose:** ebd., Konzertprogramm vom 17. Mai 1873; **Vergessen:** ebd., Konzertprogramm vom 17. Mai 1873 bzw. vom 14. November 1887; **Primula veris:** ebd., Konzertprogramm vom 15. April 1874; **Wirf in mein Herz den Anker:** ebd., Konzertprogramm vom 15. April 1874; **Wenn ich einst gestorben bin:** ebd., Konzertprogramm vom 20. Juni 1874; **An Marie:** ebd., Konzertprogramm vom 21. November 1877; **Hier ist's im stillen Birkenhain:** ebd., Konzertprogramm vom 21. November 1877; **Ständchen:** ebd.; **Wenn du die Rose wärst:** ebd., Konzertprogramm vom 22. März 1878, sowie BaM 1882, Nr. 251 (4. November), S. [4]; **Ob ich Dich liebe:** SSAA, ZGS, Nr. 127, Konzertprogramm vom 22. März 1878, sowie BaM 1882, Nr. 251 (4. November), S. [4]; **Blumen-orakel:** SSAA, ZGS, Nr. 127, Konzertprogramm vom 15. November 1878; **Duo für zwei Hörner:** ebd., Konzertprogramm vom 10. Januar 1879; **Sinfonie** in d-moll: ebd., Konzertprogramm vom 12. März 1879; **Abendlied des Wanderers:** ebd., Konzert-

besonders in England sehr beliebt und verbreitet[160]. Ein Freund des Verstorbenen aus München meinte sogar, dessen Werke seien leider nicht so gewürdigt worden, wie sie es verdient gehabt hätten[161]. Manche gelangten in späteren Jahren noch zur Aufführung[162], darunter ein als Manuskript in der Bibliothek aufgefundenes Klavier-Quintett in C-Dur in „Abhängigkeit von Schumann'schen Einflüssen", das in der Rundfunkveranstaltung am 17. Februar 1932 uraufgeführt und auf die bayerischen Sender übertragen wurde[163]. Auch bei den Jubiläumsfeierlichkeiten 1935 gedachte man seiner und eröffnete das Konzert mit einer von ihm geschaffenen Ouvertüre[164]. Anläßlich des Festes erinnerte die Musikschule den Stadtrat daran, die Gebühr für den von Schülern errichteten Rommel-Gedenkstein zu verlängern, um dessen Ent-

---

programm vom 19. Januar 1881; **Ich hör' ein Vöglein locken:** ebd., Konzertprogramm vom 19. Januar 1881, vom 14. Mai 1888 bzw. vom 27. März 1893, sowie AZ 1886, Nr. 140 (26. Mai), S. [3]; **Mailied:** SSAA, ZGS, Nr. 127, Konzertprogramm vom 19. Januar 1881, sowie AZ 1886, Nr. 140 (26. Mai), S. [3], 1890, Nr. 91 (1. April), S. [2 f.], u. 1891, Nr. 75 (16. März), S. [3]; **Wiegenlied:** SSAA, ZGS, Nr. 127, Konzertprogramm vom 19. Januar 1881, vom 14. Mai 1888, vom 27. März 1893 bzw. vom 24. März o. J., sowie AZ 1890, Nr. 207 (29. Juli), S. [2]; **Adagio** für Klavier, Violine, Viola und Violoncello: SSAA, ZGS, Nr. 127, Konzertprogramm vom 22. Oktober 1881; **Die Nixe:** ebd., Konzertprogramm vom 26. April [1883] bzw. vom 14. November 1887; **Die Nacht:** AZ 1885, Nr. 267 (9. Oktober), S. [3]; **O Wandern!:** AZ 1887, Nr. 201 (1. August), S. [2], u. 1895, Nr. 184 (11. Juli), S. [2]; **Walzer in As-Dur:** SSAA, ZGS, Nr. 127, Konzertprogramm vom 14. November 1887; **Lacrimae Christi:** ebd., Konzertprogramm vom 21. März 1888; **Adagio non troppo** für Klavier, Violine, Viola, Violoncello: ebd, Konzertprogramm vom 28. März 1889; **Romanze** für Cello: ebd., Konzertprogramm vom 10. März 1890, sowie AZ 1890, Nr. 65 (6. März), S. [2]; **Zierlich ist des Vogels Tritt:** AZ 1890, Nr. 91 (1. April), S. [2 f.]; **Die Spatzen:** SSAA, ZGS, Nr. 127, Konzertprogramm vom 28. April 1890 bzw. vom 12. Dezember 1895, sowie AZ 1890, Nr. 118 (29. April), S. [2]; **Schön Rohtraut:** AZ 1890, Nr. 128 (9. Mai), S. [2], u. BaM 1894, Nr. 144 (26. Juni), S. [2 f.], sowie SSAA, ZGS, Nr. 127, Konzertprogramm vom 25. April 1895 bzw. vom 22. Januar o. J.; **Wie glücklich war ich:** AZ 1891, Nr. 75 (16. März), S. [3]; **Spielmanns Wunsch:** SSAA, ZGS, Nr. 127, Konzertprogramm vom 18. April 1891; **Weißt Du noch:** ebd., Konzertprogramm vom 25. November 1891, sowie BaM 1893, Nr. 153 (7. Juli, Erstes Blatt), S. [1]; **Einen Brief soll ich schreiben:** SSAA, ZGS, Nr. 127, Konzertprogramm vom 25. November 1891; **Seit er von mir gegangen:** BaM 1893, Nr. 153 (7. Juli, Erstes Blatt), S. [1]; **Lichtelfen:** BaM 1893, Nr. 153 (7. Juli, Erstes Blatt), S. [1], u. 1894, Nr. 144 (26. Juni), S. [2 f.]; **Rosenzeit:** BaM 1894, Nr. 90 (20. April), S. [2], u. 1895, Nr. 78 (5. April, Zweites Blatt), S. [2], sowie SSAA, ZGS, Nr. 127, Konzertprogramm vom 30. März 1895; **Der Hidalgo:** BaM 1894, Nr. 144 (26. Juni), S. [2 f.], sowie SSAA, ZGS, Nr. 127, Konzertprogramm vom 25. April 1895 bzw. vom 22. Februar o. J.; **Zu Volksweisen, a) Neapolitanisch b) Russisch c) Schottisch:** SSAA, ZGS, Nr. 127, Konzertprogramm vom 21. Januar 1895, vom 28. März 1898 bzw. vom 24. März o. J.; **Es schmolz der Schnee:** ebd., Konzertprogramm vom 30. März 1895, sowie BaM 1895, Nr. 78 (5. April, Zweites Blatt), S. [2]; **Friedrich Rothbart:** SSAA, ZGS, Nr. 127, Konzertprogramm vom 12. Dezember 1895; **Luftschloss:** ebd., Konzertprogramm vom 24. Februar 1896 bzw. vom 20. November o. J.; **Minnelied:** ebd., Konzertprogramm vom 3. März o. J.; **Der Vögel Abschied:** ebd., Konzertprogramm vom 3. März o. J.; **Heim:** ebd., Konzertprogramm vom 22. Februar o. J. Rommels Ehefrau erstellte 1910 eine Auflistung über all seine gedruckten und ungedruckten Werke (SSAA, MS, Nr. 223), die den Konzertprogrammen und Zeitungsausschnitten zufolge aber unvollständig ist.

[160] Vgl. AZ 1900, Nr. 9 (11. Januar), S. [2].

[161] Vgl. ebd., Nr. 6 (8. Januar), S. [1].

[162] Klavierstück zu vier Händen, aufgeführt am 13. März 1922: SSAA, MS, Nr. 133; Klavierstück zu vier Händen, aufgeführt am 21. November 1933: ebd., Nr. 132; drei vierhändige Klavierstücke, aufgeführt im Jubiläumskonzert 1985: ebd., Nr. 235.

[163] SSAA, MS, Nr. 220, Schreiben an die Bayerische Radiozeitung München vom 4. Februar 1932, u. Nr. 132, Konzertprogramm vom 17. Februar 1932, sowie BaM 1932, Nr. 41 (19. Februar), S. 3. Zur Rundfunkveranstaltung s. auch S. 93.

[164] SSAA, MS, Nr. 132, Konzertprogramm vom 11. Oktober 1935, u. Nr. 159.

fernung zu vermeiden[165]. Unter Rommels langjähriger Amtsführung erlebte die Musikschule eine Zeit der Blüte, die eine solide Grundlage für das Wirken seiner Nachfolger darstellte.

Das Intermezzo Dr. Fritz Prelinger (1900-1905)

Dr. Fritz Prelinger (Vorlage: *Kundigraber*, Chronik – wie Anm. 1 –, S. 25).

Unter die Musikschuldirektoren reihte sich als nächster Dr. Fritz Prelinger ein, dessen Amtszeit als kurzes Intermezzo zu charakterisieren ist. Der Magistrat wollte die Stelle ab dem 1. August besetzen und stellte folgende Konditionen auf[166]: Der neue Direktor sollte zum einen freie Wohnung im Deutschhaus und als Anfangsgehalt 3000 M erhalten. Ihm oblag dafür die Pflicht, selbst bis zu 20 Wochenstunden zu unterrichten und den Unterricht der anderen Lehrer zu überwachen. Der Anzustellende hatte Kenntnisse in Musiktheorie und Fähigkeiten im Unterrichten von Gesang, Klavier und Violine nachzuweisen. Die Erteilung von Privatunterricht und die Annahme von Dirigentenstellen bei Aschaffenburger Musikvereinen waren ihm gestattet, sofern sie seine dienstliche Tätigkeit nicht beeinträchtigten. Aus den 87 Bewerbungen[167] wählte man Dr. Fritz Prelinger[168]. Er war 1862 in Lemberg (poln.: Lwów, ukrain.: L'viv) geboren, demzufolge österreichischer Staatsangehöriger, lebte zur damaligen Zeit in Leipzig, zog mit seiner Familie Anfang August 1900 nach Aschaffenburg und bezog die Wohnung im Deutschhaus (Schloßgasse 8)[169].

Er reichte einen Reorganisationsvorschlag ein, über den der Magistrat Anfang September beriet und ihn auch in abgeänderter Fassung genehmigte[170]. Die Neuerungen fanden Niederschlag in der aktualisierten Satzung[171]. Mit der Einführung von Klavierunterricht stimmte der Magistrat dem Ankauf des Flügels vom Allge-

---

[165] SSAA, MS, Nr. 115, Schreiben an den Stadtrat vom 5. März 1935.
[166] SSAA, ProtM, Nr. 95, Vortragsnr. 374 (21. März 1900).
[167] Ebd., Vortragsnr. 736 (8. Juni 1900).
[168] Ebd., Vortragsnr. 860 (2. Juli 1900).
[169] SSAA, SBZ I, Nr. 278, Aufenthaltsanzeige Dr. Fritz Prelinger. Zu diesem vgl. auch *Kundigraber*, Chronik (wie Anm. 1), S. 24, Kurzgefaßtes Tonkünstler-Lexikon. Für Musiker und Freunde der Musik, begr. v. Paul Frank, neu bearb. und erg. v. Wilhelm Altmann, Regensburg [14]1936, S. 473, sowie Steirisches Musiklexikon, i. A. des Steirischen Tonkünstlerbundes unter Benützung der „Sammlung Wamlek" bearb. u. hrsg. v. Wolfgang Suppan (Beiträge zur Steirischen Musikforschung, Bd. 1), Graz 1962-1966, S. 448.
[170] SSAA, ProtM, Nr. 95, Vortragsnr. 1176 (5. September 1900); vgl. auch *Kundigraber*, Chronik (wie Anm. 1), S. 24.
[171] StAWü, Regierungsabgabe 1943/45, Nr. 13310, fol. 305a.

meinen Musikverein im Wert von 500 M zu[172]. Aufgrund der großen Nachfrage – im Schuljahr 1900/01 hatten sich 121 Schüler angemeldet[173], beinahe eine Verdopplung zum Vorjahr – erteilte Prelinger mehr Unterrichtsstunden als er vertraglich verpflichtet war, so daß ihm für Privattätigkeiten und Privatstunden wenig Zeit blieb. Der Magistrat gewährte ihm zum Ausgleich für das Schuljahr 1900/01 den Betrag von 1200 M, verteilt auf neun Monate und beginnend im Oktober 1900[174]. Man ersuchte um die Zustimmung der Gemeindebevollmächtigten und kündigte diesen gleichzeitig eine geplante Schulgelderhöhung und – falls dauerhaft Bedarf bestünde – die Einstellung einer neuen Lehrkraft an[175]. Vorläufig blieb es noch bei den alten Zuständen, und Prelinger, der statt 20 Wochenstunden 38 leistete, erhielt auch für das nächste Schuljahr die Zulage[176]. Die Gemeindebevollmächtigten befürworteten, zur Entlastung des Direktors einen weiteren Lehrer mit Beginn des Schuljahrs 1902/03 anzustellen[177]. Er sollte den Unterricht in Gesang und Streichinstrumenten mit bis zu 26 Wochenstunden übernehmen[178]. Gegen ein Anfangsgehalt von 1920 M bemühte sich die Stadt um Bernhard Schwarzer[179]. Dieser war bisher am Julianeum in Würzburg tätig und trat seine neue Stelle in Aschaffenburg schließlich für das Anfangsgehalt von 1600 M an[180]. Auch die angekündigte Erhöhung des Unterrichtsgeldes nahm der Magistrat in Angriff. Sie war nötig, um die steigenden Ausgaben aufgrund der starken Frequenz der Musikschule auszugleichen, und so beschloß man 1902 folgende Gebührensätze[181]: Je 7,50 M pro Semester für Unterricht in der Chorschule, in den ersten drei Klassen Violinschule sowie in Holz- und Blechblasinstrumenten; je 20 M pro Semester für Unterricht in den höheren Klassen der Violinschule, der Klavierschule und für Sologesang; besuchten Schüler der Gesang- oder Instrumentalklassen zusätzlich Klavierunterricht, so erhöhte sich das niedrigste Schulgeld um 7,50 M. Weitere Anpassungen und Ergänzungen der Satzung folgten 1902[182] und 1903[183]. Die Kernaussagen der Fassung vom 30. Oktober 1903[184] sind hier zusammengefaßt:

---

[172] SSAA, ProtM, Nr. 95, Vortragsnr. 1390 (19. Oktober 1900).
[173] StAWü, Regierungsabgabe 1943/45, Nr. 13310, fol. 353-360.
[174] SSAA, ProtM, Nr. 95, Vortragsnr. 1432 (31. Oktober 1900).
[175] Ebd.
[176] SSAA, ProtM, Nr. 96, Vortragsnr. 1509 (4. Oktober 1901), sowie ProtGB, Nr. 29, Sitzung vom 29. Januar 1902.
[177] SSAA, ProtGB, Nr. 29, Sitzung vom 29. Januar 1902.
[178] SSAA, ProtM, Nr. 97, Vortragsnr. 499 (2. April 1902).
[179] Ebd., Vortragsnr. 1213 (18. Juli 1902). Zu Schwarzer: SSAA, AM, Nr. 9756, sowie *Kundigraber*, Chronik (wie Anm. 1), S. 25.
[180] Vgl. BaM 1902, Nr. 217 (9. August, Erstes Blatt), S. [2].
[181] SSAA, ProtM, Nr. 97, Vortragsnr. 1268 (25. Juli 1902).
[182] Ebd., Vortragsnr. 2072 (5. November 1902).
[183] SSAA, ProtM, Nr. 98, Vortragsnr. 1646 (18. September 1903) u. 1956 (30. Oktober 1903).
[184] SSAA, ZGS, Nr. 126, Satzung vom 30. Oktober 1903.

Städtische Musikschule Aschaffenburg
gegründet 1810 durch Fürstprimas Karl Theodor von Dalberg, Großherzog von Frankfurt.

JAHRES-ZEUGNIS.

D...... Schüler ...., geboren am

.... 1.......... zu .... hat vom.......... 19...... bis .... 191......

im .... Jahre die Musikschule besucht und sich bei .... Fähigkeiten und

.... Verhalten folgende Noten in den nachbezeichneten Lehrfächern erworben:

Lehrfächer	Im Laufe des Jahres studierter Lehrstoff:	Zensur		Versäumte Stunden		Der Fachlehrer
	nicht öffentlich vorgetragen ———			gerecht-fertigt	nicht gerecht-fertigt	
Hauptfach	öffentlich vorgetragen ═══	Fleiß	Leistung.			
Nebenfächer						
					wenden.	

Formular für ein Schülerzeugnis, Anfang 20. Jahrhundert (Vorlage: SSAA, ZGS, Nr. 126).

§ 1: Unterrichtsfächer sind Chorgesang, Sologesang, Klavier, Violine, Bratsche, Cello, Kontrabaß, Holz- und Blechblasinstrumente, Harmonie- und Formenlehre.

§ 2: Neueintretende Schüler sind zu einem sechswöchigen Probeunterricht verpflichtet, danach entscheidet der Schulrat über die Aufnahme.

§ 3: Die Schüler verpflichten sich zu gewissenhaftem Unterrichtsbesuch und haben sich bei Verhinderung schriftlich zu entschuldigen. Das freiwillige Ausscheiden ist nur zum Semesterschluß möglich; der Ausschluß vom Unterricht kann in bestimmten disziplinarischen Fällen verhängt werden.

§ 4: Das Mindestalter für Musikschüler beträgt neun Jahre, bei besonders begabten Kindern kann es Ausnahmen geben.

§ 5: Alle Schüler mit gutem Gehör und guter Stimme haben sich an den Übungen der Chorschule zu beteiligen.

§ 6: Dem Direktor obliegt in Einvernahme mit allen Lehrern und dem magistratischen Inspizienten die Aufstellung des Lehr- und Stundenplans und die Zuteilung der Schüler in die Klassen. Beides jedoch unterliegt der magistratischen Genehmigung. Der Direktor überwacht des weiteren alle Lehrfächer sowie die Klassen und trägt Sorge für die Vollständigkeit des Inventars. Die Lehrer haben den Unterricht nach den Maßgaben zu erteilen und sich den Anordnungen des Direktors zu fügen. Außerdem sind sie verpflichtet, einen Stundenplan zu führen und Nachweis über Unterrichtsbesuch sowie Fortschritte der Schüler zu führen. In jedem Semester findet eine öffentliche Schülerprüfung statt sowie eine Prüfung in den einzelnen Fächern am Ende des Schuljahres.

§ 7: Das im voraus zu entrichtende Unterrichtsgeld beträgt für den Unterricht in den Streichinstrumenten, Blasinstrumenten, im Chorgesang und Ensemblespiel pro Semester 10 M, in Sologesang und Klavierspiel pro Semester 20 M. Als Zweitfach sind Chor und Ensemblespiel kostenlos. Ermäßigungen gibt es bei der Teilnahme an mehreren Fächern sowie bei Geschwistern.

§ 8: Unbemittelten, begabten und fleißigen Schülern kann nach Gesuch das Unterrichtsgeld ganz oder teilweise erlassen werden.

§ 9: Nach freiwilligem Austritt bzw. Absolvierung der Musikschule erhält der Schüler ein Zeugnis über seinen Studiengang, die Fortschritte und das derzeitige Können.

§ 10: Gewünscht ist die Mitwirkung von fortgeschrittenen Schüler der Gesang- und Instrumentalklassen bei den Aufführungen des Musikvereins.
Sonderbestimmungen regeln pro Fach die Wochenstundenzahl (in der Regel zwei Stunden) und die maximale Teilnehmerzahl.

Der Magistrat ordnete ferner an, für den Musikunterricht die Mittwoch- und Samstagnachmittage zu verwenden, an denen kein Unterricht in den allgemeinbildenden Schulen stattfand[185].

---

[185] SSAA, ProtM, Nr. 98, Vortragsnr. 1956 (30. Oktober 1903).

Nach der starken Schülerfrequenz der Vorjahre und gerade, als Schwarzer angestellt worden war, ging die Schülerzahl im Schuljahr 1902/03 bedeutend zurück[186]. Einen Überfluß an Lehrpersonal gab es aber aufgrund der Pensionierung des Lehrers Lindenlaub nicht: Dieser suchte krankheitsbedingt darum nach, der Magistrat genehmigte es unter Anerkennung seiner langjährigen und pflichttreuen Tätigkeit[187] und verlieh ihm den Titel „Musikdirektor"[188]. Er starb am 31. Oktober 1909 in Würzburg[189]. Schwarzer war unterdessen engagiert an die Arbeit gegangen: Seit Januar 1903 fungierte er als Dirigent beim Männergesangverein Melomania[190] und bemühte sich um die Gründung eines städtischen Orchesters. Sowohl vom Magistrat als auch von den Gemeindebevollmächtigten war die Gründung eines städtischen Orchesters schon früher gewünscht worden, und so entschlossen sie sich, das von Schwarzer Ende August 1903 eingereichte Angebot zu unterstützen[191]: Für den Zeitraum vom 1. Oktober 1903 bis zum 30. März 1904 erhielt er den in Monatsraten aufgeteilten Gesamtbetrag von 2000 M aus der Renteikasse als Zuschuß zur Unterhaltung des Orchesters. Die Gewährung weiterer Subventionen über den Zeitraum hinaus behielt sich der Magistrat vor. Schwarzer sollte alle Einnahmen und Ausgaben für das Orchester verbuchen und die Rechnungsführung jederzeit zur Einsicht bereithalten. Die Engagierung der Musiker sollte bis zum 15. September abgeschlossen sein. Für die Proben durfte er das Musikschullokal und – soweit nötig – die Gaseinrichtung kostenlos nutzen[192]. Solange er seine Unterrichtsstunden an der Musikschule einhielte, genehmigte der Magistrat die Übernahme der Kurmusik in Brückenau durch einen Teil des Orchesters[193]. Widrige Umstände führten allerdings zur Auflösung des städtischen Orchesters 1905[194]. Außer in Verein und Orchester war Schwarzer auch als Gesanglehrer an der Realschule tätig[195]. Auch Prelinger ging außerhalb seiner Dienstzeit Nebenbeschäftigungen nach: Er hatte die Dirigentenstellen beim Allgemeinen Musikverein und bei der Liedertafel inne[196].

Über das Schuljahr 1903/04 erschien auf Anordnung des Magistrats hin[197] erstmals ein gedruckter Jahresbericht[198], nachdem Prelinger schon in den Vorjahren zur

---

[186] SSAA, ProtM, Nr. 97, Vortragsnr. 2072 (5. November 1902).
[187] SSAA, ProtM, Nr. 98, Vortragsnr. 453 (13. März 1903).
[188] Ebd., Vortragsnr. 708 (17. April 1903).
[189] Vgl. Jahresbericht 1909/10, S. 3 f. Zum ausführlichen Titel des Jahresberichts s. Anm. 198.
[190] SSAA, ProtM, Nr. 98, Vortragsnr. 110 (23. Januar 1903).
[191] Ebd., Vortragsnr. 1497 (26. August 1903).
[192] Ebd., Vortragsnr. 733 (22. April 1903).
[193] Ebd., Vortragsnr. 2280 (16. Dezember 1903).
[194] Vgl. *Kundigraber*, Chronik (wie Anm. 1), S. 25.
[195] SSAA, ProtM, Nr. 99, Vortragsnr. 813 (29. April 1904).
[196] Vgl. Aschaffenburger Adreß-Buch. Adreß- und Geschäfts-Handbuch für die kgl. bayer. Stadt Aschaffenburg einschließlich Damm und Leider, o. O. [Aschaffenburg] 1904, Abt. 2, S. 54 u. 76.
[197] SSAA, ProtM, Nr. 99, Vortragsnr. 1159 (22. Juni 1904).
[198] Die Jahresberichte erschienen im Zeitraum von 1903/04-1940/41 unter verschiedenen Titeln und werden künftig nur mit dem Kurztitel „Jahresbericht" zitiert. Die genauen Titel waren 1903/04: Jahresbericht der städtischen Musikschule in Aschaffenburg, 1905/06-1906/07: Bericht der städtischen Musikschule Aschaffenburg über das Schuljahr […], 1907/08-1919/20 und 1938/39-1939/40: Städtische Musikschule Aschaffenburg, Bericht über das Schuljahr […], 1920/21-1925/26 und 1934/35-1936/37: Städtische Musikschule Aschaffenburg, Bericht über das Schuljahr […] und die Veranstal-

Berichterstattung aufgefordert worden war[199]. Er erwähnte darin die notwendig gewordene Einstellung der Klavierlehrerinnen Marie Bertels und Josephine Stadelmayer zum 1. Januar 1904, die Satzungsänderung und die am 23. März 1904 erstmals abgehaltene Semestralprüfung. Das Personal bestand aus Dr. Prelinger (für Chorgesang, Harmonielehre, Gesang und Klavier in den höheren Klassen), Bernhard Schwarzer (für Chorgesang, Streichinstrumente und Trompete), Albrecht Ziegler (für Violine und Blasinstrumente), Bertels und Stadelmayer (beide Klavier) sowie dem Diener Georg Hock. Unterrichtet wurden Chorgesang, Gesang, Klavier, Violine, Viola, Violoncello, Klarinette, Flöte und Trompete nach festgelegtem Lehrplan. Die Anzahl der Schüler kann nur ungenau angegeben werden, denn die Frequenz von 134 zu Beginn und von 103 am Ende des Schuljahrs, dazwischen noch Ein- und Austritte, deckt sich nicht ganz mit der ebenfalls im Jahresbericht abgedruckten Namensliste. Dort sind 138 Musikschüler verzeichnet, 83 männliche und 55 weibliche. Die Schülerinnen bevorzugten eindeutig das Klavier, wohingegen die Schüler fast ausschließlich Violine belegten. In den Fächern Trompete, Waldhorn, Flöte, Klarinette und Kontrabaß gab es nur ein bis drei Schüler. Welche Stücke einstudiert wurden, zeigen die im Jahresbericht am Schluß beigehefteten Programme der Semestralprüfung und des Prüfungskonzerts zum Schuljahresende.

Der neutrale Jahresbericht darf nicht darüber hinwegtäuschen, daß sich zwischen dem Magistrat und dem Musikschuldirektor Spannungen entwickelten. Der Magistrat hatte wohl seit längerem einige Mängel beanstandet und forderte Prelinger nun im Juli 1904 auf, die Verhältnisse zu bessern und darüber bei der Semestralprüfung 1905 den Nachweis zu erbringen, andernfalls werde er gekündigt[200]. Es traten keine Veränderungen ein, und der Konflikt spitzte sich zu: Der Magistrat genehmigte am 4. März 1905 „ausdrücklich" den Rücktritt Prelingers von seiner Leitungsfunktion ab dem 1. Mai[201]. Die Gemeindebevollmächtigten schlossen sich dem an und äußerten den Wunsch, daß der neue Direktor die Dirigentenstellen Aschaffenburger Männergesangvereine nicht übernehmen solle, ihm aber die Übernahme der Dirigentenstelle des Allgemeinen Musikvereins freigestellt werde[202]. Die Frage der Dirigentenstellen hatte unter den Musikvereinen nämlich für ein Zerwürfnis gesorgt und darüber eine Debatte bei den Gemeindebevollmächtigten ausgelöst[203]. Schließlich blieb es aber doch bei der alten Regelung, daß

tungen der städt. Musikkultur, 1926/27-1933/34: Städtische Musikschule Aschaffenburg, Bericht über das Schuljahr […] und die Veranstaltungen der städt. Musikkultur, sowie über die städt. Singschule, 1937/38: Städtische Musikschule Aschaffenburg, Bericht über das Schuljahr 1937/38 nebst einem Schluß-Bericht über die „städtische Musikkultur" (1915-1937), u. 1940/41: Städtische Musikschule Aschaffenburg, Jahresbericht über das 131. Schuljahr 1940/41.

[199] SSAA, ProtM, Nr. 97, Vortragsnr. 2072 (5. November 1902). Ein handschriftlicher und ausführlicher Jahresbericht über das Schuljahr 1900/01 befindet sich in der Akte StAWü, Regierungsabgabe 1943/45, Nr. 13310, fol. 353-360.

[200] SSAA, ProtM, Nr. 99, Vortragsnr. 1333 (15. Juli 1904).

[201] SSAA, ProtM, Nr. 100, Vortragsnr. 524 (4. März 1905).

[202] SSAA, ProtGB, Nr. 29, Sitzung vom 9. März 1905.

[203] Vgl. AZ 1905, Nr. 69 (10. März), S. [2].

eine nebenamtliche Tätigkeit möglich sein solle, solange sie nicht mit dienstlichen Obliegenheiten kollidiere[204].

Prelinger verabschiedete sich Mitte März vom Allgemeinen Musikverein[205], der sein musikalisches Wirken ebenso positiv würdigte wie die „Liedertafel"[206], und schied noch vor dem gesetzten Termin aus seiner Funktion als Musikschuldirektor aus. Der Musiklehrer Schwarzer wurde in die Tätigkeiten eingewiesen und übernahm ab dem 15. April kommissarisch die Leiterstelle[207]. An diesem Tag fand für Prelinger ein offizielles Abschiedskonzert statt[208]. Eine Rechnung war jedoch noch offen: Prelinger hatte der Stadt Kosten von über 70 M verursacht, für deren Begleichung die Stadt keine andere Möglichkeit sah als eine Pfändung von dessen Bibliothek. Als er die Forderungen nicht einlöste, beschloß die Stadt, Gegenstände aus dieser Bibliothek im Schätzwert von 70 M der Bibliothek der Musikschule einzuverleiben[209]. Sein späterer Antrag auf Rückgabe wurde abgelehnt[210]. Prelinger selbst verzog am 1. Mai 1905 nach Wien (abgemeldet am 1. Juli)[211]. Von dort ging er ein gutes Jahr später nach Schaffhausen[212]. Er bewarb sich im September 1906 um die dortige Stelle als Organist, zog sein Ansuchen aber wenige Monate später wieder zurück[213]. Schließlich war er dann 1907-1910 als Direktor des örtlichen Männerchores tätig[214]. Von ihm erschien im Zeitraum 1907-1911 das fünfbändige Werk „Ludwig van Beethovens sämtliche Briefe und Aufzeichnungen". Kleinere Werke (Lieder, Weihnachtskantaten) zeugen von seiner Tätigkeit als Komponist[215]. Er meldete sich 1910 nach St. Petersburg ab[216], war ab 1915 in Breslau (poln.: Wrocław) als Musikkritiker tätig und starb dort 1930[217].

Aufbau durch Hermann Kundigraber (1905-1939)

Investitionen und Initiativen (1905-1910)

Über die Anstellungsbedingungen des neuen Musikdirektors gab es in der Zwischenzeit verschiedene Überlegungen. Eine Kommission wurde ins Leben gerufen, die einen geeigneten Kandidaten auswählen sollte[218]. Ein Mitglied der Gemeinde-

---

[204] SSAA, ProtM, Nr. 100, Vortragsnr. 603 (17. März 1905); vgl. auch AZ 1905, Nr. 77 (18. März, Erstes Blatt), S. [2].

[205] Vgl. AZ 1905, Nr. 72 (13. März), S. [2], u. Nr. 78 (19. März), S. [2].

[206] Vgl. ebd., Nr. 99 (9. April), S. [1].

[207] SSAA, ProtM, Nr. 100, Vortragsnr. 725 (31. März 1905).

[208] Vgl. AZ 1905, Nr. 105 (15. April, Erstes Blatt), S. [1].

[209] SSAA, ProtM, Nr. 100, Vortragsnr. 1184 (26. Mai 1905).

[210] SSAA, ProtM, Nr. 102, Vortragsnr. 1902 (10. August 1906).

[211] SSAA, SBZ I, Nr. 278, Aufenthaltsanzeige Dr. Fritz Prelinger.

[212] Stadtarchiv Schaffhausen, C II 07.05.04.01/11 (Niederlassungsregister), Nr. 13614.

[213] Stadtarchiv Schaffhausen, C II 58.20.05/049.

[214] Männerchor Schaffhausen 1826-1926. Festschrift, Schaffhausen 1926, S. 78-80 u. 112; vgl. auch 150 Jahre Männerchor Schaffhausen. Jubiläumsschrift, Schaffhausen 1976.

[215] Vgl. Tonkünstler-Lexikon (wie Anm. 169), S. 473.

[216] Stadtarchiv Schaffhausen, C II 07.05.04.01/11 (Niederlassungsregister), Nr. 13614.

[217] Vgl. Steirisches Musiklexikon (wie Anm. 169), S. 448.

[218] SSAA, ProtM, Nr. 100, Vortragsnr. 725 (31. März 1905).

bevollmächtigten beklagte die zu geringe Qualität der Musikschule insbesondere auf dem Gebiet des Gesangs und nannte als Grund das
Fehlen eines geeigneten Lehrers. Bei dem neu
anzustellenden Direktor sei weniger auf beste
Kenntnisse und Virtuosität zu achten als auf die
Gabe, die Kenntnisse dem Schüler nutzbar zu
machen; deshalb sei von jedem Bewerber eine
Lehrprobe abzulegen[219]. Schließlich entschied
man sich unter 63 Bewerbern[220] im Juli 1905 für
Hermann Kundigraber, damals tätig in Cilli (slo-
wen.: Celje)[221], unter der vorbehaltlichen Genehmigung der Regierung[222]. Der am 6. April
1879 in Graz Geborene hatte dort bei Erich Wolf
Degner studiert und von 1902 bis 1904 bereits
eine Musikschule geleitet, bevor er diejenige in
Cilli übernahm[223].

Hermann Kundigraber (Vorlage: Städtische Musikschule Aschaffenburg).

Eine Schilderung der Situation bei seinem Dienstbeginn gibt eine Denkschrift aus
dem Jahr 1913 wieder: „Bei Antritt der Direktion Kundigraber[224] befand sich die
Schule in total verwahrlostem Zustande. Das Vertrauen zum Institute war derart
gesunken, daß bei den Einschreibungen sich 67 Schüler meldeten, welche nicht
einmal die vorhandenen Lehrkräfte voll beschäftigten. Außer zwei fast unbrauch-
baren Flügeln war an Inventar fast nichts vorhanden, die wertvollen Bestände der
Bibliothek lagen ungeordnet und zerstreut in einigen Schränken"[225]. In zwei bescheidenen Lehrzimmern logierte die Musikschule unter beengten Verhältnissen[226].

Die Behebung der mangelhaften Ausstattung war auch Kundigrabers erste Amts-
handlung: Noch im September 1905 genehmigte der Magistrat das von ihm
beantragte Inventar (Hocker, Bänke etc.) im Wert von 650 M sowie einen Flügel
der Firma Arnold für 970 M[227]. Neue Lehrzimmer konnten eingerichtet wer-

---

[219] Vgl. AZ 1905, Nr. 96 (6. April, Erstes Blatt), S. [2].

[220] Vgl. Aschaffenburger Intelligenzblatt. Abendausgabe der „Aschaffenburger Zeitung" 1905, Nr. 157 (14.
Juli), S. [2].

[221] Damals Untersteiermark, heute viertgrößte Stadt Sloweniens; vgl. *Rudolf Pertassek*, Cilli. Die alte stei-
rische Stadt an der Sann, Graz 1996.

[222] SSAA, ProtM, Nr. 100, Vortragsnr. 1518 (14. Juli 1905).

[223] Vgl. *Renate Federhofer-Königs*, Hermann Kundigraber, in: Die Musik in Geschichte und Gegenwart.
Allgemeine Enzyklopädie der Musik, hrsg. v. Friedrich Blume, Bd. 7, Kassel / Basel / London / New
York 1958, Sp. 1898-1899, dies Sp. 1898.

[224] Dienstantritt war am 15. September 1905; vgl. Jahresbericht 1929/30, S. 11.

[225] SSAA, MS, Nr. 142.

[226] SSAA, MS, Nr. 162.

[227] SSAA, ProtM, Nr. 101, Vortragsnr. 2004 (15. September 1905) u. 2030 (22. September 1905). Die Firma
Wilhelm Arnold, 1830 in Klein-Umstadt gegründet, unterhielt seit 1886 eine Klavierfabrik in Aschaf-
fenburg (SSAA, ZGS, Nr. 111, Jubiläumskatalog zum 25jährigen Bestehen der Flügel- und Pianofabrik
W. Arnold, Aschaffenburg [1911], S. 9). Die ungünstigen Wirtschaftsverhältnisse Ende der 1920er
Jahre überlebte das Unternehmen nicht, die Werke in der Hanauer Str. 58 und Langen Str. 14 über-

den[228]. Mit der Kündigung bzw. Pensionierung von Lehrer Ziegler im Oktober 1905[229] mußte sich Kundigraber um neues Lehrpersonal für Blasinstrumente kümmern. Der Magistrat befürwortete die Anstellung eines Lehrers für Fagott und Oboe gegen ein Stundenhonorar von 1,50 M[230] bzw. zweier Lehrer für je zwei Wochenstunden in Klarinette und Oboe zum gleichen Honorar[231]. Den Oboenunterricht übernahm Eugen Schumann, den in Klarinette Hilmar Kirchheiß (beide von der Kapelle des Jägerbataillons), und die Fagottstunden erteilte Kundigraber selbst[232]. Er führte auch als Nebenfächer je zwei Klassen für den systematischen Unterricht in Chorgesang und Theorie ein, zu deren Besuch die dazu bestimmten Schüler verpflichtet wurden[233]. Zwei Jahre später kam ein Kurs für Musikgeschichte dazu[234].

Schon im ersten Jahr (1905/06) konnte der neue Direktor einen Anstieg der Schülerzahlen verzeichnen: Es begann mit 69 und schloß mit 92 Schülern, insgesamt gesehen wurde durch zahlreiche Eintritte und vergleichsweise geringe Austritte ein Spitzenwert von 126 (71 männlichen und 55 weiblichen Schülern) erreicht. Der Großteil stammte aus Aschaffenburg und dem weiteren Bayern[235]. Zur Relativierung sei gesagt, daß im Schülerverzeichnis der Geburtsort angegeben war und die Schüler in Wirklichkeit in der Stadt wohnten, da die Väter z. B. als Beamte, Ärzte etc. hier arbeiteten[236]. Die klaren Fächerfavoriten blieben nach wie vor Klavier und Violine[237]. In drei internen und vier öffentlichen Aufführungen stellten die Schüler ihr Können unter Beweis[238]. Die kontinuierliche Steigerung der Schülerzahlen in den folgenden Jahren von 136 (1906/07) auf 285 (1913/14)[239] zeugt von der Wirkung der angestoßenen Veränderungen; auch ständig steigende Schulgeldsätze und die Einführung einer Einschreibegebühr[240] hemmten diese Entwicklung nicht. Die

---

nahm die Philipps AG als Zweigniederlassung (SSAA, MS, Nr. 110, Schreiben der Firma Bechstein vom 14. Februar 1933; Einwohnerbuch der Stadt Aschaffenburg 1927, Aschaffenburg 1927, Abt. 3, S. 39). Dieser Betrieb verschwand nach 1956 von der Bildfläche; letzter Eintrag in: Adreßbuch Aschaffenburg 1956, Aschaffenburg o. J. [1956], S. 37/IV.

[228] Vgl. Jahresbericht 1905/06, S. 5.

[229] Vgl. *Kundigraber*, Chronik (wie Anm. 1), S. 27, BaM 1905, Nr. 288 (22. Oktober, Erstes Blatt), S. [2], u. Nr. 294 (28. Oktober, Zweites Blatt), S. [2].

[230] SSAA, ProtM, Nr. 101, Vortragsnr. 3296 (9. Dezember 1905).

[231] SSAA, ProtM, Nr. 102, Vortragsnr. 209 (26. Januar 1906).

[232] Vgl. Jahresbericht 1905/06, S. 3 u. 6.

[233] Vgl. ebd., S. 3.

[234] Vgl. Jahresbericht 1907/08, S. 3.

[235] Vgl. Jahresbericht 1905/06, S. 20.

[236] Das ergab ein Vergleich des Musikschul-Jahresberichts 1905/06 mit dem Jahres-Bericht über das Kgl. humanistische Gymnasium und das Kgl. Studienseminar zu Aschaffenburg für das Schuljahr 1905-1906, Aschaffenburg 1906, und dem Jahresbericht der Kgl. bayer. Höheren Weiblichen Bildungsanstalt Aschaffenburg für das Schuljahr 1905-1906, Aschaffenburg 1906.

[237] Vgl. Jahresbericht 1905/06, S. 7.

[238] Vgl. ebd., S. 3.

[239] Vgl. Jahresbericht 1906/07, S. 4, sowie dgl. 1913/14, S. 7.

[240] 1906 Erhöhung des Schulgeldes um 50-100 % und Einführung einer Einschreibegebühr; 1907 Einführung des Klavierfonds, für den von jedem Klavierschüler jährlich 4,50 M zu entrichten waren; 1908 Erhöhung der Einschreibegebühr von 1 auf 2 M (für Neueintretende); 1910 Einschränkung der satzungsmäßigen Schulgeldabstufungen; 1912 Erhöhung des Schulgeldes für Sologesang von 60 und 80 M auf 100 und 120 M; 1913 Aufhebung sämtlicher statutarischer Ermäßigungen und Beschränkung von Ermäßigungen auf Bedürftigkeit: SSAA, MS, Nr. 142.

neuen Gebühren regelte u. a. die revidierte Fassung der Satzung vom Juli 1906[241]. Sie beinhaltete außerdem sehr detaillierte Regeln zu Unterrichtsfächern, Schulbesuch, Ein- und Austritt, Benutzung von Instrumenten, Aufführungen, Prüfungen, Zensuren und läßt die konkreten Vorstellungen Kundigrabers von einer professionell geführten Einrichtung erkennen.

Die Zunahme der Schüler sowie die Ergänzung und Vertiefung des Fächerangebots erforderten zum einen die Schaffung neuer Lehrerstellen[242]: Im Herbst 1906 begann Hanns Pick als Lehrer für Cello und Klavier[243], Emil Bieske von der Kapelle des Jägerbataillons übernahm ab Februar 1907 den systematischen Flötenunterricht[244] (später auch den für Oboe[245]), zu Beginn des Schuljahrs 1907/08 trat Fritz Lichtinger seine Stelle für Violine, Klavier und Klarinette an[246], und als Violin- und Klavierlehrer kam im Oktober 1909 Joachim Slyver[247]. Zum anderen brachte die Vergrößerung der Musikschule weitere Instrumentenanschaffungen und die Bereitstellung neuer Räume mit sich. 1908 bewilligte der Magistrat 1500 M aus der Renteikasse für die Anschaffung eines Flügels, rückzahlbar in vier Raten[248], und ein Jahr später den Kauf eines Bechsteinflügels von der Firma Lichtenstein (Frankfurt)[249]. Die Musikschule verfügte um 1910 laut Inventarbuch[250] über sechs Unterrichtsräume, teils im Erdgeschoß, teils im ersten Stock. Einer davon wurde auch als Theatergarderobe benutzt, in einem anderen standen die dem Theater und dem Allgemeinen Musikverein gehörenden 40 Stühle und acht Notenpulte. Zur Ausstattung der Lehrzimmer gehörten in der Regel ein Klavier mit Hocker, ein Schrank, eine Kohlenkiste, Kleiderhaken, ein Schirmständer, Tisch und Stühle, eine Tafel, Bilder von Komponisten, Vorhänge und ein Waschservice mit Spucknapf. An Räumen gab es außerdem noch ein Direktionsbüro, eine Bibliothek, ein Einschreibezimmer, Waschraum, Korridor und Speicher.

In der Bibliothek hingen alte Instrumente an der Wand, und in Schränken lagerte das Notenmaterial im Schätzwert von 3500 M. Kundigraber hatte die Musikalien gleich im ersten Dienstjahr ordnen und katalogisieren lassen, es handelte sich damals um über 2000 Exemplare, zum Großteil Noten für Gesang[251]. Im März 1910 konnte die Bibliothek der Öffentlichkeit zugänglich gemacht werden[252]. Gegen die monatliche Grundgebühr von 50 Pfennig und der Leihgebühr von 30 Pfennig pro

---

[241] SSAA, ZGS, Nr. 126, Satzung vom 20. Juli 1906; vgl. auch BaM 1906, Nr. 162 (16. Juni, Zweites Blatt), S. [1].

[242] SSAA, MS, Nr. 142.

[243] Vgl. Jahresbericht 1906/07, S. 3.

[244] SSAA, ProtM, Nr. 102, Vortragsnr. 2925 (12. Dezember 1906); vgl. auch Jahresbericht 1906/07, S. 3 u. 8.

[245] Vgl. Jahresbericht 1907/08, S. 4.

[246] Vgl. ebd., S. 3.

[247] SSAA, ProtM, Nr. 105, Vortragsnr. 2030 (17. September 1909); vgl. auch Jahresbericht 1909/10, S. 3.

[248] SSAA, ProtM, Nr. 104, Vortragsnr. 1018 (15. Mai 1908).

[249] SSAA, ProtM, Nr. 105, Vortragsnr. 2245 (8. Oktober 1909).

[250] SSAA, MS, Nr. 141.

[251] Vgl. Jahresbericht 1905/06, S. 4.

[252] Vgl. Jahresbericht 1909/10, S. 4.

Werk war es jedem möglich, die im Katalog verzeichneten Musikalien, Bücher und Zeitschriften für drei Wochen auszuleihen. Den Lehrern und Schülern der Musikschule stand dieses Angebot natürlich kostenlos zur Verfügung. Nur in der Sommerpause (Juli bis September) blieb die Bibliothek geschlossen[253]. Bis 1911 war die Zahl der Musikalien auf über 4000 angestiegen[254]. Außer den Musikalien gehörten noch eine Reihe sich in Gebrauch befindlicher Instrumente und einige wenige Lehrmittel zum Inventar[255].

Bei all seinen Aktivitäten ließ Kundigraber in seinen ersten Wirkungsjahren auch das gemeinschaftliche Musizieren nicht zu kurz kommen. Er selbst hatte 1905 von Prelinger die Dirigentenstellen bei der Liedertafel und dem Allgemeinen Musikverein übernommen[256]. Nach der Einrichtung des systematischen Chorunterrichts in der Musikschule (wie oben beschrieben) folgte die Gründung eines Schülerorchesters im Schuljahr 1906/07, dem 26 Schüler angehörten[257]. Zur Abhaltung dessen Proben stand der Deutschhaussaal zur Verfügung[258] – die Tür zum Theater hin war extra gepolstert, um gegenseitige Störungen zu vermeiden[259]. Die Musikschullehrer fanden sich 1907 zur Kammermusik zusammen[260]. Für erwachsene Musikbegeisterte bemühte sich der Direktor um die Einrichtung einer Chorschule, in der Singstimmen vorbereitend für die Musikvereine herangebildet werden sollten. Mangelndes Interesse ließ das Projekt scheitern[261]. Das Schülerorchester und die Kammermusik aber steuerten einige Konzerte zur Veranstaltungsreihe der Musikschule bei und halfen mit, dem Publikum ein abwechslungsreiches Programm zu bieten. Neben den internen Schülerabenden gab es die öffentlichen Aufführungen, die zu Jubiläumsanlässen einzelnen Komponisten wie Mozart und Haydn gewidmet waren[262]. Im Sommerkonzert 1906 kam das Erstlingswerk von Kundigraber (opus 1) zur Erstaufführung. Es handelte sich um das „Quintett in einem Satze (Andante pastorale), für Klavier, zwei Oboen und zwei Fagotte"[263]. Um Überfüllung und Störung der öffentlichen Musikschulkonzerte im Deutschhaussaal zu vermeiden, wurden ab 1909 pro Person 20 Pfennig Eintritt verlangt, die dem Instrumentenfonds[264] zuflossen, die Schüler erhielten je zwei Freikarten[265].

---

[253] SSAA, ZGS, Nr. 126, Bibliotheksordnung vom Februar 1910.
[254] SSAA, MS, Nr. 60, Beleg Nr. 15.
[255] SSAA, MS, Nr. 141.
[256] Vgl. Jahresbericht 1938/39, S. 6.
[257] Vgl. Jahresbericht 1906/07, S. 3, 5 f. u. 30.
[258] SSAA, ProtM, Nr. 103, Vortragsnr. 894 (19. April 1907).
[259] SSAA, ProtM, Nr. 104, Vortragsnr. 2410 (30. Oktober 1908).
[260] Vgl. Jahresbericht 1907/08, S. 3.
[261] Vgl. Jahresbericht 1908/09, S. 3.
[262] Vgl. Jahresbericht 1905/06, S. 21, sowie dgl. 1908/09, S. 41. Zu Wolfgang Amadeus Mozart (1756-1791) vgl. *Ulrich Konrad*, (Joannes Chrysostomus) Wolfgang, Wolfgangus, Theophilus, Amadeus, Mozart, in: MGG (wie Anm. 80), Personenteil, Bd. 12, Sp. 591-758; zu Joseph Haydn (1732-1809) vgl. *Georg Feder*, (Franz) Joseph Haydn, in: ebd., Bd. 8, Sp. 901-1094.
[263] SSAA, MS, Nr. 130, Konzertprogramm vom 11. Juli 1906; s. auch Anm. 516.
[264] Zum Instrumentenfonds s. Anm. 240.
[265] SSAA, ProtM, Nr. 105, Vortragsnr. 99 (15. Januar 1909).

Seit 1905 vertrat die Musikschulkommission die Interessen der Musikschule beim Magistrat und bei den Gemeindebevollmächtigten[266]. Sie bestand aus dem Bürgermeister als Vorsitzendem, Mitgliedern aus Magistrat und Gemeindebevollmächtigten – nach den Reformen 1919 gab es nur noch ein Gremium, die „Stadträte"[267] – sowie Direktor Kundigraber[268]. Ab und an nahmen Vertreter der Kommission an den Lehrerkonferenzen der Musikschule teil, die ab dem Jahr 1907 protokolliert sind[269]. Daraus geht überdies hervor, daß spätestens seit 1919 auch ein Mitglied des Lehrkörpers in die Kommission gewählt wurde[270]. In den Konferenzen, die zunächst jährlich im Februar stattfanden, besprach man sich in der Regel über die Befähigungen und Leistungen der einzelnen Schüler. Man entschied auch, welche Schüler künftig vom Unterricht auszuschließen waren, sei es wegen schlechter Leistungen, Talentlosigkeit oder unregelmäßigen Schulbesuchs. Hin und wieder kamen auch Themen der Pädagogik und Unterrichtsgestaltung zur Sprache.

Ausbau, Erster Weltkrieg und Inflation (1910-1923)

In die von Kundigraber eingeläutete Phase des Aufbruchs und der Neugestaltung der Musikschule fiel deren 100jähriges Jubiläum. Das Festkonzert fand am Samstag, den 21. Mai 1910 abends um acht Uhr im Deutschhaussaal statt[271]. Zahlreiche Gäste waren geladen, außer Vertretungen des Magistrats- und Gemeindekollegiums und anderen Würdenträgern waren viele Bürger erschienen, der geschmückte Saal samt Bühnenraum und Vorzimmern war dicht gefüllt, und das Publikum wartete gespannt. Solisten, Orchester und Chor brachten fünf verschiedene Werke dar und erhielten – mit wenigen Abstrichen bei einigen noch jungen und nicht ganz ausgereiften Künstlern – insgesamt viel Lob und Anerkennung. Bei dem letzten Stück handelte es sich um eine Komposition von Erich Wolf Degner, einem Schüler von Franz Liszt und ehemaligen Lehrer von Hermann Kundigraber[272]. An diesem Abend gelangte auch die vom Direktor neu erstellte Chronik[273] über die Geschichte der Musikschule für den Preis von 1 M in den Verkauf[274]. Ausgeschiedene Musiklehrer bzw. deren Angehörige sowie besondere, der Musikschule verbundene Persönlich-

---

[266] Vgl. *Kundigraber*, Chronik (wie Anm. 1), S. 29.
[267] Aus dem „Wahlgesetz für die Gemeinde-, Bezirks- und Kreiswahlen" vom 15. April 1919 geht hervor, daß das bisherige Zweikammersystem von einem Einkammersystem abgelöst wurde, indem „die ersten und einzigen Bürgermeister und die nichtberufsmäßigen Stadt- und Gemeinderäte [...] an Stelle der Mitglieder der bisherigen Magistrate, Gemeindeausschüsse und Gemeinderäte treten"; Druck dieses Gesetzes: Gesetz- und Verordnungs-Blatt für den Freistaat Bayern 1919, Nr. 26 (19. Mai), S. 171-188, dies S. 171.
[268] Die Mitglieder zwischen 1905 und (1934) sind dem Jahresbericht 1929/30, S. 18 f., zu entnehmen; für die Periode 1933-1937: SSAA, MS, Nr. 115, Auflistung städtischer Vertretungskörperschaften.
[269] SSAA, MS, Nr. 157.
[270] Ebd., Eintrag vom 9. Juli 1919.
[271] SSAA, MS, Nr. 130, Konzertprogramm vom 21. Mai 1910.
[272] Vgl. AZ 1910, Nr. 254 (23. Mai, Mittags-Ausgabe), S. 2. Zu Franz Liszt (1811-1886) vgl. *Detlev Altenburg* u. *Axel Schröter*, Franz, ungar. Ferenc, Liszt, in: MGG (wie Anm. 80), Personenteil, Bd. 11, Sp. 203-311.
[273] S. Anm. 1.
[274] Vgl. AZ 1910, Nr. 254 (23. Mai, Mittags-Ausgabe), S. 2.

Programm zum Festkonzert am 21. Mai 1910 anläßlich des 100jährigen Bestehens der Musikschule (Vorlage: SSAA, MS, Nr. 130).

keiten, die nicht zum Festakt anwesend sein konnten, erhielten Freiexemplare zugeschickt und übermittelten ihre Glückwünsche bzw. ihren Dank[275].

Das Schuljahr 1910/11 begann mit einer Reihe von Veränderungen. An die Stelle von Bieske trat Herr Kehrmann vom Jägerbataillon und übernahm dessen Flöten- und Oboenschüler. Den Violinlehrer Slyver ersetzte Hermann Friedrich Gothe, und Cellounterricht erteilte nun Hans Knöchel aus Krefeld[276]. Der erweiterte Lehrplan sah einen Vorbereitungskurs vor, in dem diejenigen Schüler, die im Herbst in die Musikschule eintreten wollten, in den Bereichen Notenkenntnis, Gehör und rhythmische Übungen unterrichtet wurden. Der Kurs begann am 1. Mai, fand zweimal wöchentlich statt und kostete 5 M[277]. Die Schülerförderung erstreckte sich nicht nur auf Anfänger, sondern bot auch weit fortgeschrittenen Schülern Möglichkeiten der Weiterentwicklung. In der 1911 neu errichteten Seminarklasse hatten Schüler der Klavieroberstufe die Gelegenheit, unter Aufsicht selbst Unterricht zu erteilen, Werke kennenzulernen, Fachvorträge zu hören und sich so auf den Lehrberuf vorzubereiten[278]. Als Schulgeld waren dafür etwa 20 M zu bezahlen[279]. Der erste Erfolg zeigte sich noch im selben Jahr, als die Schülerin Betty Brennstuhl an der Münchener Akademie der Tonkunst die Prüfung für das Lehramt in der Musik an Mittelschulen und höheren weiblichen Unterrichts- und Erziehungsanstalten erfolgreich ablegte[280]. In den Schuljahren 1912/13 bis zu ihrem Tod im November 1918 erteilte sie, die nach ihrer Heirat Betty Wahrheit hieß, Klavierstunden an der Musikschule[281]. Zeitgleich mit ihr traten weitere Lehrkräfte ihren Dienst an. Für Sologesang und Klavier kam Sebastian Hübner aus Frankfurt, der jedoch relativ schnell aus disziplinären Erwägungen aus dem Dienst entlassen[282] und durch Heinrich Kühlborn ersetzt wurde. Die Stelle Gothes, der nach einem Jahr seine Tätigkeit niedergelegt hatte, nahm Karl Götz ein[283]. Der Magistrat genehmigte außerdem 1913 die Beschäftigung eines weiteren Klavierlehrers mit dem anfänglichen Jahresgehalt von 1800 M; diese Aufgabe wurde im Februar 1914 schließlich Hanns Wolf übertragen, der später auch den Orgelunterricht übernahm[284]. Der Flötenlehrer Kehrmann trat ab, für ihn rückte Karl Löser nach[285]. Unter Berücksichtigung der Strömungen der Zeit bot die Musikschule ab dem Schuljahr 1913/14 versuchsweise Unterricht in Lautenspiel und Singen zur Laute an, erteilt von Hermann Reuß (Reallehrer an der Höheren Töchterschule)[286]. Für diesen Zweck wurde eine Laute

---

[275] SSAA, MS, Nr. 223.

[276] Vgl. Jahresbericht 1910/11, S. 3. Hans Knöchel wurde am 4. Dezember 1885 geboren: SSAA, Einwohnermeldekarte Johann Jakob Knöchel.

[277] SSAA, MS, Nr. 60, Beleg Nr. 15.

[278] Vgl. Jahresbericht 1911/12, S. 3 f.

[279] Stand von 1913: SSAA, ProtM, Nr. 109, Vortragsnr. 2284 (24. Oktober 1913).

[280] Vgl. Jahresbericht 1911/12, eingeheftetes Zusatzblatt.

[281] Vgl. Jahresberichte 1912/13-1918/19.

[282] SSAA, MS, Nr. 62, Beleg zwischen Nr. 20 u. 21.

[283] Vgl. Jahresbericht 1912/13, S. 3.

[284] SSAA, ProtM, Nr. 109, Vortragsnr. 1338 (20. Juni 1913); vgl. auch Jahresbericht 1913/14, S. 4.

[285] Vgl. Jahresbericht 1913/14, S. 4.

[286] SSAA, MS, Nr. 63, Beleg Nr. 44; vgl. auch Jahresbericht 1913/14, S. 4.

im Würzburger Musikgeschäft Philipp Keller für 32,95 M angeschafft[287]. Eine Abhandlung von Reuß über die Geschichte des Instruments erschien im Jahresbericht[288].

Der eben erwähnte Orgelunterricht war möglich geworden durch eine Spende von Kommerzienrat Karl Stadelmann[289]. Die 1913 gestiftete Summe von 5000 M[290] stellte einen guten Grundstock für den Ankauf einer Orgel der Firma Walcker dar. Im Gesamtwert von 6010 M lieferte die Firma aus Ludwigsburg eine Orgel (opus 1825) für den Deutschhaussaal, ausgestattet mit 17 Registern, 2 Manualen und 1 Pedal. Kundigraber schwärmte von der tonschönen Klangfarbe der Register sowie deren ausgeglichenen Intonation und war mit dem tadellos funktionierenden Gesamtmechanismus überaus zufrieden[291]. Die detaillierte technische Ausstattung der Orgel legte er im Jahresbericht dar[292]. Die Weihe fand in Form einer Festaufführung am 14. November 1914 im neu hergerichteten Deutschhaussaal statt[293]. Aufgefrischt wurde auch der Klavierbestand. 1912 übernahm die Musikschule einen bisher gemieteten Bechsteinflügel im Wert von ursprünglich 2000 M in ihr Eigentum[294]. Das dafür bei der Sparkasse aufgenommene Darlehen von 1600 M war in vier Jahresraten aus dem Instrumentalerneuerungsfonds[295] zurückzuzahlen[296]. Im Jahr darauf kaufte man schließlich noch einen bisher geliehenen Flügel im Wert von ursprünglich 1600 M auf Kredit[297]. Der Deutschhaussaal bekam 1916 einen neuen Flügel der Marke Ibach[298]. Der Magistrat hatte die sofortige Anschaffung genehmigt, allerdings war der Kauf wieder nur durch Ratenzahlung möglich. Das Instrument stand nach Genehmigung der Musikschuldirektion allen Benutzern des Saals zur Verfügung, die dafür zu entrichtenden Gebühren von 5 M bei Wohltätigkeits- und 15 M bei anderen Veranstaltungen flossen in die Musikschulkasse[299]. An anderweitigen Instrumenten übernahm man von der aufgelösten Forsthochschule u. a. zwei Harfen und ein Monochord[300], beschaffte eine Viola[301] und die oben erwähnte Laute[302]; einige alte Instrumente gingen dafür an die städtischen Sammlungen (Museum)[303].

---

[287] SSAA, MS, Nr. 63, Beleg Nr. 114.
[288] Jahresbericht 1913/14, S. 48 ff.
[289] Vgl. Jahresbericht 1912/13, S. 4.
[290] SSAA, MS, Nr. 62.
[291] SSAA, MS, Nr. 109, zwei Rechnungen vom 23. Oktober 1914 sowie Schreiben an die Firma Walcker vom 29. Oktober 1914.
[292] Vgl. Jahresbericht 1912/13, S. 6 f.
[293] SSAA, MS, Nr. 130, Konzertprogramm vom 14. November 1914; vgl. auch Jahresbericht 1914/15, S. 4. Weiheworte: SSAA, MS, Nr. 224.
[294] SSAA, MS, Nr. 61, Beleg Nr. 79; vgl. auch Jahresbericht 1911/12, S. 4.
[295] S. Anm. 240.
[296] SSAA, MS, Nr. 61, Beleg Nr. 5.
[297] SSAA, ProtM, Nr. 109, Vortragsnr. 1338 (20. Juni 1913), sowie MS, Nr. 62, Beleg Nr. 106.
[298] Vgl. Jahresbericht 1916/17, S. 3.
[299] SSAA, ProtM, Nr. 112, Vortragsnr. 2701 (14. Dezember 1916).
[300] Vgl. Jahresbericht 1911/12, S. 4.
[301] SSAA, MS, Nr. 61.
[302] S. Anm. 287.
[303] SSAA, ProtM, Nr. 109, Vortragsnr. 1721 (8. August 1913).

Komposition „Ständchen" von Fritz Trockenbrodt aus dem Jahr 1925 (Vorlage: Städtische Musikschule Aschaffenburg, Musikschulbibliothek Nr. 8575).

Die Musikbibliothek vergrößerte sich zunehmend, indem ihr jährlich verschiedene Schenkungen zu Teil wurden: Aus dem Nachlaß des ehemaligen Musikschuldirektors Eduard Rommel eine Reihe Manuskripte ungedruckter Kompositionen[304], von

[304] Eine Auflistung von Beispielen im Jahresbericht 1910/11, S. 4.

einer anonymen Spenderin eine Prachtausgabe sämtlicher Briefe und Schriften Hans von Bülows[305] sowie größere Mengen Musikalien von Verlegern[306], Musikalienhandlungen[307] und Privatpersonen[308]. Die Verwaltung der Schätze, die nun jedem zugänglich waren, übernahm mit Beginn des Schuljahres 1910/11 der Lehrer Schwarzer[309], der diese Aufgabe bis 1921 ausübte und dafür eine Zulage erhielt; danach löste ihn sein Kollege Lichtinger ab[310]. Als Idealbild hatte Kundigraber eine „musikalische Volksbibliothek" nach den Ideen von Paul Marsop aus München vor Augen, die auch weniger Bemittelten den Zugang zur Tonkunst ermöglichen sollte[311].

Ärmere, aber talentierte Musikschüler konnten außerdem nach wie vor Schulgeldermäßigung bzw. -befreiung beantragen. Bedingung war, „sich einem geregelten und zielbewußten Lehrplane" unterzuordnen und sich diszipliniert zu verhalten. Das sahen die Paragraphen 3 und 4 der 1914 neu gefaßten und von der Regierung genehmigten Satzung[312] vor. Mit dem Beschluß der Schulgeldermäßigung bzw. -befreiung konnte der Magistrat die Stipendiaten je nach Eignung sogar „verhalten [...], ein vom Direktor zu bestimmendes Blasinstrument zu erlernen"; dieser Unterricht war in der Regel kostenlos, gegen geringe Gebühr standen Leihinstrumente zur Verfügung. Die darin erbrachten Leistungen hatten Einfluß auf die weitere Gewährung von Schulgeldbefreiung (§ 11). Ihr Können zeigten die Schüler in mindestens dreimal jährlich ohne Publikum stattfindenden Internen Vortragsabenden. Die Besten durften ihre Stücke bei den Öffentlichen Aufführungen wiederholen (§ 12). Weitere Paragraphen der Satzung waren im großen und ganzen aus der vorherigen Fassung übernommen, jedoch viel detaillierter ausgearbeitet worden und klangen deutlich restriktiver. Als Ziel stand natürlich die weitgefaßte Förderung der Schüler dahinter. In Lehrerkonferenzen wurde beschlossen, daß fortgeschrittene Schüler in Notizheften die wichtigsten Lebensdaten von Komponisten eintragen sollten und daß in jeder ersten Unterrichtsstunde des Monats das „Vom Blatt lesen" sowie das Zusammenspiel zu üben sei[313]. Die zwischen 1913 und 1915 eingeführten Literatur- und Lesestunden dienten dazu, die Schüler über die wichtigsten Ereignisse im Musikleben auf dem laufenden zu halten und dadurch ihr Blickfeld zu erweitern[314].

[305] Vgl. Jahresbericht 1911/12, S. 4. Zu Hans von Bülow (1830-1894), Dirigent, Komponist und Pianist, zeitweise Schwiegersohn Liszts, vgl. *Isolde Vetter*, Hans (Guido) Freiherr von Bülow, in: MGG (wie Anm. 80), Personenteil, Bd. 3, Sp. 1249-1254.

[306] Vgl. Jahresbericht 1911/12, S. 4, dgl. 1913/14, S. 5, dgl. 1917/18, S. 5, sowie dgl. 1919/20, S. 5.

[307] Vgl. Jahresbericht 1915/16, S. 7, sowie dgl. 1916/17, S. 5.

[308] Vgl. Jahresbericht 1914/15, S. 5, dgl. 1916/17, S. 5 f., dgl. 1918/19, S. 6, sowie dgl. 1919/20, S. 5.

[309] SSAA, MS, Nr. 65-66.

[310] SSAA, MS, Nr. 65-66.

[311] Vgl. Jahresbericht 1913/14, S. 4 f. Zu Paul Marsop (1856-1925), der seit 1881 als Musikschriftsteller in München lebte, Begründer der Musikalischen Volksbibliotheken, vgl. Große Bayerische Biographische Enzyklopädie, hrsg. v. Hans-Michael Körner (künftig: GBBE), Bd. 2, München 2005, S. 1261 f.

[312] SSAA, ZGS, Nr. 126, Satzung vom 19. Januar 1914; vgl. auch Jahresbericht 1913/14, S. 3.

[313] SSAA, MS, Nr. 157, Einträge vom 8. Februar 1911 und vom 8. Juli 1913.

[314] Vgl. Jahresbericht 1913/14, S. 4, sowie dgl. 1915/16, S. 6.

Noch verlief der Unterricht in geregelten Bahnen, da brach im Sommer 1914 der Erste Weltkrieg (1914-1918) aus. Schnell zeigten sich die ersten Auswirkungen des Krieges auf die Musikschule. Der Lautenlehrer Reuß fiel nach nur einjähriger Tätigkeit im September 1914 in Nordfrankreich. Auf dem Schlachtfeld fanden im ersten Kriegsjahr neun ehemalige Schüler den Tod, 18 männliche Schüler standen Ende des Schuljahrs 1914/15 im Feld oder waren eingezogen, elf weibliche Schüler taten Dienst beim Roten Kreuz[315]. Auch die Lehrkräfte Götz, Knöchel, Lichtinger, Wolf und Kühlborn mußten einrücken[316]. Nur durch Überstunden und die Organisation von Ersatzlehrkräften war die Aufrechterhaltung des Unterrichtsbetriebs möglich. Der Cellounterricht, der zeitweise ausfallen mußte, konnte durch die Anstellung von Alois Seifert fortgesetzt werden, ebenso der eingestellte Lautenunterricht durch Tilly de Groote[317]. Götz, nach einer Kriegsverwundung als Invalide eingestuft, Kühlborn und Wolf nahmen in beschränktem Rahmen den Unterricht wieder auf[318]. Der Fagottunterricht entfiel mangels der (eingezogenen) Schüler[319]. Aus dem Kreis der ehemaligen und noch aktiven Schüler forderte der Erste Weltkrieg insgesamt mindestens 22 Todesopfer[320]. Der Krieg betraf aber auch den Musikschulbetrieb direkt vor Ort: Die Kohlenknappheit und die daraus folgende unzureichende Beheizung führte dazu, daß der Unterricht teilweise in den Privatwohnungen der Lehrer abgehalten wurde[321]. An Tagen militärischer Erfolge und politischer Ereignisse fiel der Unterricht gänzlich aus[322]. In späteren Kriegsjahren erhielt der Magistratsrat und Musikschulinspizient Trockenbrodt die Vollmacht zur Durchführung der Verdunklung der Fenster[323], die wegen der Gefahr feindlicher Flugzeuge angeordnet worden war[324]. Vom Kriegszustand zeugten auch die veranstalteten Konzerte und Vorträge, die seit 1912/13 gehalten wurden[325]. In einem davon referierte Kundigraber über das Thema „Krieg und Musikkultur"[326]. Die Einnahmen vieler Konzerte kamen sozialen Zwecken (u. a. Kriegsfürsorge) zugute, immer wieder waren Musikschulangehörige für die Umrahmung bei Wohltätigkeitsveranstaltungen engagiert. Die Musikschule bemühte sich auch um die Anwerbung von Kriegsanleihen, die eifrig gezeichnet wurden[327]. Trotz der unruhigen Zeiten und unabsehbaren Folgen ging die Zahl der Schüler nicht wie erwartet zurück, sondern schoß sogar bis auf den Maximalwert von 510 im Schuljahr 1918/19 in die Höhe[328]!

---

[315] Vgl. Jahresbericht 1914/15, S. 2 f.
[316] Vgl. ebd., S. 4.
[317] SSAA, ProtM, Nr. 111, Vortragsnr. 1261 (10. September 1915), u. ProtM, Nr. 112, Vortragsnr. 95 (21. Januar 1916); vgl. auch Jahresbericht 1915/16, S. 3.
[318] Vgl. Jahresbericht 1914/15, S. 4, sowie dgl. 1915/16, S. 3 f.
[319] Vgl. Jahresbericht 1915/16, S. 3 f.
[320] Vgl. Jahresbericht 1918/19, S. 3.
[321] Vgl. Jahresbericht 1916/17, S. 3, sowie dgl. 1918/19, S. 5.
[322] Vgl. Jahresbericht 1915/16, S. 7, dgl. 1916/17, S. 5, dgl. 1917/18, S. 5, sowie dgl. 1918/19, S. 6.
[323] SSAA, ProtM, Nr. 113, Vortragsnr. 2045 (16. November 1917).
[324] Vgl. AZ 1917, Nr. 419 (11. September, Mittags-Ausgabe), S. [4].
[325] Vgl. Jahresbericht 1912/13, S. 4.
[326] Vgl. Jahresbericht 1914/15, S. 5. Ein anderes beliebtes Thema war Richard Wagner; vgl. Jahresbericht 1912/13, S. 4, sowie dgl. 1913/14, S. 5.
[327] Vgl. Jahresberichte 1914/15-1918/19.
[328] Vgl. Jahresbericht 1918/19, S. 9.

Inzwischen hatten die Musikvereine ihre Tätigkeit eingestellt, alternative musikalische Angebote gab es, abgesehen von den gelegentlichen Wohltätigkeitskonzerten, nicht. Was sollte geschehen, um das Musikleben nicht völlig verkommen zu lassen? Kundigraber beantragte deshalb beim Magistrat, „zunächst während der Kriegszeit dem Wirkungsbereich der Musikschule Künstlerkonzerte anzugliedern", die auch einen Erziehungswert für die musikalische Heranbildung darstellten[329]. Der Magistrat erteilte am 3. Dezember 1915 seine Genehmigung dafür, das Projekt erhielt den Namen „Aschaffenburger städtische Musikkultur", kurz ASTMUK genannt[330]. Den Auftakt der Reihe von Orchester-, Kammermusik- und Künstlerkonzerten machte am 16. Januar 1916 das Stuttgarter Wendling-Quartett, und wenig später beehrte Max Reger[331] die Stadt mit seiner Anwesenheit anläßlich eines ihm gewidmeten Komponistenabends am 18. März[332]. Er trug im voll besetzten Saal Werke von Bach, Brahms und natürlich eigene Stücke vor[333]. Am Tag darauf feierte er hier seinen Geburtstag – er wurde 43 Jahre alt – und erzählte dabei mehrere Stunden über seinen Lebensgang. Darüber und wie sein Aufenthalt insgesamt verlief, verfaßte Kundigraber einen Bericht[334]. Es war Regers letzter Geburtstag, denn am 11. Mai 1916 starb er in Leipzig[335]. Gedenkfeiern 1916 (hier wirkte Paul Hindemith als Bratschist mit)[336], 1924[337] und 1941[338] hielten die Erinnerung an ihn noch lange wach. Kundigraber, ein Verehrer Regers und Besitzer einiger seiner Briefe, ließ sich 1933 vom Kustos des Reger-Archivs eine Totenmaske des Komponisten zusenden[339]. Die weiteren ASTMUK-Konzerte waren unter dem Vorzeichen des Ersten Weltkriegs geprägt vom Wechsel zwischen überfüllten Sälen und leeren Stuhlreihen, da es noch keinen festen Publikumsstamm gab. Lazarettinsassen durften sich über musikalische Darbietungen freuen, erwirtschaftete Überschüsse fielen der Kriegsfürsorge zu. In den Zeiten, als es noch keinen Rundfunk gab, nahmen die Zuhörer trotz Fliegeralarme und verhängter Fenster den Weg zum Konzert auf sich, um in Aschaffenburg erstmals Konzerte von Bruckner, Reger oder Richard Strauss

---

[329] Vgl. Jahresbericht 1915/16, S. 4.

[330] Vgl. *Hermann Kundigraber*, Aschaffenburger städtische Musikkultur. ASTMUK. Festschrift zur 200. Veranstaltung. 16. 1. 1916-17. 11. 1933, Aschaffenburg 1933, S. 4.

[331] Zu diesem (1873-1916) vgl. *Susanne Popp*, Johannes Joseph Max (eigtl. Maximilianus) Reger, Komponist, in: NDB (wie Anm. 74), Bd. 21, Berlin 2003, S. 261-263, sowie *dies.*, Max, eigentlich Johann Joseph Maximilian Reger, in: MGG (wie Anm. 80), Personenteil, Bd. 13, Sp. 1402-1433.

[332] Vgl. *Hermann Kundigraber*, Zehn Jahre städtische Musikkultur. Die ersten hundert Konzerte, in: Jahresbericht 1925/26, S. 8-16, dies S. 8.

[333] Vgl. Jahresbericht 1915/16, S. 5 f. u. 17. Zu Johann Sebastian Bach (1685-1750) vgl. *Werner Breig*, Johann Sebastian Bach, in: MGG (wie Anm. 80), Personenteil, Bd. 1, Sp. 1397-1535, zu Johannes Brahms (1833-1897) vgl. *Christian Martin Schmidt*, Johannes Brahms, in: ebd., Bd. 2, Sp. 626-716.

[334] Jahresbericht 1915/16, S. 23-29.

[335] S. Anm. 331.

[336] SSAA, MS, Nr. 130, Konzertprogramm vom 23. Oktober 1916. Zu Paul Hindemith (1895-1963) vgl. *Giselher Schubert*, Paul Hindemith, in: MGG (wie Anm. 80), Personenteil, Bd. 9, Sp. 5-51, zu seinen Auftritten in Aschaffenburg vgl. *Hans-Bernd Spies*, Die ersten Aufführungen von Kompositionen Hindemiths in Aschaffenburg (1922/23), in: Mitteilungen aus dem Stadt- und Stiftsarchiv Aschaffenburg (künftig: MSSA) 5 (1996-1998), S. 74-86.

[337] Vgl. Jahresbericht 1923/24, S. 5.

[338] SSAA, MS, Nr. 135, Konzertprogramm vom 8. Juni 1941.

[339] SSAA, MS, Nr. 110, Schreiben an Herrn Dittmar (Kustos des Reger-Archivs) vom 31. Mai 1933.

zu erleben. Geboten wurde auch Mozarts „Entführung aus dem Serail" und ein Richard-Wagner-Abend[340]. Um die Konzertreihe aufrecht zu erhalten, stiftete der Mäzen Kurt Staebe erstmals 1918 und in den Folgejahren größere Summen, andere gut betuchte Persönlichkeiten folgten seinem Beispiel[341].

Inzwischen näherte sich der Erste Weltkrieg seinem Ende. In Anerkennung der oben genannten Anstrengungen wurde der Musikschule in Person des Direktors sowie der Lehrerin Tilly de Groote das König-Ludwig-Kreuz verliehen[342], und 1918 erhielt die Musikschule das Diplom königlicher Anerkennung für geleistete Heimat-verdienste[343]. Der immens gestiegenen Schülerzahl und der Abwesenheit einiger Lehrer wurde durch eine Aufstockung des Personals begegnet. Im Schuljahr 1917/18 übernahmen zwei Mitglieder der Seminar- und Ausbildungsklasse einige Stunden[344]. Im Jahr darauf gab Konrad Thalwitz (ebenfalls Ausbildungsklasse) meh-rere Klavierstunden, ebenso der Aushilfslehrer Bernhard Homolla[345]. Letzterer, ge-bürtig aus Mülhausen (frz.: Mulhouse) im Elsaß, nahm zwischen 1918 und 1920 in Aschaffenburg Aufenthalt, heiratete hier und verdiente als Student in der Musik-schule seinen Unterhalt[346]. Er wurde später als Komponist, Organist und Dirigent bekannt, insbesondere für die von ihm komponierte Filmmusik[347]. Doch zurück zu den personellen Veränderungen: Die Sologesangschüler von Tilly de Groote unter-richtete die neuangestellte Gertrud Behm, der ehemalige Schüler und inzwischen zum heimischen Violinvirtuosen avancierte Valentin Härtl leitete einen Meisterkurs für Violine, und Veronika Schwind aus der Seminarklasse half bei Schreibarbeiten der zunehmenden Verwaltungsarbeit[348] (seit Ende 1915 etwa verfügte die Musik-schule übrigens über ein eigenes Telefon[349]). Die Lehrer Knöchel und Lichtinger kehrten im Zuge der Demobilmachung wieder nach Aschaffenburg zurück[350], und

---

[340] Vgl. *Kundigraber*, Aschaffenburger (wie Anm. 330), S. 5 f. Zu Anton Bruckner (1824-1896) vgl. *Wolf-ram Steinbeck*, (Joseph) Anton Bruckner, in: MGG (wie Anm. 80), Personenteil, Bd. 3, Sp. 1037-1105, zu Richard Strauss (1864-1949) vgl. *Walter Werbeck*, Richard (Georg) Strauss, in: ebd., Bd. 16, Sp. 55-115.

[341] Vgl. ebd., S. 6, Jahresbericht 1917/18, S. 5, dgl. 1918/19, S. 7, sowie dgl. 1919/20, S. 5 (u. a. erst-maliger Zuschuß der Stadt).

[342] Vgl. Jahresbericht 1917/18, S. 5. Das König-Ludwig-Kreuz war 1916 vom bayerischen König Lud-wig III. als Anerkennung für Personen gestiftet worden, die sich während des Ersten Weltkriegs durch dienstliche oder freiwillige Tätigkeit in der Heimat besondere Verdienste um das Heer oder um die allgemeine Wohlfahrt des Landes erwarben; vgl. *Max Pollaczek*, Deutsche Orden und Ehrenzeichen mit besonderer Berücksichtigung der Schwerter- und neuen Kriegsorden (Bücher des Wissens, Bd. 166), Berlin / Leipzig o. J. [1917], S. 25 f. Zu König Ludwig III. (1845-1921), 1912-1913 Prinzregent und 1913-1918 König von Bayern, vgl. *Wolfgang Zorn*, Ludwig III., König von Bayern, in: NDB, Bd. 15 (wie Anm. 74), S. 370-381.

[343] Vgl. Jahresbericht 1918/19, S. 4.

[344] Vgl. Jahresbericht 1917/18, S. 3.

[345] Vgl. Jahresbericht 1918/19, S. 4 f.

[346] SSAA, SBZ I, Nr. 164, Aufenthaltsanzeige Bernhard Homolla.

[347] Zu diesem (1894-1975) vgl. *Heidi Altorfer*, Bernhard Franz Jakob Homol[l]a (1894-1975), in: MGG (wie Anm. 80), Personenteil, Bd. 9, Sp. 301-302.

[348] Vgl. Jahresbericht 1918/19, S. 5 f.

[349] SSAA, ProtM, Nr. 112, Vortragsnr. 93 (21. Januar 1916) mit der Bemerkung, daß die Musikschule inzwischen einen eigenen Anschluß hat.

[350] Vgl. Jahresbericht 1918/19, S. 5.

zusammen mit dem Musikschuldiener umfaßte der Personalstamm nun 17 Personen, die 1918 verstorbene Betty Wahrheit noch mit eingerechnet[351]. Wieder ein Jahr später gab es erneute Veränderungen: Valentin Härtl erhielt einen Ruf als Professor an die Akademie für Tonkunst in München, Karl Götz übernahm die Stelle eines Ersten Assistenten für Musikunterricht an der Aschaffenburger Realschule, den Flötenunterricht an der Musikschule erteilte nun August Simon, und die beiden neu errichteten Vorbereitungskurse für Violine leiteten Veronika Schwind sowie Hertha Solinger[352].

Die Zeiten blieben unruhig. Der Sturz der Monarchie und die Räterevolution waren auch in Aschaffenburg zu spüren. Am Tag der Beerdigung (26. Februar 1919) des ermordeten bayerischen Ministerpräsidenten Kurt Eisner blieb die Musikschule geschlossen; und als am 7. April die Räterepublik ausgerufen wurde, stellte man den Unterricht am Nachmittag ein[353]. In die politische Situation der sich herauskristallisierenden Demokratie paßte 1919 auch die Bildung eines Musikschul-Lehrerrats. Er war gedacht als Bindeglied des Vertrauens zwischen Lehrkörper und Direktor. Zunächst wurden Lichtinger und Wolf für dieses Amt gewählt. Man zog auch einen Eltern- und Schülerrat in Erwägung[354].

Besonders schwierig gestaltete sich nach Kriegsende die finanzielle Lage inmitten der voranschreitenden Inflation. Die Betriebs- und Personalkosten stiegen Jahr für Jahr[355]. Die mehrfachen Schulgelderhöhungen zwischen 30 % und 100 % konnten mit dem Tempo der galoppierenden Geldentwertung nicht mehr mithalten und führten zu einem Wettlauf zwischen Wertverlust und einzuholenden Deckungsmöglichkeiten[356]. Das Volumen des Musikschulhaushalts war von ursprünglich etwa 32.700 M (1914) über 190.235 M (1920) auf gerundete 7.502.748.813.000.000 M (1923) explodiert. Nur die Opferbereitschaft der Stadt für steigende Zuschüsse aus der Renteikasse sorgte für einen ausgeglichenen Haushalt. Leider ist nicht überliefert, wieviel der Unterricht in dieser Zeit kostete. Als Beispiel seien hier die Eintrittspreise von 5 Mrd. und 10 Mrd. M für eine Aufführung der Musikschüler im Deutschhaussaal 1923 genannt[357]. Der Inflation fiel, wie bereits erwähnt, der Zuschuß aus dem Allgemeinen Schul- und Studienfonds von knapp 1000 M zum Opfer[358], so daß die Stadt Aschaffenburg nun alleiniger Träger der Musikschule war. Anfangs hatte die Gebührenanhebung noch keine Auswirkungen auf die Schüler-

---

[351] Vgl. ebd., S. 8.
[352] Vgl. Jahresbericht 1919/20, S. 3 f.
[353] Vgl. Jahresbericht 1918/19, S. 6. Zur Lage in Aschaffenburg nach der Ermordung Kurt Eisners (1867-1919), 1918-1919 Ministerpräsident, vgl. *Werner Krämer*, Aschaffenburg in den Tagen nach der Ermordung des bayerischen Ministerpräsidenten Kurt Eisner. Belagerung und Pressezensur, in: MSSA (wie Anm. 336) 5 (1996-1998), S. 207-212.
[354] SSAA, MS, Nr. 157, Eintrag vom 9. Oktober 1919.
[355] SSAA, MS, Nr. 63-67.
[356] Vgl. Jahresbericht 1918/19, S. 7, dgl. 1919/20, S. 3, dgl. 1920/21, S. 3, dgl. 1921/22, S. 3, dgl. 1922/23, S. 3, sowie dgl. 1923/24, S. 4.
[357] Volkszeitung. Organ für das werktägige Volk 1923, Nr. 248 (10. November), S. [2]; zur Entwicklung der Kosten eines Orchester-Konzerts zwischen 1922 und 1924 vgl. Jahresbericht 1923/24, S. 5.
[358] SSAA, MS, Nr. 106, Schreiben an den Bayerischen Städtebund vom 22. August 1924; s. auch Anm. 128.

zahl, aber 1920/21 brach sie von ca. 500 Schülern auf 360 ein. Dabei ist zu berücksichtigen, daß dieses Schuljahr nur aus einem Semester bestand, da der Schulbeginn für die weiteren Jahre vom Herbst ins Frühjahr verlegt wurde. Kundigraber führte als weitere Gründe für die geringe Nachfrage die Abwanderung vieler Violinschüler zum kostenlosen Unterricht an Mittelschulen sowie die übertriebene Förderung des Sports an[359]. Außerdem war für viele die Beschaffung von Noten und Instrumenten schwierig[360].

In den folgenden Jahren sank die Zahl dann langsam weiter auf 331 Schüler im Jahr 1924/25[361]. Der Absturz hatte Einsparungen und zeitverzögert auch Personalabbau zur Folge. Zunächst trat 1920/21 Wilhelm Schubert die Violinlehrerstelle von Karl Götz an, Homolla schied als Aushilfslehrkraft aus. Erstmals durfte Fräulein Schulter einige Klavierstunden übernehmen, für die Erteilung des Flöten-, Oboen- und Fagottunterrichts fanden sich keine geeigneten Lehrkräfte[362]. Dann ersetzten Käthe Dengg und Flora Röttger die Sologesanglehrerin Behm, und Rosa Gleixner entlastete Veronika Schwind von den Sekretariatsgeschäften[363]. Die geringe Schülerfrequenz rechtfertigte schließlich die Kündigung der Lehrer Schubert und Seifert, die von 1922 noch auf Mai 1923 hinausgezögert werden konnte[364]. Letzterer unterrichtete allerdings kurz darauf wieder und folgte dann im Oktober 1925 einem Ruf nach Augsburg[365]. Ebenfalls verließ die Lehrerin Dengg nach kurzem Wirken die Musikschule[366]. Bernhard Schwarzer, der seit 1902 unterrichtet und in den letzten Jahren öfter krankheitsbedingt gefehlt hatte, wurde offiziell pensioniert, führte aber noch einige Schüler weiter[367]. Als Lehrkräfte verblieben noch Hermann Kundigraber, Marie Bertels, Hans Knöchel, Fritz Lichtinger, Flora Röttger, Josephine Stadelmayer und Hanns Wolf[368]. Sie hielten das stark eingeschränkte Angebot aufrecht. Trotz aller Bemühungen waren einige neuangemeldete Schüler nicht mehr unterzubringen[369]. In die Kategorie Einsparung fielen auch die Veränderungen im Instrumentenbestand: Ein dunkelgebeiztes strapazierfähiges Reformklavier der Firma Neupert im Wert von 6200 M diente als Ersatz für einen Mietflügel[370], das neu gekaufte Pedal-Harmonium half, den Orgelunterricht auch im Winter beizubehalten und Strom für den Orgelmotor zu sparen[371]. Andere kleinere Instrumente (Triangel, kleine Trommel, Becken, Trompete, Kuckuckspfeife) kamen noch hinzu[372]. Der

---

[359] Vgl. Jahresbericht 1920/21, S. 3.
[360] Vgl. Jahresbericht 1921/22, S. 3.
[361] Vgl. Jahresbericht 1924/25, S. 21.
[362] Vgl. Jahresbericht 1920/21, S. 5.
[363] Vgl. Jahresbericht 1921/22, S. 3.
[364] SSAA, MS, Nr. 65 u. Nr. 101, Sitzungsniederschrift der Musikschulkommission vom 19. Juni 1922.
[365] Vgl. Jahresbericht 1925/26, S. 5.
[366] Vgl. Jahresbericht 1922/23, S. 3.
[367] Vgl. Jahresbericht 1923/24, S. 4.
[368] Vgl. ebd., S. 3.
[369] Vgl. ebd., S. 4.
[370] SSAA, MS, Nr. 65, Beleg Nr. 225, sowie MS, Nr. 108, Schreiben der Firma Neupert an Kundigraber vom 11. Dezember 1920 mit der Bestätigung seiner Bestellung; vgl. auch Jahresbericht 1920/21, S. 5.
[371] Jahresbericht 1921/22, S. 4; SSAA, MS, Nr. 65, Beleg Nr. 60.
[372] SSAA, MS, Nr. 100, Beleg Nr. 209 ff.

Bibliotheksbestand erhielt Zuwachs vom im Juni 1921 freiwillig aufgelösten Allgemeinen Musikverein, der bereits seit 1913 seine Tätigkeit eingestellt hatte[373].

Bestehen blieb hingegen die ASTMUK-Konzertreihe. Von Anfang an durch großzügige Spenden finanziert, konnte sie auch jetzt nur durch Zuwendungen von der Stadtverwaltung erhalten werden, insbesondere aber durch Mäzene wie Kommerzienrat Wilhelm Schmitt-Prym, Stadtrat Fritz Trockenbrodt, Direktor Kurt Staebe, Familie Otto Strauß, Direktor Alexander Herlein, Fabrikant August Vordemfelde, Geheimrat Wild und die Buntpapier AG[374]. Daß die Konzertreihe weitergeführt wurde, war auch Bedingung beim Vertrag mit der „Genossenschaft deutscher Tonsetzer" 1922[375]. Von den zahlreichen und vielfältigen Orchester- und Kammerkonzerten der ASTMUK[376] seien die Gedenkfeier zu Beethovens 150. Geburtstag[377] und das 50. Konzert der Reihe[378] genannt. Des öfteren wirkten Lehrer der Musikschule selbst mit[379]. Sie betätigten sich u. a. auch beim Festakt zur Hafen-Eröffnung im Frohsinn-Gebäude[380] und einem Wohltätigkeitskonzert für die Opfer einer Explosionskatastrophe bei Ludwigshafen[381].

Daß nicht nur Mitglieder des Lehrkörpers, sondern auch andere Erwachsene miteinander musizierten, war ein Anliegen Kundigrabers. Im Jahre 1920 rief er „Damen und Herren mit genügender technisch instrumentalen Ausbildung und Interesse an gemeinsamer künstlerischer Musikübung" auf, sich bei ihm zwecks Gründung eines „Collegium musicum" zu melden[382]. Die zunächst aus 19 Mitgliedern bestehende und später auf 33[383] angewachsene Gemeinschaft traf sich zu allwöchentlichen Übungen[384]. Zu den Teilnehmern gehörten u. a. Dr. Carl Hugo Güldner und Fabrik-

---

[373] Vgl. Jahresbericht 1921/22, S. 4, sowie *Kundigraber*, 125 Jahre (wie Anm. 1), S. 30.

[374] Vgl. Jahresbericht 1920/21, S. 4, dgl. 1921/22, S. 4, dgl. 1922/23, S. 4, sowie dgl. 1923/24, S. 6; SSAA, MS, Nr. 106, Dankschreiben an die Buntpapier AG vom 19. Mai 1923.

[375] SSAA, MS, Nr. 101, Sitzungsniederschrift der Musikschulkommission vom 24. März 1922. Die Genossenschaft war 1903 für Komponisten und Verleger zur Verwaltung von Aufführungs- und Vervielfältigungsrechten gegründet worden. Ihr folgten ähnliche und konkurrierende Anstalten, so auch 1915 die erste GEMA („Genossenschaft zur Verwertung musikalischer Aufführungsrechte"). Die einzelnen Gesellschaften schlossen sich 1933 zur „Staatlich genehmigten Gesellschaft zur Verwertung musikalischer Aufführungsrechte" (STAGMA) zusammen, die 1945 in „GEMA" umbenannt wurde. Vgl. dazu Brockhaus Riemann Musiklexikon, hrsg. v. Carl Dahlhaus u. Hans Heinrich Eggebrecht, Bd. 1, Wiesbaden / Mainz 1978, S. 458 f. Bereits ab 1908 war die Musikschule wegen der Aufführungsrechte für ihre Veranstaltungen mit den Verwertungsgesellschaften in Kontakt getreten: SSAA, MS, Nr. 212; zu Vertragsverhandlungen in den 1930er Jahren: SSAA, MS, Nr. 225.

[376] Vgl. *Kundigraber*, Aschaffenburger (wie Anm. 330), S. 6, sowie *ders.*, Zehn (wie Anm. 332).

[377] SSAA, MS, Nr. 129, Konzertprogramm vom 16. Dezember 1920. Zu Ludwig van Beethoven (1770-1827) vgl. *Walter Riezler*, Ludwig van Beethoven, Komponist, in: NDB (wie Anm. 74), Bd. 1, Berlin 1953, S. 738-743, sowie *Klaus Kropfinger*, Ludwig van Beethoven, in: MGG (wie Anm. 80), Personenteil, Bd. 2, Sp. 667-944.

[378] SSAA, MS, Nr. 129, Konzertprogramm vom 20. Mai 1922.

[379] SSAA, MS, Nr. 129.

[380] SSAA, MS, Nr. 133, Konzertprogramm vom 2. November 1921.

[381] Ebd., Konzertprogramm vom 3. Oktober 1921.

[382] AZ 1920, Nr. 174 (31. Juli), S. [4].

[383] Vgl. Jahresbericht 1926/27, S. 39.

[384] Vgl. Jahresbericht 1920/21, S. 4.

Preis 10 Pfg.

Aschaffenburger städt. Musikkultur

Künstlerische Leitung: Hermann Kundigraber

Mittwoch, den 26. November 1924, abends 8 Uhr,
im Deutschhaus=Saale

Vortrags-Abend des Collegium musicum

VII.

1. Konzert für Orgel, Streichorchester
   und 3 Hörner, op. 137 . . . . .   **Josef Rheinberger**
   Maestoso — Andante — Finale=Con moto   geb. 1839 in Vaduz
   Irmgard Rothenbach (Lehrer: Direktor Kundigraber)   gest. 1901 in München

2. Symphonie D=Dur, K.V.N. 297 .   **Wolfgang Amadeus Mozart**
   Allegro assai — Andante — Allegro   geb. 1756 in Salzburg
   gest. 1791 in Wien

3. Klavierkonzert G=moll . . . .   **Fel. Mendelssohn=Bartholdy**
   Molto allegro con fuoco — Andante — Presto   geb. 1809 in Hamburg
   Thea Trautner (Lehrer: Direktor Kundigraber)   gest. 1847 in Leipzig

Anmeldungen ausübender Mitglieder beim Direktorate
der städt. Musikschule

Voranzeige:
Montag, den 1. Dezember 1924

ALICE RIPPER

Kammervirtuosin (Klavier)

Wallandt'sche Druckerei A.-G. Aschaffenburg.

Programm zum Konzert des Collegium musicum am 26. November 1924 in der Reihe „Aschaffenburger städtische Musikkultur" (Vorlage: SSAA, MS, Nr. 129).

direktor Alexander Herlein[385]. Sie durften als Übungszimmer die Garderobe des Deutschhaussaales inklusive Beleuchtung und Beheizung sowie die Musikschulbibliothek benutzen und zahlten dafür einen monatlichen Beitrag von 10 M in die Musikschulkasse[386]. Hin und wieder gestalteten sie ein Orchesterkonzert in der ASTMUK-Reihe[387]. Nach nur acht Jahren aber verfiel das Collegium musicum der Auflösung[388]. Die Erwachsenenförderung beschränkte sich jedoch nicht nur auf den Instrumentalbereich. Die Musikschule warb um stimmbegabte Damen und Herren für einen neu einzurichtenden Madrigalchor[389], der sich mit schlichtem und natürlichem Gesang befaßte[390].

Ruhe nach und vor dem Sturm (1924-1933)

Für jüngere Sänger ohne solistische Ausbildungsabsichten errichtete Kundigraber die „Städtische Singschule", die dem Stadtschulrat unterstand, aber in den Räumen der Musikschule untergebracht war[391]. Die Musikschulkommission hatte sich bereits 1922 für die Einführung einer solchen nach Augsburger Vorbild ausgesprochen[392], zwei Jahre später stellte die Stadt die ersten finanziellen Mittel von 2000 M für Tafeln, ein Harmonium, Möbel etc. bereit[393]. Am 1. Mai 1925 nahm die Singschule schließlich den Betrieb auf[394], wobei noch etliche Monate damit verbracht wurden, den endgültigen und von der Regierung abgesegneten Lehrplan festzulegen[395]. Angestrebt wurden die planmäßige Ausbildung des Gehörs und der Stimme, das möglichst selbständige Singen einfacherer Melodien und der Unter- und Mittelstimmen im mehrstimmigen Satz nach Noten sowie ein verständnisvoller Liedvortrag, ob a cappella oder mit Begleitung[396]. Zunächst waren stimmlich und musikalisch befähigte Schüler ab dem vierten Schuljahr der Volks-, Fortbildungs- und Mittelschulen ausfindig zu machen und diese einer Aufnahmeprüfung zu unterziehen[397]. Im ersten Jahr wurden nacheinander fünf Klassen errichtet, insgesamt handelte es sich um 222 Schüler[398]. Direktor Kundigraber sowie die Hauptlehrer Josef Scheuring und Leonhard Schmitt[399] vermittelten den Singschülern im Alter zwischen neun und 17

---

[385] Vgl. Jahresbericht 1925/26, S. 36.

[386] SSAA, MS, Nr. 101, Anträge des Inspizienten Trockenbrodt und selbständiger Beschluß des I. Ausschusses (Sitzungsprotokoll Nr. 384) vom 10. Oktober 1922.

[387] SSAA, MS, Nr. 108, Schreiben an die Redaktion des „Jahrbuchs der deutschen Musikorganisation" vom 27. November 1928.

[388] SSAA, MS, Nr. 115, Schreiben an den Oberbürgermeister vom 16. Mai 1935.

[389] Vgl. BaM 1923, Nr. 190 (21. August), S. [4].

[390] Brockhaus Riemann Musiklexikon (wie Anm. 375), Bd. 2, Wiesbaden / Mainz 1979, S. 75 f.

[391] SSAA, MS, Nr. 163.

[392] SSAA, MS, Nr. 101, Sitzungsniederschrift der Musikschulkommission vom 24. März 1922.

[393] SSAA, MS, Nr. 68.

[394] SSAA, MS, Nr. 108, Schreiben an den städtischen Ausschuß für Musikpflege Ludwigshafen vom 27. August 1925.

[395] SSAA, MS, Nr. 163.

[396] Ebd.

[397] Ebd.

[398] Vgl. Jahresbericht 1925/26, S. 28.

[399] Vgl. ebd.

Jahren[400] in einer bzw. anderthalb Stunden wöchentlich Grundkenntnisse in Atemführung, Vokalbildung, Rhythmik und Harmonien[401]. Dem Lehrplan lag das Eitzsche Tonwort zugrunde[402]. Das Schulgeld betrug ab Dezember 1931 pro Monat 3 RM[403]. Beim jährlichen Schlußsingen zeigten die Schüler ihre Leistungen[404] wie auch bei der Gedenkfeier zum 100. Todestag von Pestalozzi[405] oder zu Weihnachten[406]. Die Schülerzahl hielt sich auf etwa dem gleichen Niveau[407], bis sie 1932/33 auf 110 herabsank[408] und nur noch für zwei Klassen reichte[409]. Kundigraber legte Wert darauf, daß die Singschule „keine Hilfsschule für musikalisch unbegabte oder zurückgebliebene Kinder" sei[410], und beklagte, daß die Entwicklung sehr unter dem Widerstand eines großen Teils des Volksschullehrkörpers zu leiden habe und die besten Schüler jährlich beim Übertritt in die Mittelschulen abgezogen würden[411]. Aufgrund der niedrigen Frequenz entschloß sich die Musikschulkommission, den Betrieb der Singschule zum 1. Januar 1935 einzustellen[412].

Für die Instrumentalschüler standen im Jahr 1924 neben den theoretischen Kursen (Vorbereitungskurs, Elementar-, Harmonie- und Kompositionslehre, Musikgeschichte) die Ensemblefächer Chorgesang und Orchester und ansonsten Klavier, Violine, Viola, Cello, Orgel, Sologesang und Flöte zur Auswahl sowie Gitarre und Laute[413], die erst wieder in den Unterrichtsplan aufgenommen worden waren[414]. Später kamen abermals bzw. neu hinzu Blechblasinstrumente, Kontrabaß[415] und Flöte[416]. Ab dem Schuljahr 1929/30 teilten sich in den Anfangs- und unteren Mit-

---

[400] SSAA, MS, Nr. 108, Schreiben an die Redaktion des „Jahrbuchs der deutschen Musikorganisation" vom 27. November 1928.

[401] SSAA, MS, Nr. 163; vgl. auch Jahresbericht 1925/26, S. 28.

[402] Vgl. Jahresbericht 1928/29, S. 9. Carl Eitz hatte Ende des 19. Jahrhunderts den Tönen nach einem bestimmten System Vokale und Konsonanten zugeordnet, so daß in einer Oktave alle Tonverhältnisse logisch bezeichnet waren; vgl. *Martin Ruhnke*, Solmisation, in: MGG (wie Anm. 80), Sachteil, Bd. 8, Kassel / Basel / London / New York / Prag / Stuttgart / Weimar ²1998, Sp. 1561-1569, dies Sp. 1567 f. Zu Eitz (1848-1924) vgl. *Wolfgang Auhagen*, Carl Andreas Eitz, in: ebd., Personenteil, Bd. 6, Sp. 203-205.

[403] SSAA, MS, Nr. 115, selbständiger Beschluß des I. Ausschusses (Sitzungsprotokoll Nr. 151) vom 24. November 1931. Die 1923 eingeführte Rentenmark mit dem Wechselkurs 1 Billion (Papier-) Mark = 1 Rentenmark stabilisierte die Papiermark, die ab 1924/25 unter der neuen Bezeichnung „Reichsmark" (RM) ausgegeben wurde; vgl. *Albert Pick*, Papiergeld Lexikon, München 1978, S. 91.

[404] Vgl. Jahresbericht 1926/27, S. 16, dgl. 1928/29, S. 9, sowie dgl. 1929/30, S. 10.

[405] SSAA, MS, Nr. 153, Konzertprogramm vom 19. März 1927. Zu dem Pädagogen Johann Heinrich Pestalozzi (1746-1827) vgl. *Max Liedke*, Johann Heinrich Pestalozzi, Pädagoge, Schriftsteller, in: NDB (wie Anm. 74), Bd. 20, Berlin 2001, S. 214-216.

[406] SSAA, MS, Nr. 153, Konzertprogramm vom 18. Dezember 1933.

[407] Vgl. Jahresberichte 1926/27-1931/32.

[408] Vgl. Jahresbericht 1932/33, S. 8.

[409] SSAA, MS, Nr. 115, Schreiben an den Stadtschulrat Abb vom 25. September 1933.

[410] Jahresbericht 1928/29, S. 9.

[411] SSAA, MS, Nr. 108, Schreiben an die Redaktion des „Jahrbuchs der deutschen Musikorganisation" vom 27. November 1928.

[412] SSAA, MS, Nr. 115, Sitzungsniederschrift der Musikschulkommission vom 5. Dezember 1934.

[413] Vgl. Jahresbericht 1924/25, S. 8-14.

[414] Vgl. ebd., S. 4 f.

[415] Vgl. Jahresbericht 1926/27, S. 12.

[416] Vgl. Jahresbericht 1929/30, S. 17.

telstufen je drei Schüler den Unterricht, alle übrigen – mit Ausnahme der Bläser-klassen – erhielten zu zweit in zwei Stunden pro Woche Unterricht, auf Wunsch gab es auch Einzelvollstunden[417]. Für die fortgeschrittenen Schüler waren in jeder ersten Stunde des Monats das Vom-Blatt-Lesen (vierhändige Stücke, Duos) sowie Unterweisungen in Instrumentenbau und Künstlerbiographien vorgesehen[418]. Inzwischen war der Bestand an Instrumenten und Musikalien erneuert und ergänzt worden. Man kaufte von einem Oberst namens Botz die gesamte Musikbibliothek an, beschaffte Modelle über die Funktion von Instrumenten zu Veranschaulichungszwecken sowie einen Columbia-Apparat mit Lehr(schall-)platten[419]. Schon kurz darauf war vom „Archiv der Unterrichts-Schallplatten" die Rede[420], das im Laufe der Jahre ständig erweitert wurde. Die Musikschule erwarb 1924 einen Bechsteinflügel aus Berlin für 6500 Goldmark[421], die anderen Flügel gingen an die Firma zwecks Überholung[422]. Ein Bülow-Klavier kam hinzu[423], und für die Erneuerung und Instandsetzung der mittlerweile reparaturbedürftigen Konzertorgel stellte die Stadt ratenweise Mittel bereit[424].

Vom vorläufigen Tiefstand mit 331 Schülern im Jahr 1924/25[425] aus konnte die Musikschule ein wenig Zuwachs verzeichnen, ehe die Zahl kontinuierlich abfiel auf den Stand von 166 im Jahre 1932/33[426]. Kundigraber machte wieder die zunehmenden Freizeitaktivitäten[427], die Ausbreitung eines „Winkellehrertums" sowie den kostenlosen Massenviolinunterricht an Mittelschulen[428] dafür verantwortlich. Gegen die mangelnde Nachfrage half auch nicht die Kinoreklame, die die Musikschule 1928 im Tivoli-Theater[429] schaltete[430]. Im Rückblick auf die letzten Jahrzehnte konnte die Musikschule aber stolz sein auf etliche ehemalige Schüler, die es entweder zum Berufsmusiker oder zum Musiklehrer gebracht hatten[431]. Erfreulicherweise hatte sich die finanzielle Lage wieder stabilisiert. Nach Einführung der Rentenmark bzw. Reichsmark[432] betrug der Etat etwa 40.000 M[433] und stieg in den

---

[417] Vgl. Jahresbericht 1928/29, S. 30.
[418] SSAA, MS, Nr. 115, Darlegung der vom Schuljahr 1929/30 ab in Kraft tretenden organisatorischen Änderungen, aufgestellt von Kundigraber o. D.
[419] Vgl. Jahresbericht 1926/27, S. 13.
[420] Jahresbericht 1928/29, S. 6.
[421] SSAA, MS, Nr. 68 u. Nr. 103, Beleg Nr. 386. Zur Währungsumstellung s. Anm. 403.
[422] SSAA, MS, Nr. 106.
[423] SSAA, MS, Nr. 72.
[424] SSAA, MS, Nr. 71 u. Nr. 72; vgl. außerdem AZ 1929, Nr. 266 (15. November), S. 5.
[425] S. Anm. 361.
[426] Vgl. Jahresbericht 1932/33, S. 20.
[427] Vgl. Jahresbericht 1925/26, S. 4.
[428] Jahresbericht 1928/29, S. 5.
[429] Zum 1920 eröffneten und 1944 durch Bombenschaden nicht mehr bespielbaren Tivoli-Lichtspiel- und Varieté-Theater, Sandgasse 21, vgl. Einwohnerbuch der Stadt Aschaffenburg 1927 (wie Anm. 227), Abt. 1, S. 141, sowie *Werner Krämer*, Chronik der Aschaffenburger Kinogeschichte, in: MSSA (wie Anm. 336) 5 (1996-1998), S. 15-32, dies. S. 20 ff. u. 24 f.
[430] SSAA, MS, Nr. 106, Schreiben der Firma EPOCHE vom 14. Juli 1928.
[431] Verzeichnis der im musikalischen Berufsleben stehenden oder künstlerisch sich betätigenden ehemaligen Schüler 1905-1930: Jahresbericht 1929/30, S. 21 f.
[432] Zur Währungsumstellung s. Anm. 403.
[433] SSAA, MS, Nr. 68.

Folgejahren auf knapp 63.000 RM[434]. Der Umfang des Lehrkörpers konnte so im wesentlichen erhalten bleiben. Als Ersatz für den nach Augsburg berufenen Klavierlehrer Hanns Wolf kam Heinrich Knettel, die hauptamtliche Violinlehrerstelle wurde mit August Breitbach besetzt[435]. 1926 stieß Adolf Egersdörfer dazu[436], ebenfalls für Geige, und ein Jahr später der Orgellehrer Max Hellmuth[437], der ab 1929 nur noch als nebenamtliche Kraft tätig war[438]. Derer gab es etwa sieben in öfter wechselnder Besetzung, so daß hier nur auf eine bestehende Auflistung für den Zeitraum 1905-1930 verwiesen wird[439]. Hellmuth wirkte parallel als Stiftsorganist sowie in Gesangvereinen[440] und unterrichtete die Zöglinge des Studienheims St. Clemens für Weltpriester-Spätberufene in Aschaffenburg[441]. Nach Beschwerden von Schülern über dessen „teils taktlose, teils brutale Behandlung, die sich bis zu körperlichen Misshandlungen hinreissen liess"[442], beschloß die Stadt 1931, ihn zu entlassen[443]. Dennoch war er in beschränktem Umfang weiter tätig bis zu seinem Stellenantritt in Bamberg 1934[444].

Zu Beginn der 1930er Jahre waren bereits Knettel an das Konservatorium Würzburg berufen worden – für ihn kam August Leopolder[445] –, der langjährige Lehrer Bernhard Schwarzer verstorben und die Stelle des Violinlehrers Breitbach nach dem Schülerrückgang ersatzlos gestrichen[446]. Als ‚Urgesteine' waren außer Direktor Kundigraber noch die Lehrer Knöchel und Lichtinger im Dienst, die alle ihr 25jähriges Dienstjubiläum begehen konnten.

Nach wie vor betätigten sich die Musiklehrer selbst künstlerisch[447] und spielten u. a. auf der Leichenfeier von Geheimrat Lujo Brentano[448]. Sie wirkten auch mit beim Beethovenfest, das zwischen März und Mai 1927 mit Vorträgen und Konzerten anläßlich dessen 100. Todestages begangen wurde[449]. Kundigraber verfaßte einen Aufsatz über „Beethoven in Aschaffenburg"[450] und gab vier Hefte der

---

[434] SSAA, MS, Nr. 72.
[435] Vgl. Jahresbericht 1924/25, S. 4 f.
[436] Vgl. Jahresbericht 1926/27, S. 11 f. Zu diesem: SSAA, Personalakte Adolf Egersdörfer.
[437] SSAA, MS, Nr. 71.
[438] Vgl. Jahresbericht 1929/30, S. 21.
[439] Verzeichnis der hauptamtlichen, nebenamtlichen und Aushilfs-Lehrkräfte 1905-1930: Jahresbericht 1929/30, S. 19 ff. Der Nachtrag für die Zeit 1910-1935 findet sich bei *Kundigraber*, 125 Jahre (wie Anm. 1), S. 35. Bis zum Schuljahr 1940/41 sind sie darüber hinaus den Jahresberichten zu entnehmen.
[440] SSAA, MS, Nr. 115, Schreiben an den Stadtrat vom 30. März 1931.
[441] SSAA, MS, Nr. 110, Schreiben an das Direktorat des Studienheims St. Clemens vom 31. Januar 1929.
[442] SSAA, MS, Nr. 115, Schreiben an den Stadtrat vom 30. März 1931.
[443] Ebd., Beschluß des Stadtrats vom 10. und 17. April 1931.
[444] SSAA, MS, Nr. 216, Zeugnis für Max Hellmuth vom 2. Mai 1934.
[445] Vgl. Jahresbericht 1930/31, S. 5.
[446] Vgl. Jahresbericht 1931/32, S. 4.
[447] Aus der künstlerischen Betätigung des Lehrkörpers 1905-1930 ohne Berücksichtigung eigener Abende: Jahresbericht 1929/30, S. 22 ff.
[448] Vgl. Jahresbericht 1931/32, S. 5, sowie *Werner Krämer*, Lujo Brentanos Beisetzung in Aschaffenburg, in: MSSA (wie Anm. 336) 4 (1993-1995), S. 36-40. Zu Lujo Brentano (1844-1931) vgl. *Friedrich Zahn*, Lujo (Ludwig Josef) Brentano, Nationalökonom, in: NDB (wie Anm. 74), Bd. 2, Berlin 1955, S. 596.
[449] Aschaffenburger Beethoven-Fest. Zum 100. Todestag des Meisters Ludwig van Beethoven. Programm-Buch, Aschaffenburg 1927, S. 6-9.
[450] Ebd., S. 12-17.

„Aschaffenburger Beethovenfest-Blätter"[451] heraus. Gleichzeitig rief er die Zeitschrift „Aschaffenburger Nachrichten für Musik, bildende und darstellende Kunst" ins Leben[452]. Sie diente als Anzeigeorgan für die ASTMUK, die 1926 nach zehnjährigem Bestehen auf 100 Konzerte zurückgeblickt hatte[453]. In dieser Reihe fanden

Nicht Flötenbläser, Celloschaber
Warn heut beim Herrn Kundigraber
Nein es waren, daß Ihr's wißt's
Die Comedian Harmonists

22
19 32
V

Eintrag der „Comedian Harmonists" in das Gästebuch der Musikschule am 22. Mai 1932 anläßlich ihres Auftritts am Vortag (Vorlage: SSAA, MS, Nr. 247).

---

[451] Aschaffenburger Beethovenfest-Blätter, anläßlich der Aschaffenburger Beethoven-Gedenkfeier monatlich hrsg. v. Hermann Kundigraber, Aschaffenburg 1927.
[452] Aschaffenburger Nachrichten für Musik, bildende und darstellende Kunst. Enthält die Verlautbarungen der städt. Musikkultur, hrsg. von der städt. Musikdirektion, Aschaffenburg 1927-1930.
[453] Vgl. Jahresbericht 1925/26, S. 6, sowie *Kundigraber*, Zehn (wie Anm. 332).

auch weiterhin zahlreiche Veranstaltungen zu Geburts- und Todestagen von Komponisten statt, zeitgenössische Künstler durften ihre Werke vorstellen[454]. Auch die „Comedian Harmonists" gaben ein Gastspiel[455]. Kundigraber nutzte diese Möglichkeit, um seine Kompositionen zur Uraufführung zu bringen[456].

Ein Großereignis stellte die Rundfunkveranstaltung „Aschaffenburger Heimatabend" am 17. Februar 1932 dar, bei der fast drei Stunden lang Chor-, Solo- und Kammermusik aus dem überfüllten Deutschhaussaal auf die bayerischen Sender übertragen wurde, u. a. Werke der Musikschuldirektoren Rommel und Kundigraber[457].

Letzterer hatte in den Jahren seines Wirkens ein breites Tätigkeitsfeld eröffnet. Er strebte die Aufwertung der Musikschule in ein Konservatorium an. Bereits 1913 gab es Tendenzen zur Umbenennung, allerdings ohne den Anspruch, eine Akademie zu werden[458]. Sechs Jahre später wagte Kundigraber einen erneuten Vorstoß[459], und 1922 sprach sich auch die Musikschulkommission für eine Neuorganisation als Konservatorium und Vorschule aus. Allerdings stellte der Stadtrat dieses Vorhaben zurück[460]. Schließlich kamen der Kultusminister Dr. Franz Matt sowie der Direktor der Münchener Akademie der Tonkunst, Prof. von Waltershausen, im November 1925 zu Besuch und informierten sich über die Gegebenheiten[461]. In einem Gutachten legte Waltershausen dar, daß für ein Konservatorium maßgebend die Möglichkeit einer beruflichen Ausbildung in den wichtigsten Hauptfächern sei; in Verbindung damit stehe die Verpflichtung der Vollstudierenden, daneben auch die zur allgemeinen musikalischen Bildung notwendigen Fächer zu besuchen. In Aschaffenburg seien diese Voraussetzungen nur zum Teil erfüllt und das Personal sei nur bedingt den Anforderungen gewachsen. Er lobte Kundigrabers „für provinzielle Verhältnisse durchaus wünschenswerte Lebendigkeit und Vielseitigkeit" und seinen vorzüglichen Theorieunterricht, hielt ihn auch für einen nicht unbegabten Komponisten, meldete aber Bedenken an, daß er seinen vielen Aufgaben zugleich nicht gerecht werden könne. Das Kultusministerium befürchtete indes, Aschaffenburg könnte dem Würzburger Staatskonservatorium Konkurrenz machen[462]. Kundigraber nahm Stellung und schilderte die besondere Lage im

---

[454] SSAA, MS, Nr. 129.

[455] Vgl. Jahresbericht 1932/33, S. 5; SSAA, MS, Nr. 247, Eintrag vom 22. Mai 1932. Zu dem 1927/28 in Berlin gegründeten Vokalensemble vgl. *Ulrich Etscheit*, Comedian Harmonists, in: MGG (wie Anm. 80), Personenteil, Bd. 3, Sp. 1426-1429.

[456] S. Anm. 516.

[457] SSAA, MS, Nr. 220 u. Nr. 132, Programm vom 17. Februar 1932.

[458] SSAA, MS, Nr. 142.

[459] SSAA, MS, Nr. 157, Eintrag vom 9. Oktober 1919.

[460] SSAA, MS, Nr. 101, Sitzungsniederschrift der Musikschulkommission vom 24. März 1922, sowie Plenarbeschluß des Stadtrats vom 31. März 1922.

[461] Vgl. Jahresbericht 1925/26, S. 4 f. Zu Franz Matt (1860-1929), 1920-1926 Kultusminister, vgl. GBBE, Bd. 2 (wie Anm. 311), S. 1269, zu dem Komponisten, Musikschriftsteller und Pädagogen Hermann Wolfgang Sartorius Freiherr von Waltershausen (1882-1954), 1920-1933 Professor, ab 1923 Direktor der Akademie der Tonkunst in München, vgl. *Alfons Ott*, Hermann Wolfgang Sartorius Freiherr von Waltershausen, in: MGG (wie Anm. 80), Personenteil, Bd. 17, Sp. 445-447.

[462] SSAA, MS, Nr. 214, Schreiben des Bayerischen Kultusministeriums an den Stadtrat vom 29. April 1926 mit dem beigefügten Gutachten des Prof. von Waltershausen.

Grenzgebiet zu den preußischen Provinzen, wo der Titel leichter zu bekommen sei und die Einrichtungen in Hanau und Frankfurt Schüler aus Aschaffenburg ab-schöpften[463]. Er suchte Verbündete in den Musikschulen Nürnberg und Augsburg, die seit kurzem den ersehnten Titel führen durften[464]. Seine Bemühungen um eine Aufwertung der Musikschule hatten aber leider keinen Erfolg. 1939 wagte sein Nachfolger einen letzten Versuch, den jedoch der Kriegsausbruch zunichte machte[465].

Gleichschaltung unter dem Hakenkreuz (1933-1939)

Die Zeit des Nationalsozialismus brach an, was sich auch in der Musikschule bemerkbar machte. Kundigraber hatte die Vision einer „schlackenbefreiten natio-nalen Kunst" vor Augen und äußerte seinen Unmut über eine abfällige Kritik der sozialdemokratischen Aschaffenburger Volkszeitung zu den Werken Richard Wag-ners[466]. War er doch ein glühender Verehrer dieses Komponisten und sorgte dafür, daß dessen Werk jährlich in Vortragsabenden und -zyklen gewürdigt wurde[467]. Der Unterricht entfiel zur „feierlichen Eröffnung des Reichstages der nationalen Erhe-bung in Potsdam" am 21. März 1933 und am Abend, als auf öffentlichen Gebäuden die Hoheitszeichen des Dritten Reichs gehißt wurden[468]. Aus den städtischen Gremien schieden Oberbürgermeister Dr. Wilhelm Matt und Stadtrat Fritz Trockenbrodt, die sich beide um die Musikschule verdient gemacht hatten, aus[469]. Stadtschulrat Wilhelm Abb machte Platz für den Stadtrat Ernst Hild, der das Referat über die Musikschule übernahm[470]. Dieser saß zugleich im Vorstand der neu ge-gründeten Ortsgruppe „Kampfbund für deutsche Kultur" und fungierte dort als Leiter des Fachbereichs „Musik und Chorgesang"[471]. In dieser Eigenschaft trieb er die Gründung des Kampfbundorchesters voran, das aus Berufsmusikern und musi-zierenden Liebhabern bestehen sollte und für dessen Leitung er Ferdinand Keil-mann, Studienrat am humanistischen Gymnasium, gewinnen konnte[472]. Die feste Installierung eines städtischen Orchesters war in der Vergangenheit mehrmals ge-

---

[463] Ebd., Schreiben an das Bayerische Kultusministerium vom 29. April 1926 sowie Schreiben an den Oberbürgermeister vom 15. Juni 1926.

[464] Ebd., u. a. Schreiben von Oberstudiendirektor Rorich aus Nürnberg vom 17. Juni 1926.

[465] Ebd., Abschrift des Schreibens vom Kultusministerium an den Regierungspräsidenten vom 22. August 1939, sowie Schreiben an den Oberbürgermeister vom 17. Oktober 1939.

[466] Jahresbericht 1932/33, S. 6 f.

[467] Vgl. Jahresbericht 1933/34, S. 4, dgl. 1934/35, S. 5, sowie dgl. 1935/36, S. 6.

[468] Vgl. Jahresbericht 1932/33, S. 4, sowie *Hans-Bernd Spies*, Hitler-Begeisterung in Aschaffenburg 1933. Zeitgenössische Bemerkungen zu den ersten Monaten der Kanzlerschaft Hitlers in einer Korrespon-denz zwischen Aschaffenburg und Datschitz in Mähren, in: MSSA (wie Anm. 336) 5 (1996-1998), S. 213-224, dies S. 221 f.

[469] Vgl. *Kundigraber*, 125 Jahre (wie Anm. 1), S. 34; zu Wilhelm Matt (1872-1936), 1904-1933 (Ober)Bür-germeister, vgl. *Carsten Pollnick*, Aschaffenburger Stadtoberhäupter von 1818 bis 1983, Würzburg 1983, S. 62-67.

[470] Vgl. Jahresbericht 1933/34, S. 4 f.

[471] Vgl. *Carsten Pollnick*, Die Entwicklung des Nationalsozialismus und Antisemitismus in Aschaffenburg 1919-1933 (VGKA – wie Anm. 6 –, Bd. 23), Aschaffenburg 1984, S. 179 f.

[472] Vgl. ebd., S. 187.

scheitert und seit den 1920ern ein Wunschtraum geblieben[473]. Vom Kampfbund-orchester erwartete sich die Musikschule zusätzliche geeignete Lehrkräfte[474], mußte sich aber auch mit Keilmann auseinandersetzen, der in seinem Unterricht am Gymnasium die Musikschule schlecht machte[475].

Ein weiterer Schritt zur Integration in nationalsozialistische Strukturen war der An-schluß der Veranstaltungsreihe ASTMUK an die Leistungsgruppe der NS-Kultur-gemeinde „bei voller Wahrung ihrer Selbständigkeit"[476]. Aus dem ASTMUK-Kura-torium wurde ein Verwaltungsausschuß, der aber nur unregelmäßig zusammen-trat[477]. Mit der Bereitstellung von Freikarten an musikinteressierte unbemittelte „Volksgenossen" und der Gewährung von Ermäßigungen an Mitglieder national-sozialistischer Organisationen versuchte man, neues Publikum zu gewinnen und dem ganzen Volk „nationale Schätze" darzubringen[478]. Man hatte 1933 bereits die 200. Veranstaltung feiern können, anläßlich derer eine Festschrift erschienen war[479]. Auf insgesamt 228 Konzerte brachte es die ASTMUK, darunter einige Kompositions-abende unter Einbeziehung zeitgenössischer Künstler[480]. Im Mai 1937 ging die ASTMUK schließlich völlig in die Kulturgemeinde über, um mit ihr der Organisation „Kraft durch Freude" (KdF) angeschlossen zu werden[481]. Diese hatte aufgrund einer Reichsbestimmung die Organisation der städtischen Vormietekonzerte zu überneh-men. Die Kulturgemeinde wurde 1938 in die „Konzertgemeinde" überführt[482]. Parallel zu deren Konzertreihe existierten nach wie vor die öffentlichen Aufführun-gen und Sonderveranstaltungen der Musikschule. Dazu gehörte auch der „Tag der deutschen Hausmusik", den die Musikschule seit 1932 relativ regelmäßig im November beging[483].

Der Deutsche Gemeindetag richtete 1936 die Position der „Städtischen Musik-beauftragten" ein, die von der Stadtverwaltung zu bestellen waren und Befugnisse der Reichsmusikkammer[484] ausübten. Der jeweils für eine Stadt ernannte Ehren-

---

[473] SSAA, MS, Nr. 65, Beleg Nr. 225, Sitzungsniederschrift der Musikschulkommission vom 6. Dezember 1920, Nr. 108, Schreiben an die Redaktion des ‚Jahrbuchs der deutschen Musikorganisation' vom 30. August 1927, sowie Nr. 115, Schreiben an den Oberbürgermeister vom 14. Dezember 1935 mit einem ausführlichen Abriß über die Bemühungen für ein großes städtisches Gesamtorchester; vgl. auch Jahresbericht 1925/26, S. 7.

[474] SSAA, MS, Nr. 120, Schreiben an Martin Anders vom 7. April 1942.

[475] SSAA, MS, Nr. 112, Beschwerde Kundigrabers an den Oberbürgermeister vom 12. Juni 1934.

[476] Vgl. Jahresbericht 1934/35, S. 6. Zur NS-Kulturgemeinde hatten sich 1934 der 1929 gegründete „Kampfbund für deutsche Kultur" und der „Reichsverband Deutsche Bühne" zusammengeschlossen; vgl. *Cornelia Schmitz-Berning*, Vokabular des Nationalsozialismus, Berlin / New York 2000, S. 440.

[477] SSAA, MS, Nr. 213.

[478] Jahresbericht 1934/35, S. 7.

[479] S. Anm. 330.

[480] Vgl. Jahresbericht 1937/38, S. 6 f.

[481] Vgl. ebd., S. 7. Die NS-Kulturgemeinde war 1937 reichsweit in der NS-Gemeinschaft „Kraft durch Freude" aufgegangen, die wiederum eine Unterabteilung der „Deutschen Arbeitsfront" (DAF) war; vgl. *Schmitz-Berning* (wie Anm. 476), S. 440 u. 437 f.

[482] SSAA, ZGS, Nr. 129, Rückblick der Konzertgemeinde o. D. [1938].

[483] SSAA, MS, Nr. 132.

[484] Die Reichsmusikkammer war ein Teil der Reichskulturkammer. 1933 war diese „berufsständische Kör-perschaft […] als Zwangsorganisation aller in kulturellen Bereichen Tätigen" geschaffen worden; vgl. *Schmitz-Berning* (wie Anm. 476), S. 540 f., dies S. 540.

DIE DEUTSCHE ARBEITSFRONT
NS.-Gemeinschaft »Kraft durch Freude«
KONZERTGEMEINDE ASCHAFFENBURG

Einladung
zur Mietezeichnung 1938/39

Was sich auch die Völker im einzelnen an
materiellen Gütern anschaffen, ist gänzlich
unbedeutend gegenüber den Werten wahrer
kultureller Leistungen.

Es ist daher die erste große Aufgabe des
neuen Dritten Reiches, daß es die kulturellen
Werke der Vergangenheit sorgfältig pflegt
und sie der breiten Masse unseres Volkes
zu vermitteln versucht.

Adolf Hitler.

Auskunft: Kreisdienststelle der NSG. »Kraft durch Freude« · Erthalstraße 16/I

Werbung der Konzertgemeinde für ein Konzertabonnement der Saison 1938/39 (Vorlage: SSAA, ZGS, Nr. 129).

beamte sollte sich die Förderung des Konzertwesens zur Aufgabe machen[485] und Veranstaltungen koordinieren. In Aschaffenburg übernahm dieses Amt Bürgermeister Dr. Eberhard Fleischmann[486]. Dieser, außerdem noch Kreisamtsleiter des NSDAP-Rechtsamts[487], sollte darüber hinaus der Nachfolger von Ernst Hild in seinen Ämtern im Kulturbereich werden[488].

Inzwischen war das 125jährige Jubiläum der Musikschule begangen worden. Mit zwei Festkonzerten würdigte man das langjährige Bestehen. Am 1. Oktober 1935 traten im Deutschhaussaal unter dem Konzertmeister Willy Palmedo die ehemaligen Schüler Prof. Valentin Härtl, Lisabeth Hefter-Hümpfner, Ludwig Haugg, Anne Weishaupt und Willy Keilmann auf. Der eigentliche Festakt fand am 11. Oktober statt[489]. Kundigraber begrüßte in einer zeittypisch ideologisch gefärbten Rede einflußreiche Persönlichkeiten aus Partei und Politik, wobei der Präsident der Reichsmusikkammer, Dr. Peter Raabe, und der Direktor des Würzburger Konservatoriums, Hermann Zilcher, noch im letzten Moment abgesagt hatten und ihre Glückwünsche per Telegramm übermittelten[490]. Ehemalige Musiklehrer bzw. deren Angehörige sowie Funktionsträger von NSDAP, anderen Musikschulen, örtlichen Schulen, Vereinen, Fachblättern und Kirchen zählten zu den geladenen Ehrengästen[491]. Auf dem Programm stand zuerst eine von Eduard Rommel komponierte Ouvertüre, es folgte das „Dionysische Fest" der Wiedererwachung der Natur von Fritz Trockenbrodt – ursprünglich für zwei Klaviere und später für Orchester verfaßt –, setzte sich mit Orchestergesängen aus Kundigrabers op. 27 „Wandel der Mysterien" fort und endete mit einem Tripelkonzert von Beethoven[492]. Die Presse lobte besonders Kundigraber und sein öffentliches leidenschaftliches Auftreten „gegen den atonalen Schmutz der jüdisch-bolschewistischen Clique"[493]. Der Aschaffenburger Oberbürgermeister Wilhelm Wohlgemuth stiftete anläßlich des Gründungstags einen Preis von 1000 (R)M ab dem folgenden Jahr für das beste deutsche Werk der in Mainfranken schaffenden Komponisten[494]. Und es erschien die zweite von Kundigraber verfaßte Chronik[495], die wie jene beim Jubiläum 1910 an besondere Persönlichkeiten verteilt wurde.

---

[485] SSAA, MS, Nr. 125, Schreiben des Deutschen Gemeindetags vom 9. Oktober 1936.
[486] Ebd., Schreiben des Amts für Konzertwesen vom 25. August 1937.
[487] Vgl. Einwohner-Buch der Stadt Aschaffenburg 1937/38, Aschaffenburg 1937, S. IV/1.
[488] Vgl. *Carsten Pollnick*, Die NSDAP und ihre Organisationen in Aschaffenburg 1933-1939 (VGKA – wie Anm. 6 –, Bd. 29), Aschaffenburg 1988, S. 126.
[489] Vgl. Jahresbericht 1935/36, S. 4.
[490] SSAA, MS, Nr. 159. Zu dem Dirigenten und Musikschriftsteller Raabe (1872-1945), 1935-1945 als Nachfolger Richard Strauss' Präsident der Reichsmusikkammer, vgl. *Nina Okrassa*, (Karl Ludwig Hermann) Peter Raabe, in: MGG (wie Anm. 80), Personenteil, Bd. 13, Sp. 1143-1144; zu dem Dirigenten, Komponisten und Pianisten Zilcher (1881-1948) vgl. *Michael Klubertanz*, Hermann (Karl Joseph) Zilcher, in: ebd., Bd. 17, Sp. 1480-1482.
[491] SSAA, MS, Nr. 159.
[492] Vgl. AZ 1935, Nr. 236 (12./13. Oktober), S. 7.
[493] AZ 1935, Nr. 237 (14. Oktober), S. 4.
[494] Vgl. AZ 1935, Nr. 236 (12./13. Oktober), S. 7; zu Wilhelm Wohlgemuth (1900-1978), 1933-1945 Oberbürgermeister, vgl. *Pollnick*, Stadtoberhäupter (wie Anm. 469), S. 68-73.
[495] S. Anm. 1.

Das Jahr 1935 endete für die Musikschule mit einem Trauerfall. Fritz Lichtinger, der nach einem Unfall gerade seine Tätigkeit wieder aufgenommen hatte, verstarb am 30. Dezember nach knapp 30jährigem Wirken für die Musikschule[496]. Man fand zunächst keinen geeigneten Nachfolger und besetzte die Stelle für Violine und Klavier erst wieder 1937 mit Richard Giebel, der auch die Bibliotheksverwaltung übernahm[497]. Zur Berufsausübung der Musiklehrer war mittlerweile die Mitgliedschaft in der Reichsmusikkammer erforderlich[498]. Aus der alten Garde zu Beginn der Kundigraberschen Amtszeit war nur noch der Cellolehrer Hans Knöchel geblieben, der im Oktober 1936 sein silbernes Dienstjubiläum feierte[499]. Er bekam einige neue nebenamtliche Kollegen durch die Einführung neuer Fächer. Kundigraber hatte vorgeschlagen, zur Erweiterung des Wirkungskreises Sonderklassen mit Gruppen für Handharmonika, Gitarre und Violine unter besonderer Berücksichtigung der Belange der nationalsozialistischen Jugendorganisationen HJ und BdM einzuführen[500]. Letztendlich nahm die Musikschule in ihr Angebot neu bzw. wieder die Instrumente Handharmonika[501], Flöte und Kontrabaß[502], Posaune[503], Klarinette, Gitarre und Trompete[504] auf. Der erweiterte Fächerkanon rentierte sich durch die gestiegenen Schülerzahlen. Vom Tiefpunkt mit 166 Personen (82 männlichen, 84 weiblichen) im Schuljahr 1932/33[505] hatte sich die Musikschule langsam erholt, die Frequenz pendelte sich etwa bei 230 ein, ja erreichte sogar den Wert von 261 im Schuljahr 1937/38[506]. Kurzzeitig war die gesamte Kapelle des 87. Infanterie-Regiments zur weiteren Ausbildung in die Musikschule eingetreten, dieses wurde aber wenig später in die neue Rheinlandgarnison abgezogen[507].

Der Favorit bei den Schülern war nach wie vor das Klavier, das grob 50 % der Schüler im Hauptfach belegten[508]. Nachdem der Klavierbestand seit zehn Jahren nicht mehr erneuert worden war, bot es sich 1935 an, den gebrauchten Bechsteinflügel aus dem Frohsinnsaal zu erwerben[509]. Die dafür nötigen 2500 (R)M brachte man aus dem Klavierfonds auf, in den jeder Klavierschüler monatlich 50 Pf. einzahlte und den die Sparkasse verwaltete[510]. An Inventar kam ein Schaub-Weltsuper-Apparat (Radio) hinzu[511]; die Bibliothek sowie das Schallplattenarchiv erhielten jährlich Zuwachs[512]. Kundigraber hatte sich beim ägyptischen Unterrichts-

---

[496] Vgl. Jahresbericht 1935/36, S. 5.
[497] Vgl. Jahresbericht 1937/38, S. 4.
[498] SSAA, MS, Nr. 111.
[499] Vgl. Jahresbericht 1936/37, S. 4.
[500] SSAA, MS, Nr. 115, Schreiben an den Oberbürgermeister vom 15. Juli 1935.
[501] Vgl. Jahresbericht 1935/36, S. 6.
[502] Vgl. Jahresbericht 1936/37, S. 4.
[503] Vgl. Jahresbericht 1937/38, S. 4.
[504] Vgl. Jahresbericht 1938/39, S. 4.
[505] Vgl. Jahresbericht 1932/33, S. 20.
[506] Vgl. Jahresbericht 1937/38, S. 22.
[507] Vgl. Jahresbericht 1935/36, S. 6.
[508] Vgl. Jahresberichte 1933/34-1938/39.
[509] SSAA, MS, Nr. 110, Schriftwechsel zwischen der Musikschule und der Firma Bechstein 1933-1935.
[510] Ebd., Schreiben an den Stadtrat vom 27. Februar 1935.
[511] Vgl. Jahresbericht 1934/35, S. 5.
[512] Vgl. Jahresberichte 1933/34-1938/39.

minister sogar um Platten mit orientalischer Nationalmusik bemüht[513]. Für die Bibliothek stiftete Fritz Trockenbrodt ein Manuskript seiner Klavierstücke „Aus Alt-Aschaffenburg"[514]. Der 1859 geborene Kaufmann, dessen Lebensideal die Musik war, der selbst pianistische Qualitäten zeigte und der von 1905-1933 als Förderer in der Musikschulkommission aufgetreten war, starb im April 1938. In einer feierlichen Gedenkstunde, umrahmt von zwei Sätzen aus Trockenbrodts Sonate für Violine und Klavier, brachte der Musikschuldirektor dem Verstorbenen seine Wertschätzung dar[515].

Genau ein Jahr später, zum Ende des Schuljahres, ging die 34jährige Ära Kundigraber mit dessen Pensionierung zu Ende. Ein ihm zu Ehren veranstalteter Kompositionsabend mit der Aufführung einiger seiner Werke würdigte seine Verdienste[516].

---

[513] SSAA, MS, Nr. 112, Schreiben an den ägyptischen Unterrichtsminister in Kairo vom 7. Juli 1932.
[514] Vgl. Jahresbericht 1935/36, S. 6.
[515] SSAA, MS, Nr. 162.
[516] SSAA, MS, Nr. 132, Konzertprogramm vom 29. März 1939. Seine Stücke – Werk-Verzeichnis in: *Federhofer-Königs* (wie Anm. 223), Sp. 1898 f. –, die in den Programmen z. T. mit abweichenden Opus-Zahlen angekündigt wurden, kamen folgendermaßen zur Aufführung: **op. 1:** Quintett für Klavier, Oboen und Fagotte, Erstaufführung am 11. Juli 1906: SSAA, MS, Nr. 130, Konzertprogramm vom 11. Juli 1906; **op. 5:** Ballade „Deutscher Bescheid", erschienen 1908, aufgeführt u. a. am 29. März 1931: SSAA, MS, Nr. 129, Konzertprogramm vom 29. März 1931; **op. 7:** Sechs Stimmungsbilder aus Aschaffenburg, Uraufführung am 16. Dezember 1916: SSAA, MS, Nr. 130, Konzertprogramm vom 16. Dezember 1916 – auch später oft wiederholt, z. B.: SSAA, MS, Nr. 129, Konzertprogramm vom 14. September 1925, Nr. 132, Konzertprogramm vom 17. Februar 1932, ebd., Konzertprogramm vom 28. März 1939, Nr. 229, Konzertprogramm vom 20. Juli 1979, sowie Nr. 235, Broschüre zum Jubiläumskonzert vom 22. November 1985 –; **op. 11:** Variationen und Doppelfuge über ein altdeutsches Volkslied, aufgeführt am 11. Januar 1932: Es waren zwei Königskinder: SSAA, MS, Nr. 129, Konzertprogramm vom 11. Januar 1932 – wiederholt am 28. März 1939: SSAA, MS, Nr. 132, Konzertprogramm vom 28. März 1939 –; **op. 13:** Trio in e-Moll für Violine, Viola und Violoncello, erstmals aufgeführt am 1. Oktober 1926: SSAA, MS, Nr. 129, Konzertprogramm vom 1. Oktober 1926 – wiederholt am 28. März 1939: SSAA, MS, Nr. 132, Konzertprogramm vom 28. März 1939 –; **op. 14:** Vier Sonette des Michelangiolo Buonarroti, Uraufführung am 3. März 1926: SSAA, MS, Nr. 129, Konzertprogramm vom 3. März 1926 – wiederholt u. a. am 18. November 1932 –; **op. 16:** Kammerduo, vom Sender Königsberg am 17. Juli 1930 übertragen – vgl. Jahresbericht 1930/31, S. 7 –, aufgeführt 28. März 1939: SSAA, MS, Nr. 132, Konzertprogramm vom 28. März 1939 –; **op. 17:** Steyerische Symphonie, erhielt Auszeichnung der Stadt Graz – vgl. Jahresbericht 1928/29, S. 6 –, am 7. Oktober 1929 in Mainz unter Hans Rosbaud uraufgeführt – vgl. Jahresbericht 1929/30, S. 6 –, wiederholt am 3. November 1930: SSAA, MS, Nr. 129, Konzertprogramm vom 3. November 1930; **op. 19:** Sonate für Solo-Violine, uraufgeführt am 11. Dezember 1933: SSAA, MS, Nr. 129, Konzertprogramm vom 11. Dezember 1933 – wiederholt am 28. März 1939: SSAA, MS, Nr. 132, Konzertprogramm vom 28. März 1939 –; **op. 21:** Das Maidibuch, aufgeführt am 10. Juli 1932: SSAA, MS, Nr. 132, Konzertprogramm vom 10. Juli 1932; **op. 22:** Symphonie nach Matthias Grünewald, komponiert 1930/31, uraufgeführt am 23. November 1934: SSAA, MS, Nr. 129, Konzertprogramm vom 23. November 1934 – am 1. und 2. Juli 1935 im Berliner Radio übertragen: vgl. Jahresbericht 1935/36, S. 7 –; **op. 27:** Wandel der Mysterien, uraufgeführt am 11. Oktober 1935: SSAA, MS, Nr. 132, Konzertprogramm vom 11. Oktober 1935; **op. 28:** Sieben Lieder aus dem Roman „Zwölf aus der Steiermark" von Rudolf Hans Bartsch, uraufgeführt am 7. Dezember 1936: SSAA, MS, Nr. 129, Konzertprogramm vom 7. Dezember 1936 – wiederholt am 28. März 1939: SSAA, MS, Nr. 132, Konzertprogramm vom 28. März 1939 –; **op. 29:** Serenade für sechs Solobläser, uraufgeführt 1936 oder 1937 in einem Konzert des Staatskonservatoriums Würzburg: vgl. Jahresbericht 1936/37, S. 5; **ohne Nr.:** Ricercar für Orgel, uraufgeführt am 28. März 1939: SSAA, MS, Nr. 132, Konzertprogramm vom 28. März 1939. Außerdem berichtete der Beobachter am Main zweimal über die bevorstehende Vollendung der komischen Oper „Das Narrentestament": BaM 1934, Nr. 40 (17. Februar), S. 4, u. Nr. 74 (31. März), S. 5.

Er ging zurück in seine Heimat und wirkte 1939/40 als Interims-Direktor des Klagenfurter Grenzlandkonservatoriums sowie 1940-1942 als stellvertretender Direktor der Landesmusikschule Graz, bevor er am Nikolaustag 1944 in St. Marein am Pickelbach (Steiermark) verstarb[517].

Kräftemobilisierung in der Ära Dr. Karl Friedrich Leucht (1939-1982)

Kriegszeiten, Kultur im Nationalsozialismus (1939-1945)

Dr. Karl Friedrich Leucht (Vorlage: Maintal-Sängerbund).

Mit Beginn des neuen Schuljahrs trat im Mai 1939 Dr. phil. Karl Friedrich Leucht, geboren 1905 in Rastatt, seine Stelle als Musikschuldirektor an; zuvor war er Assistent und Dozent am Musikinstitut der Universität Tübingen gewesen[518]. Er steckte sich als Ziel, die Verbindung zwischen Musikschule und musikalischem Kulturleben der Stadt wiederaufleben zu lassen, die seit der Auflösung der ASTMUK-Reihe und der Wahrnehmung dieser Aufgabe durch nationalsozialistische Organisationen kaum noch bestand, sowie die Schule mit der kulturellen Arbeit der HJ und der NS-Gemeinschaft KdF zu verknüpfen[519]. Allerdings durchkreuzte der Kriegsausbruch seine Planungen und Vorbereitungen. Leucht wurde zum Wehrdienst einberufen und in dieser Zeit von Hans Knöchel vertreten[520], das sollte sich in den folgenden Jahren noch öfter wiederholen.

So hielten sich die Veränderungen zunächst in Grenzen. An der Musikschule wurden die Fächer Theorie, Klavier, Violine, Cello, Orgel, Flöte, Blockflöte, Klarinette, Saxophon, Trompete, Akkordeon und Gitarre unterrichtet[521]. Es standen außer dem (abwesenden) Direktor vier hauptamtliche Kräfte sowie zwölf Aushilfs- und Nebenlehrer zur Verfügung, von denen wiederum vier Männer eingezogen wurden[522]. Im nächsten Schuljahr kam eine Orchestervorschule hinzu, um für ein Laienorchester Nachwuchs heranzubilden, insbesondere in Blasinstrumenten. 16 von der Volksschule ausgewählte Jungen erhielten darin ab dem 22. Mai 1940 kostenlosen Unterricht[523]. Die Schüler im Alter von zwölf bis 14 Jahren besuchten diesen Lehrgang drei Jahre lang und nahmen neben dem praktischen Unterricht auch an Theoriestunden

---

[517] Vgl. *Federhofer-Königs* (wie Anm. 223), Sp. 1898.
[518] Vgl. AZ 1939, Nr. 103 (4. Mai), S. 3 (mit ausführlichem Lebenslauf).
[519] Vgl. Jahresbericht 1939/40, S. 4.
[520] Vgl. ebd., sowie SSAA, MS, Nr. 134, Schreiben an das Personalamt vom 6. Oktober 1941.
[521] Vgl. Jahresbericht 1939/40, S. 4 f.
[522] Vgl. ebd., S. 3 u. 5.
[523] Jahresbericht 1940/41, S. 4 f.

(allgemeine Musiklehre, Instrumentenkunde, Gehörübung, Ensemblespiel) teil. Die fortgeschrittenen Schüler waren angehalten, im HJ-Standortorchester mitzuspielen[524], das Leucht in seiner Funktion als Musikreferent im Bannstab der HJ leitete[525].

Leucht kehrte im Herbst 1940 (vorläufig) zurück und übernahm Ende Oktober 1940 wieder die Geschäfte[526]. Er führte zwei Theorieklassen und einen Kammerchor ein, der Unterricht im Sologesang konnte wieder aufgenommen werden; dafür wurde zur Schonung des Instruments der Orgelunterricht eingestellt[527]. In den folgenden Jahren sollten – nach dem Beispiel der Orchestervorschule – weitere Abteilungen angegliedert werden.

Im Dezember 1940 errichtete das in der NS-Gemeinschaft KdF angesiedelte Deutsche Volksbildungswerk die „Musikstätte"[528]. Damit bezweckte man „die Heranführung möglichst weiter Volksschichten an die Musik, die Förderung des Instrumentalspiels und die Anleitung besonders begabter Volksgenossen im weiterführenden Einzelunterricht sowie eine Förderung der häuslichen Musizierkreise und schließlich auch der gemeinschaftsverbundenen Musikpflege in Betrieben und größeren Lebensgemeinschaften"[529]. Sie unterstand als selbständige Abteilung organisatorisch dem Volksbildungswerk und künstlerisch-fachlich der Musikschule. Der Unterricht fand grundsätzlich in Gruppen statt. Die Räume, Lehrer und möglichst auch die Instrumente stellte die Musikschule zur Verfügung[530]. Das Angebot weckte das Interesse der Bevölkerung[531], im Schuljahr 1941/42 waren 91 Schüler zu zählen, von denen einige aus weiter gelegenen Landkreisgemeinden kamen[532].

Des weiteren war eine Musiklehreinheit für die HJ geplant. Der Bann 331 vereinbarte mit der Stadt Aschaffenburg, seine Musizierkräfte in den Einheiten der HJ unter der Leitung von Leucht an der Musikschule fachgemäß und systematisch schulen zu lassen zur späteren Verwendung in Bannorchester, Bannchor, in den Musiziereinheiten der Bannmädelschaft etc. An Gebühr waren 1,50-3 (R)M bei einer Gruppengröße von drei bis sechs Schülern veranschlagt[533]. Die Musiklehreinheit sollte ihren Betrieb ab dem Schuljahr 1941/42 aufnehmen[534], jedoch scheint es einige Startschwierigkeiten gegeben zu haben, denn Leucht berichtete 1942, daß

---

[524] SSAA, MS, Nr. 204, Satzung der Orchestervorschule vom 30. September 1941; SSAA, MS, Nr. 120, Schreiben an den Oberbürgermeister von Elbing vom 2. November 1942.
[525] Vgl. Jahresbericht 1940/41, S. 6 f.; SSAA, MS, Nr. 120, Schreiben an den Oberbürgermeister von Elbing vom 2. November 1942. Der Bann war die zweithöchste Untereinheit der Hitler-Jugend und entsprach in der Regel einem politischen Kreis; vgl. *Schmitz-Berning* (wie Anm. 476), S. 84. Der Aschaffenburger Bann hatte die Nr. 331 und den Zusatztitel „Spessart": SSAA, MS, Nr. 127.
[526] Vgl. Jahresbericht 1940/41, S. 5.
[527] Vgl. ebd., S. 6 f.
[528] Ebd., S. 7.
[529] AZ 1941, Nr. 59 (11. März), S. 4.
[530] SSAA, MS, Nr. 126, am 7. Dezember 1940 ausgefertigte Vereinbarung zwischen der Stadt Aschaffenburg und dem Volksbildungswerk.
[531] Vgl. AZ 1941, Nr. 102 (3./4. Mai), S. 3.
[532] SSAA, MS, Nr. 131.
[533] SSAA, MS, Nr. 127, Vereinbarung zwischen dem HJ-Bann 331 und der Stadt Aschaffenburg o. D.
[534] Vgl. Jahresbericht 1940/41, S. 7.

diese Einheit noch im Aufbau sei und wohl erst nach Kriegsende voll in Aktion trete, wenn auch genügend Lehrpersonal vorhanden sei[535].

Zeitgleich zur Lehreinheit beabsichtigte man die Eröffnung einer Orchesterschule[536], um den Absolventen der Vorschule die Möglichkeit zur Weiterbildung zu geben[537]. Und man erhoffte sich dadurch, dem Mangel an guten Orchestermusikern abzuhelfen[538]. Die bereits lehrplanmäßig und organisatorisch vorbereitete Abteilung stand kurz vor der Eröffnung[539], nahm aber nie den Betrieb auf. Laut einer Mitteilung von Leucht im April 1942 war das Projekt auf die Zeit nach Kriegsende verschoben worden mit der Option, die Orchesterschule in Form eines Internats zu führen[540].

Der Musikschuldirektor hatte noch weitere Aus- und Umbaumaßnahmen geplant, mußte sie aber aufgrund des Kriegs sowie des Raum- und Lehrkräftemangels auf unbestimmte Zeit verschieben[541]. Leucht selbst und einige andere männliche Kollegen wurden zeitweise zur Wehrmacht einberufen, was ständig wechselnde Vertretungsregelungen und Neueinstellungen erforderte[542]. Erschwerend kam Ende des Schuljahres 1940/41 die Abberufung des Klavierlehrers Leopolder an das musische Gymnasium in Frankfurt hinzu, für ihn kam einige Zeit später Erich Flinsch[543]. Neu war auch Dr. Emma Spröhnle, die im September 1941 ihr Arbeitsverhältnis antrat, das mit der Erteilung von Unterricht an der Städtischen Oberschule für Mädchen verbunden war[544]. Um sie und Richard Giebel warben andere Musikinstitute, hatten aber damit keinen Erfolg[545]. Krankheitsbedingte Ausfälle[546] und die Teilnahme an Wehrmachtstourneen[547] verschärften die Personalnot[548]. Zeitgleich war zusätzlich die Schülerzahl angestiegen. Leucht hatte zu Beginn seiner Amtszeit 234 Schüler gehabt[549] und steigerte den Wert auf 621 im Schuljahr 1943/44[550]. Dies ist sicher der

[535] SSAA, MS, Nr. 120, Schreiben an Martin Anders vom 7. April 1942, sowie Schreiben an den Oberbürgermeister von Elbing vom 2. November 1942.
[536] Vgl. Jahresbericht 1940/41, S. 7.
[537] SSAA, MS, Nr. 204, Satzung der Orchestervorschule vom 30. September 1941.
[538] Vgl. Jahresbericht 1940/41, S. 7.
[539] SSAA, MS, Nr. 114, 2. Entwurf der Denkschrift vom 1. Dezember 1954, S. 4.
[540] SSAA, MS, Nr. 120, Schreiben an Martin Anders vom 7. April 1942.
[541] Dgl. sowie ebd., Schreiben an den Oberbürgermeister von Elbing vom 2. November 1942.
[542] SSAA, MS, Nr. 118-120, Nr. 123, Nr. 134 u. Nr. 211.
[543] SSAA, MS, Nr. 160, vgl. auch Jahresbericht 1940/41, S. 7.
[544] SSAA, MS, Nr. 119.
[545] SSAA, MS, Nr. 150, Vorlage für einen Zeitungsartikel o. D.; vgl. auch Jahresbericht 1940/41, S. 6.
[546] SSAA, MS, Nr. 144-145 u. Nr. 151.
[547] Vgl. AZ 1943, Nr. 4 (6. Januar), S. 3.
[548] Auflistung aller Lehrer 1943/44: SSAA, MS, Nr. 123, Schreiben an die Reichskulturkammer vom 2. März 1943, Nr. 114, Schreiben des Personalamts an Bürgermeister Dr. Reinthaler vom 14. November 1947.
[549] Vgl. Jahresbericht 1939/40, S. 4.
[550] SSAA, MS, Nr. 217.

Angliederung der oben genannten neuen Abteilungen zu verdanken. Allerdings meldeten sich auch zunehmend Schüler ab, da sie zum Reichsarbeitsdienst[551] eingezogen wurden[552].

Direktor Leucht, der aufgrund seiner wechselnden An- und Abwesenheit selbst nur eingeschränkt arbeitsfähig war und seiner Tätigkeit zeitweise nur abends und nachts nachgehen konnte[553], setzte sich dennoch für die Aufrechterhaltung des Kulturlebens ein. Das Ziel vor Augen, seine Arbeit mit der KdF zu verknüpfen, übernahm er die wirtschaftliche und kulturelle Führung der Konzertgemeinde. Diese seit 1938 bestehende Organisation wurde 1941 von der Stadt Aschaffenburg und der KdF neu gegründet, um mit Hilfe von Vormietekonzerten einen festen Publikumsstamms aufzubauen[554]. Die Konzerte fanden in der Regel im Frohsinngebäude oder im Festsaal des Schlosses statt[555]. Letzterer stand nach Genehmigung der Staatlichen Schlösser- und Seenverwaltung während des Kriegs für Konzerte an den Sonntagvormittagen unter bestimmten Bedingungen zur Verfügung[556]. Leucht

Programm und Eintrittskarte zum 3. Schloßkonzert am 6. Juli 1941 (Vorlage: SSAA, MS, Nr. 135).

---

[551] Zu diesem halbjährigen Dienst waren seit 1935 „alle jungen Deutschen beiderlei Geschlechts" verpflichtet, der sie „zur Volksgemeinschaft und zur wahren Arbeitsauffassung" erziehen sollte; vgl. *Schmitz-Berning* (wie Anm. 476), S. 532 f., Zitate S. 532.

[552] SSAA, MS, Nr. 120-121.

[553] SSAA, MS, Nr. 120, Schreiben an Martin Anders vom 7. April 1942.

[554] SSAA, MS, Nr. 131, Gründungsvertrag vom 22. Juli 1941, u. Nr. 119, Schreiben an die Stadt Wels vom 26. Juli 1941.

[555] SSAA, MS, Nr. 128 u. Nr. 138.

[556] SSAA, MS, Nr. 119, Schreiben der Staatlichen Schlösser- und Seenverwaltung an den Oberbürgermeister vom 24. Januar 1941 (Abschrift).

6. 7. 41

Sonntag, den 6. Juli 1941 11⁰⁰ Uhr

Festsaal des Schlosses

Geh. Rat. Prof. Dr. Hermann Zilcher-Würzburg

RM 2.00

Platz Nr. 162

Rm 2.80

hielt dort auch ab 1941 die „Schloßkonzerte" ab, die der Pflege der Kammermusik dienten. Insgesamt fanden bis ins Jahr 1944 hinein 30 Konzerte statt, teilweise gestaltet von aktiven und ehemaligen Musikschullehrern[557]. In der Reihe der Musikschulkonzerte fanden nach wie vor die Hausmusik-Tage statt[558], Feiern im Lazarett wurden musikalisch ausgestaltet[559], und Leucht organisierte in seiner Eigenschaft als Städtischer Musikdirektor – dieses Amt hatte er ebenfalls von Kundigraber übernommen – neben musikalischen Vorführungen auch theoretische Vorträge und Abendkurse[560].

Er bemühte sich auch um die Pflege der Bibliothek und der Instrumente. Ein vom Kultusministerium bereitgestellter Betrag ermöglichte die Ergänzung der Bestände[561], die Stadt genehmigte den Ankauf von Klavieren[562], und die Musikschule beabsichtigte einen Aufruf an Eltern, Schüler und Wohlgesonnene, Altplatten für das Archiv abzugeben[563]. Es ist allerdings auch zu erwähnen, daß man zwecks späterer „Sicherstellung" den Bestand, Erhaltungszustand und (bewußt geringen) Schätzwert von Instrumenten und Grammophonen in Aschaffenburger jüdischen Familien erfaßte[564]. Die Bibliotheksverwaltung übernahm nach der Einberufung von Giebel ab Juli 1942 vorübergehend Rosa Gleixner[565]. Die Ausleihfrequenz – und damit die Verlustrate – stieg, da sich für die Schüler die Beschaffung von eigenen Noten und Instrumenten zunehmend schwieriger gestaltete[566].

---

[557] SSAA, MS, Nr. 114, Denkschrift/Tätigkeitsbericht als Direktor der Städt. Musikschule und als Städt. Musikdirektor 1939-1945 von Dr. Karl Friedrich Leucht, S. 15 f.

[558] SSAA, MS, Nr. 132.

[559] Vgl. *Hans Gerloff*, Kriegs-Chronik der Stadt Aschaffenburg (maschinenschriftlich), Bd. 3, o. O. [Aschaffenburg], S. 472.

[560] SSAA, MS, Nr. 139, gesammelte Zeitungsanzeigen von Oktober-Dezember 1940.

[561] SSAA, MS, Nr. 118, Schreiben der Bayerischen Landeshauptkasse vom 14. Juli 1941.

[562] SSAA, MS, Nr. 134, Entschließungen des Oberbürgermeisters vom 3. Dezember 1942 und vom 16. November 1943.

[563] Vgl. AZ 1943, Nr. 134 (10. Juni), S. 4.

[564] SSAA, MS, Nr. 134, Vorgang im Januar 1942.

[565] Ebd., Entschließung des Oberbürgermeisters vom 5. Oktober 1942.

[566] Ebd., Schreiben an den Oberbürgermeister/Referat II vom 24. April 1944.

Diese Erscheinung zählt zu den mittelbaren Auswirkungen des Kriegs auf den Betrieb der Musikschule, ebenso der vorübergehende Unterrichtsausfall „zur Sicherstellung des Brennstoffbedarfs der Zivilbevölkerung" 1940[567]. In demselben Jahr war auch ein erstes Todesopfer, ein ehemaliger Schüler, zu beklagen[568]. Als Institution selbst betroffen war die Musikschule vor allem ab 1944. Luftschutzmaßnahmen waren zu ergreifen (Einteilung von Brandwachen, Aufsuchen des Luftschutzraums bei Fliegeralarm)[569], und ein Konzept sah die Unterbringung des Musikschul- und Musikdirektor-Archivs einschließlich Personalakten, möglichst auch der entbehrlichen Instrumente, im Luftschutzraum des Deutschhauses vor, um für den Fall der Zerstörung der Amtsräume einen Notbetrieb sicherzustellen. Zu diesem Zweck waren bei Fliegeralarm und nach Ende der Bürozeiten auch die Schreibmaschine sowie die Anmeldeformulare dort hinzubringen[570]. Aufgrund dieser Raumschwierigkeiten lehnte Leucht auch eine mögliche Auslagerung von Teilen der Frankfurter Staatlichen Hochschule für Musik in das Musikschulgebäude ab[571]. Es war vielmehr Eile geboten, das eigene Inventar in Sicherheit zu bringen: Am 2. September 1944 verlagerte man den Großteil des Chor- und Orchestermaterials nach Amorbach ins dortige Schloß[572]. Gleichzeitig stellte die Musikschule auch den Unterricht ein[573] und beurlaubte die Lehrer[574]. Gerade noch rechtzeitig, denn die Musikschulräume im Theatergebäude Schloßgasse 8 wurden durch einen Minenabwurf am 27. Oktober 1944 schwer beschädigt[575]. Aus den Trümmern gerettetes Bibliotheksgut und Teile der Deutschhausorgel wurden nach Breitenbrunn (Gastwirtschaft Max Haas) ausquartiert, ab November brachte man Möbel und Instrumente – beschädigte und intakte – nach Großkahl (Gastwirtschaft Willi Rothenbücher)[576]. Insgesamt war der Verlust fast der Hälfte der Bibliothek und eines Großteils der Instrumente, darunter fünf Flügel, zu beklagen[577]. Das Deutschhaus erlitt weitere Schäden, nachdem infolge eines Bombenabwurfs am 3. Januar 1945 ein Brand ausgebrochen war[578]. Als im April 1945 in Aschaffenburg die Amerikaner einmarschierten, war die Musikschule bereits endgültig geschlossen[579].

---

[567] BaM 1940, Nr. 21 (25. Januar), S. 6. Eine Annonce über die Wiederaufnahme des Unterrichts tauchte in den Ausgaben bis zum 24. Februar allerdings nicht auf.
[568] Vgl. Jahresbericht 1940/41, S. 3; SSAA, Einwohnermeldekarte Heinrich Friedrich (geb. 11. November 1911, gest. 11. Juni 1940).
[569] SSAA, MS, Nr. 139, Luftschutz-Einteilung vom Oktober 1943.
[570] SSAA, MS, Nr. 134, Schreiben an den Oberbürgermeister vom 29. April 1944.
[571] Ebd., Schreiben an einen unbekannten Empfänger vom 17. Juni 1944.
[572] SSAA, MS, Nr. 114, Schreiben an Bürgermeister Dr. Reinthaler vom 4. September 1945.
[573] Ebd., Schreiben an das Hochbauamt vom 9. Januar 1948.
[574] Ebd., Schreiben von Gusti Friedrich vom 8. November 1945.
[575] Vgl. *Grimm*, Häuserbuch II (wie Anm. 90), S. 268.
[576] SSAA, MS, Nr. 114, Schreiben an Bürgermeister Dr. Reinthaler vom 4. September 1945.
[577] Vgl. ME 1948, Nr. 16 (24. Februar), S. 3.
[578] Vgl. *Grimm*, Häuserbuch II (wie Anm. 90), S. 268.
[579] SSAA, MS, Nr. 114, Schreiben des Personalamts an Bürgermeister Dr. Reinthaler vom 14. November 1947 (Rückseite).

Bemühungen um die Wiedereröffnung der Musikschule (1945-1959)

Was nach Kriegsende hinsichtlich der Musikschule zu regeln war, erledigte der Lehrer Hans Knöchel[580], da Leucht im Mai 1945 auf Anordnung der amerikanischen Militärregierung aus städtischen Diensten „wegen besonders aktiver Betätigung in der NSDAP" entlassen[581] und diese Entscheidung erst später revidiert wurde.

Zuerst stand die Rückführung des ausgelagerten Inventars an. Es mangelte noch an Raumkapazitäten zur Unterbringung der Möbel, Instrumente und der Bibliothek. Ab November 1945 konnten die vom Ernährungs- und Wirtschaftsamt genutzten Lagerräume in der Landingstr. 14 in Anspruch genommen werden[582]. Beim Rücktransport fand man vor Ort die Noten und Gegenstände durchwühlt und durcheinandergeworfen vor, so daß sich konkrete Verluste erst nicht benennen ließen[583]. An Instrumenten waren noch acht Flügel, sechs Klaviere, zwei Harmonium, elf Blas-, vier Streichinstrumente und die (unvollständige) Orgel geblieben[584]. Die Flügel waren allesamt überholungsbedürftig, Blechinstrumente und Pauken hatten Beulenschäden davongetragen[585]. Aus dem ehemaligen Deutschhaussaal galt es noch die verbliebenen Orgelteile zu bergen. Erwogen wurde die vorläufige Aufstellung in der Notkirche Damm[586], allerdings kam es statt dessen zur Überlassung eines Pedalharmoniums[587], wie auch bei der Pfarrei St. Konrad im Strietwald[588]. Ebenfalls verliehen wurden u. a. ein Bechstein-Flügel an Major Emerick[589] bzw. an die Amerikanische Militärregierung[590], Klaviere an die Lehrerinnenbildungsanstalt[591] und ein Flügel für den Frohsinnsaal[592]. Die Orgel verlagerte man wie die Gegenstände aus der Landingstraße Anfang Oktober 1946 in die Turnhalle der städtischen Berufsschule (Innere Dammer Straße 4[593])[594]. Knöchel befürchtete den zunehmenden

---

[580] Er leistete die Unterschriften: SSAA, MS, Nr. 114.

[581] SSAA, Personalakte Dr. Karl Friedrich Leucht, Teil I, Blatt 39.

[582] SSAA, MS, Nr. 114, Nachricht des Ernährungs- und Wirtschaftsamts an die Finanz- und Vermögensverwaltung vom 22. Januar 1946.

[583] Ebd., Bericht an das Kulturamt über das zurückgeführte Inventar der Städt. Musikschule vom 22. November 1945.

[584] Vgl. ME 1951, Nr. 197 (13. Dezember), S. 5.

[585] SSAA, MS, Nr. 114, Bericht an das Kulturamt über das zurückgeführte Inventar der Städt. Musikschule vom 22. November 1945.

[586] Ebd., Referentensitzung vom 13. August 1945 sowie Schreiben an Bürgermeister Dr. Reinthaler vom 4. September 1945.

[587] Ebd., Schreiben an das Kulturamt vom 6. Dezember 1945.

[588] Ebd., Schreiben des katholischen Pfarramts St. Konrad an das Kulturamt vom 25. Januar 1946.

[589] Major Charles M. Emerick war Chef der Amerikanischen Militärregierung in Aschaffenburg; vgl. *Alois Stadtmüller*, Aschaffenburg nach dem Zweiten Weltkrieg. Zerstörung – Wiederaufbau – Erinnerungen mit einer Ehrentafel der Gefallenen und Vermißten, Aschaffenburg 1973, S. 20.

[590] SSAA, MS, Nr. 114, Bericht an das Kulturamt über das zurückgeführte Inventar der Städt. Musikschule vom 22. November 1945.

[591] Ebd., Schreiben an das Kulturamt vom 23. Oktober 1946.

[592] Ebd., Schreiben an Kulturamtsleiter Dr. Fischer o. D. [1946].

[593] Einwohner-Buch der Stadt Aschaffenburg 1939/40, Aschaffenburg 1940, S. IV/9. Die Innere Dammer Straße wurde 1949 in Kolpingstraße umbenannt; vgl. *Carsten Pollnick*, Aschaffenburger Straßennamen. Personen und Persönlichkeiten und ihre lokalgeschichtliche Bedeutung (Aschaffenburger Studien, I. Stadtgeschichtliche Beiträge, Bd. 1), Aschaffenburg 1990, S. 143. In dem Gebäude ist heute die Kolping-Volksschule (Grundschule) untergebracht.

[594] SSAA, MS, Nr. 114, Schreiben an das Kulturamt vom 23. Oktober 1946.

Verfall von Orgel und Musikalien in den Kellerräumen[595]. Gegen Übernahme der Instandsetzungskosten durch die Stadt stellte die Pfarrei St. Agatha die Orgel 1949 in der Kirche auf[596]. Auch für die Musikschulbibliothek zeichnete sich eine Lösung ab: Ein Raum im Volksbüchereigebäude (Landingstr. 17[597]) wurde bereitgestellt[598] und Adolf Egersdörfer 1949 mit der Sichtung des Bestands beauftragt[599]. Er ging daran, ihn zu ordnen und zu katalogisieren[600]. Schließlich war die Bibliothek ab dem 4. November 1950 wieder öffentlich zugänglich[601]. Eine vom Stadtrat erlassene Benutzungsordnung regelte Gebühren und Öffnungszeiten[602].

Die schnelle Wiederherstellung der Bibliothek darf nicht den Eindruck erwecken, als wäre auch die Musikschule wieder in Betrieb gegangen. Knöchel schlug in der Befürchtung, daß bei längerer Schließung die Schüler nach Darmstadt und Frankfurt abwanderten, vor, den Unterricht wieder aufzunehmen und vorläufig in den Privaträumen der Lehrer abzuhalten[603]. Der Plan verlief im Sande. Zum 1. April 1947 gewann die Musikschule aufgrund einer neuen Ämtereinteilung formal ihre Eigenständigkeit zurück, die Geschäftsführung wurde Hans Knöchel nun offiziell übertragen[604]. Er erhielt von Bürgermeister Dr. Reinthaler, der sich vom Oberbürgermeister mit den Vorarbeiten für die Wiedereröffnung der Musikschule hatte beauftragen lassen[605], die Anweisung, den entsprechenden Personalbedarf zu ermitteln[606]. Das Hochbauamt forderte 1948 den Raumbedarf an[607]. Derweil machte sich auch Leucht Gedanken über die Wiederaufnahme des Betriebs und überreichte Reinthaler ein Exposé mit der Werbung für seine Wiedereinstellung[608] – zu dieser Zeit lief aber noch sein zweites Spruchkammerverfahren. Knöchel listete ihn bei den benötigten Lehrkräften an letzter Stelle auf[609] und schlug ihn nicht als Teilnehmer einer Grundsatzbesprechung vor[610]. Dort strebte man die Wiedereröffnung der

---

595 Ebd., Schreiben der Vermögensverwaltung an Referat III vom 23. Mai 1949.
596 Ebd., Beschluß des Hauptausschusses der Sitzung vom 3. Oktober 1949.
597 Einwohner-Buch der Stadt Aschaffenburg 1949, Aschaffenburg o. J. [1949], S. 282.
598 SSAA, MS, Nr. 114, Schreiben des Referats III an die Vermögensverwaltung vom 28. Juni 1949.
599 SSAA, Personalakte Adolf Egersdörfer, Teil I, fol. 58 (Beschluß des Hauptausschusses in der Sitzung vom 3. August 1949).
600 Vgl. *Carsten Pollnick*, Von der öffentlichen Volksbücherei zur Stadtbibliothek. 50 Jahre kommunale Bildungseinrichtung (VGKA – wie Anm. 6 –, Bd. 24), Aschaffenburg 1984, S. 215.
601 Vgl. ME 1950, Nr. 173 (4. November), S. [6].
602 SSAA, MS, Nr. 114, Aschaffenburger Anzeiger. Mitteilungen der Stadtverwaltung Aschaffenburg, Sonderdruck der durch Stadtratsbeschluß vom 18. Dezember 1950 erlassenen Benutzungsordnung; vgl. auch *Pollnick*, Stadtbibliothek (wie Anm. 600), S. 141 ff.
603 SSAA, MS, Nr. 114, Schreiben an Kulturamtsleiter Dr. Fischer o. D. [1946].
604 Ebd., Schreiben des Kulturamts an den Oberbürgermeister vom 25. März 1947.
605 Ebd., Schreiben von Referat II an den Oberbürgermeister vom 10. November 1947. Zu Dr. iur. Hans Reinthaler (1908-1979), 1945-1948 Bürgermeister, vgl. *Pollnick*, Stadtoberhäupter (wie Anm. 469), S. 78 u. 194.
606 SSAA, MS, Nr. 114, Schreiben des Oberbürgermeisters bzw. der Vertretung an die Musikschule vom 21. November 1947.
607 Ebd., Schreiben des Hochbauamts an die Musikschule vom 7. Januar 1948 sowie Rückantwort vom 9. Januar 1948.
608 Ebd., Exposé Leuchts vom 28. Februar 1948.
609 Ebd., Schreiben an Bürgermeister Dr. Reinthaler vom 24. Februar 1948.
610 Ebd., Schreiben an Bürgermeister Dr. Reinthaler vom 1. März 1948.

Musikschule nach den großen Ferien an, wenn dann einige Räume im Theatergebäude hergerichtet seien – ansonsten könnten die Lehrkräfte in ihren Wohnungen Unterricht erteilen; in der Zwischenzeit sollte der Stadtrat darüber beschließen[611]. In der Sitzung vom 9. April 1948 legte dieser die Wiedereröffnung auf den 1. September 1948 fest, außerdem die Beschäftigung der Lehrer Knöchel, Egersdörfer und Giebel sowie die Unterbringung der Musikschule im Stadttheater. Die Direktorenstelle sei nach einer Ausschreibung zu besetzen[612]. Aufgrund verzögerter Bauarbeiten mußte der Termin verschoben werden[613], vorgesehen war nun der April 1949[614]. Der Kulturausschuß schlug dann die Nutzung der Erdgeschoßräume in der Ziegelbergstr. 5 vor[615]. Man vertagte aber die Musikschulfrage erneut, diesmal auf unbestimmte Zeit[616]. In den darauffolgenden Jahren kam das Thema Wiedereröffnung immer wieder mit neuen Vorschlägen zur Sprache, ohne konkrete Auswirkungen zu zeigen[617].

Zum 1. Januar 1951 trat Hans Knöchel nach über 40 Jahren Dienst in den wohlverdienten Ruhestand, er starb sieben Jahre später[618]. Hans Kracke bewarb sich als Nachfolger, erhielt aber keine Zusage[619], so daß die Stelle unbesetzt blieb. Es war die Gelegenheit für Leucht, wieder auf den Plan zu treten, nachdem er 1945 außer Dienst gestellt und ihm seitdem wenig Beachtung geschenkt worden war. In seinen Spruchkammerverfahren[620] reihte man ihn 1946 in die Gruppe III der Minderbelasteten ein aufgrund seiner Tätigkeit im HJ-Bannstab und seiner angeblichen NSDAP-Mitgliedschaft vor dem 1. Mai 1937. Leucht selbst verfaßte eine Gegendarstellung und Richtigstellung. Der Spruch wurde 1947 aufgehoben und das Verfahren neu aufgerollt. Schließlich lautete das Endurteil im März 1948 „Gruppe IV, Mitläufer", verbunden mit einer Zahlung von 500 RM an den Wiedergutmachungsfonds. Auch die Sperrung seines Vermögens wurde aufgehoben[621]. Leucht sah mit der Urteilsbegründung, daß „keine besondere aktive Betätigung im Sinne der NSDAP" festzustellen war, den damaligen Entlassungsgrund als unwirksam an und beantragte seine Wiedereinstellung[622]. Wie bereits geschildert, war seine Mitarbeit noch nicht erwünscht, und er mußte einige Jahre in Wartestellung verharren.

---

[611] Ebd., Niederschrift über die Besprechung am 25. März 1948.
[612] Ebd., Beschluß des Kulturausschusses in der Sitzung vom 9. April 1948 sowie Beschluß des Stadtrates in der Sitzung vom 14. April 1948.
[613] Ebd., Beschluß des Hauptausschusses in der Sitzung vom 15. Juli 1948.
[614] Ebd., Schreiben an das Arbeitsamt Bremen – Abteilung Berufsberatung – vom 2. Oktober 1948.
[615] Ebd., Beschluß des Kulturausschusses in der Sitzung vom 7. April 1949.
[616] Ebd., Beschluß des Hauptausschusses in der Sitzung vom 28. April 1949.
[617] Vgl. ME 1950, Nr. 171 (31. Oktober), S. 4, sowie 1951, Nr. 197 (13. Dezember), S. 5.
[618] SSAA, MS, Nr. 114, Schreiben des Kulturreferats an Hans Kracke in Frankfurt vom 1. Februar 1951. Hans Knöchel starb am 28. Dezember 1957 in Würzburg: SSAA, Einwohnermeldekarte Johann Jakob Knöchel.
[619] SSAA, MS, Nr. 114, Beschluß des Schul- und Kulturausschusses in der Sitzung vom 2. März 1951.
[620] SSAA, SBZ II, Nr. 14.
[621] SSAA, Personalakte Dr. Karl Friedrich Leucht, Teil I, Blatt 46.
[622] Ebd., Blatt 48.

Er verfaßte eine Denkschrift über seine Tätigkeit 1939-1945[623] mit einem allgemeinen Rückblick über die Geschichte der Musikschule und eine Denkschrift mit seinen Vorschlägen zum Neuaufbau[624]: Als Gebäude schien ihm der freigewordene Knabenhort im Schönborner Hof am besten geeignet zu sein. Er plante die schrittweise Errichtung der Abteilungen Instrumentalunterricht, Singschule, Jugendmusikschule, Orchestervorschule und legte für die Musikschule ein Personal- und Finanzkonzept vor. Im Stadtrat setzte sich Hans Reinthaler 1954 erneut für die Wiedereröffnung ein. Abermals vertagte man das Thema[625]. Die Vorlegung eines Berichts über die Möglichkeit der Wiedereröffnung endete im Schul- und Kulturausschuß mit der Kenntnisnahme und Weiterleitung an die Fraktionen zur Diskussion[626]. Auch dieser Anlauf ging ins Leere. Leucht betonte nochmals, daß nicht die Bereitstellung eines eigenen Musikschulgebäudes an vorderster Stelle stehe, sondern die Aufnahme des Unterrichts; der Bedarf sei ausreichend vorhanden[627]. 1957 wurde als Interimslösung ein Gebäude in der Treibgasse ins Spiel gebracht, sobald die Ämter daraus aus- und ins fertiggestellte Rathaus eingezogen seien. Der Vorschlag beinhaltete auch den langsamen Wiederaufbau der Musikschule unter der Leitung von Leucht[628]. Auch der Maintal-Sängerbund machte sich auf dem Sängertag 1958 stark für die Wiedereröffnung[629]. Leucht wagte einen neuen Vorstoß und beantragte abermals seine Wiedereinstellung als Musikschuldirektor bzw. als Musikreferent der Stadt bis zur Eröffnung der Schule[630]: Die evangelische Kirchengemeinde hatte ihm das Angebot gemacht, gegen einen Unkostenbeitrag für Heizung und Reinigung von ihrem Anwesen neben dem Theater einen Raum des Gemeindesaals als Musikzimmer und ein Zimmer hinter der Bühne mit eigenem Eingang als Büro zur Verfügung zu stellen. Leucht argumentierte, die Tätigkeit als Musikreferent bereichere und fördere das Kulturleben der Stadt und koste die Stadt – eine Assistenzkraft und weitere personelle Unterstützung bei Großveranstaltungen eingerechnet – voraussichtlich nicht mehr als 25.000 DM[631] im Jahr. Seine Arbeit umfasse die Mitarbeit im Kulturreferat, die musikalische Betreuung der Volksschulen, den Ausbau eines Aschaffenburger Symphonieorchesters, die Planung und Durchführung von Konzerten, musikgeschichtliche Forschungsarbeit sowie die Singschularbeit. Das Stadt-

---

[623] SSAA, MS, Nr. 114, Denkschrift/Tätigkeitsbericht als Direktor der Städt. Musikschule und als Städt. Musikdirektor 1939-1945 von Dr. Karl Friedrich Leucht.

[624] Ebd., 2. Entwurf der Denkschrift vom 1. Dezember 1954.

[625] Ebd., Beschluß des Ältestenausschusses vom 23. November 1954.

[626] Ebd., Beschluß des Schul- und Kulturausschusses vom 5. Januar 1955.

[627] Vgl. *[Karl Friedrich] Leucht*, Die Städtische Musikschule Aschaffenburg. Geschichte – Forderung, in: Spessart, Monatsschrift des Spessartbundes. Zeitschrift für Wandern, Heimatgeschichte und Naturwissen, 1956, Heft 3 (März), S. 5.

[628] AV 1957, Nr. 214 (19. September), S. [3].

[629] SSAA, MS, Nr. 246, Schreiben des Maintal-Sängerbunds an den Oberbürgermeister vom 29. August 1958.

[630] SSAA, MS, Nr. 114, Schreiben an den Oberbürgermeister vom 19. September 1958 mit Anlage (Abschrift).

[631] Die Deutsche Mark (DM) wurde durch die Währungsreform im Juni 1948 eingeführt. Alle bisherigen Reichsmark- und Rentennoten sowie die diversen Währungen der Nachkriegszeit verloren ihre Gültigkeit. Nach Abzug des Kopfgelds von 60 DM wurden Forderungen und Schulden jeweils 10:1 in die neue Währung umgetauscht. Vgl. dazu *Pick* (wie Anm. 403), S. 93.

schulamt befürwortete Leuchts Wiedereinstellung in städtische Dienste und lobte seine bisherige Aktivität im musikalischen Bereich des Jugendbildungswerks beim Stadtschulamt seit 1954[632].

Persönliches Engagement (1959-1982)

Nach der Zustimmung des Stadtrats wurde Leucht zum 1. Oktober 1959 bei der Stadt eingestellt und offiziell mit der Übernahme des musikalischen Bereichs im Jugendbildungswerk beim Stadtschulamt betraut, insbesondere mit der Errichtung von Singschulklassen[633]. Sogleich ging Leucht an die Umsetzung dieses Auftrags[634]: Als Vorbild diente ihm wie bereits seinem Vorgänger in den 1920er Jahren die Singschule Augsburg. Er begann mit der Klassenbildung; jedes Jahr sollte eine neue Klasse hinzukommen bis zum vollständigen vierstufigen Aufbau. Zunächst trafen die Volksschullehrer eine Vorauswahl an Schülern, die sich dann einer Aufnahmeprüfung zu unterziehen hatten. Anfang November 1959 begann schließlich der regelmäßige Unterricht. In insgesamt fünf Klassen an der Brentano-, Grünewald-, Dalberg- und Pestalozzischule erhielten 173 Schüler zwischen acht und zwölf Jahren (etwa $^2/_3$ davon Mädchen) Unterricht in Stimmbildung, Notensingen, Musik und Harmonielehre sowie Volksliedsingen. Leucht standen für die Singklassen unterstützend die Lehrer Walter Hein und Maria Illert zur Seite. An Instrumentalklassen gab es im ersten Schuljahr fünf Blockflötengruppen und eine Orff-Gruppe mit insgesamt 114 Schülern. Sie wurden von den Lehrern Wilhelm Schießer, Rosa Schreder und Karl Welzbacher unterrichtet. Die Schüler gestalteten jährlich Abschlußkonzerte wie den sogenannten „Junggesang" oder Instrumentalvorspiele (meistens im Bachsaal)[635] und traten zu besonderen Anlässen auf, z. B. zum 50. Geburtstag des Oberbürgermeisters Schwind[636], zum 60. Geburtstag von Bürgermeister Fleischmann[637], im Krankenhaus[638], beim Offenen Singen mit der amerikanischen Schule[639] oder beim Chorfest des Maintal-Sängerbundes 1963[640]. Leucht, der beim Sängerbund seit zehn Jahren Bundes-Chormeister war[641], erhoffte sich in dieser Funktion, aus der Singschule langfristig Nachwuchs heranzuziehen[642].

---

[632] SSAA, MS, Nr. 114, Schreiben des Stadtschulamts an Referat III vom 15. April 1959.

[633] SSAA, Personalakte Dr. Karl Friedrich Leucht, Teil I, Blätter 108 u. 111.

[634] SSAA, MS, Nr. 239, Jahresbericht 1959/60, S. 2 ff. Die weiter unten genannte Orff-Gruppe arbeitete mit dem von dem Komponisten Carl Orff (1895-1982) entwickelten Schulwerk, einem von ihm entwickelten Konzept einer elementaren Musik, bei der eine ausgewählte Gruppe von Musikinstrumenten eingesetzt wurde; vgl. *Thomas Rösch*, Carl Orff, eigentlich Karl Heinrich Maria Orff, in: MGG (wie Anm. 80), Personenteil, Bd. 12, Sp. 1397-1409, zu Orffs Schulwerk Sp. 1398 ff.

[635] Der erste „Junggesang" fand am 29. Juni 1960 statt: SSAA, MS, Nr. 239, Jahresbericht 1959/60, S. 4. Zu den anderen Veranstaltungen vgl. die entsprechenden Einladungen, Programme und Rezensionen: SSAA, MS, Nr. 229.

[636] SSAA, MS, Nr. 239, Jahresbericht 1959/60, S. 4. Zu Dr. rer. nat. Vinzenz Schwind (1910-1973), 1946-1970 Oberbürgermeister, vgl. *Pollnick*, Stadtoberhäupter (wie Anm. 469), S. 80-86.

[637] Vgl. ME 1961, Nr. 88 (17. April), S. 5. Zu Dr. Philipp Fleischmann (1901-1969), 1957-1966 erster und 1966-1969 zweiter Bürgermeister, vgl. *Pollnick*, Stadtoberhäupter (wie Anm. 469), S. 99.

[638] Vgl. ME 1961, Nr. 292 (19. Dezember), S. 5.

[639] Vgl. ME 1962, Nr. 126 (2. Juni), S. 6.

[640] Vgl. ME 1963, Nr. 130 (7. Juni), S. 6.

[641] Vgl. ME 1953, Nr. 278 (1. Dezember), S. 6.

Mittwoch, den 29. Juni 1960, um 19.30 Uhr, im Stadttheater Aschaffenburg

Singen und Spielen

Junggesang 1960

Ausführende:	Städt. Singschulklassen I a, b, c, d, e
	Blockflötenklassen I und II und Förderklasse
	Klasse Orff-Schulwerk
	(insgesamt 200 Schülerinnen und Schüler)
	Maria Illert, Klavier
	Mitglieder des Aschaffenburger Symphonie-Orchesters
Leitung der einzelnen Gruppen:	Walter Hein, Maria Illert, Dr. Karl Friedrich Leucht,
	Wilhelm Schießer, Rosa Schreder, Karl Welzbacher
Gesamtleitung:	**Dr. Karl Friedrich Leucht**

Programm zum ersten „Junggesang" am 29. Juni 1960 (Vorlage: SSAA, MS, Nr. 129).

Die geplante Einführung von Violin-, Cello- und Gitarrenklassen – jeweils im Gruppenunterricht[643] – konnte nicht komplett verwirklicht werden: Im Schuljahr 1960/61 ergänzten nur Gitarre und Klavier das Fächerangebot[644]. Kurz darauf hielt die Melodica Einzug in der Musikschule[645]. Für dieses noch recht junge Instrument[646] komponierte Leucht eigens Übungsstücke[647]. Das Interesse der Jugendlichen tendierte deutlich zum Instrumentalunterricht[648], obwohl er mit 6 DM pro Monat um einiges teurer war als die Teilnahme an einer Singklasse für 1,50 DM[649]. Die Melodica lag zusammen mit Klavier, Gitarre, Blockflöte und neuerdings Akkordeon im Trend, im Gegensatz zu Blas- und Streichinstrumenten. Neben klassischer Musik waren insbesondere Volkslieder und Unterhaltungsmusik gefragt[650]. Der sich wandelnde Musikgeschmack der Jugend stellte für Leucht keine besonderen Probleme oder gar

[642] Vgl. ME 1963, Nr. 130 (7. Juni), S. 6.
[643] SSAA, MS, Nr. 239, Jahresbericht 1959/60, S. 4.
[644] SSAA, MS, Nr. 239, Jahresbericht 1960/61.
[645] Vgl. ME 1962, Nr. 162 (17. Juli), S. 4.
[646] Die Melodica wird in einem Aufsatz von 1965 (*Fritz Jöde*, Die Melodica, Trossingen 1965) als „neuartiges Blasinstrument" bezeichnet; hier zitiert nach Brockhaus Riemann Musiklexikon, Bd. 2 (wie Anm. 390), S. 110.
[647] Vgl. ME 1965, Nr. 141 (23. Juni), S. 5, sowie AV 1967, Nr. 163 (19. Juli), S. [3].
[648] Vgl. AV 1964, Nr. 99 (29. April), S. [3].
[649] Vgl. ME 1964, Nr. 228 (3. Oktober), S. 5.
[650] Vgl. ME 1963, Nr. 270 (22. November), S. 4.

eine Gefahr für die Etablierung der Musikschule dar. Er sah in Schlager- und Beatmusik keine echte Konkurrenz[651].

Für das erwachsene Publikum pflegte er weiterhin die klassische Musik und organisierte seit 1948/49 die Schönbusch-Konzerte. Diese wurden in der Regel vom zeitgleich gegründeten „Aschaffenburger Symphonieorchester" gestaltet, das sich aus Berufsmusikern des aufgelösten Stadttheater-Orchesters zusammensetzte[652]. Es bestand bis Ende der 1960er Jahre[653].

Die Musikschule konnte in den 1960er Jahren reges Interesse an musischer Bildung verzeichnen. Die Schülerzahl stieg deutlich an und bewegte sich in der Spanne zwischen 500 und 700. Genaue Zahlen können nicht angegeben werden, da sich die Quellen widersprechen[654]. Entsprechend dieser steigenden Tendenz wuchs der Lehrkörper auf 17 Personen an[655]. Hier ist zu erwähnen, daß die Lehrer kein Gehalt von der Stadt bezogen, sondern als freie Mitarbeiter an den eingenommenen Gebühren partizipierten. Die Stadt finanzierte ausschließlich das Honorar des Leiters, die Räumlichkeiten und die dort entstehenden Nebenkosten[656]. Leucht bemühte sich für das halb öffentlich-, halb privatrechtliche Unternehmen um die Bezeichnung „Städtische Sing- und Instrumentalschule" und um einen eigenen Etat[657]. Es blieb aber bei der Angliederung beim Schulamt[658]. Zeitweise gab sich die Institution dennoch als „Städtische Sing- und Musikschule" aus[659], und noch Jahre später hatte man den Eindruck, die Musikschule habe als städtische Einrichtung firmiert[660].

Von ihr völlig losgelöst war die Musikschulbibliothek noch immer in der Stadtbücherei (Landingstr. 17) untergebracht. 1960 mußten diese Räume wegen Baufälligkeit geräumt werden[661]. Zusammen mit der Stadtbücherei bezog die Bibliothek das ehemalige Frohsinngebäude (Weißenburger Str. 28) und wechselte mit ihr 1976 in das neue Domizil in der Herstallstr. 17[662]. Nach wie vor war Adolf Egersdörfer für die Sammlung zuständig und betreute sie bis zu seiner Pensionierung 1979[663]. Ihm folgten Annegrit Laubenthal[664] und Wolfgang Hild[665] nach.

[651] Vgl. ME 1966, Nr. 269 (22. November), S. 6.
[652] Vgl. ME 1961, Nr. 151 (5. Juli), S. 5.
[653] Vgl. ME 1982, Nr. 274 (29. November), S. 15. 1967 hieß es in der Presse noch, das Aschaffenburger Orchester habe wieder zu früherer Besetzung zurückgefunden; vgl. AV 1967, Nr. 161 (17. Juli), S. [3].
[654] SSAA, MS, Nr. 237-238; vgl. auch ME 1963, Nr. 270 (22. November), S. 4.
[655] SSAA, MS, Nr. 239, Auflistung 1964/65.
[656] SSAA, MS, Nr. 241, Schreiben der Gewerkschaft deutscher Musikerzieher und konzertierender Künstler über eine Versammlung vom 4. April 1984, Anlage 5.
[657] SSAA, MS, Nr. 246, Entwurf eines Antrags von Leucht [1964].
[658] SSAA, MS, Nr. 229, Konzertprogramme vom 12. Juli 1968 und vom 24. Juli 1973.
[659] Ebd., Konzertprogramme vom 20. Juli 1974 und vom 10. Juli 1976.
[660] SSAA, MS, Nr. 246, Schreiben der Gewerkschaft deutscher Musikerzieher und konzertierender Künstler über eine Versammlung vom 4. April 1984, Anlage 5.
[661] Vgl. *Pollnick*, Stadtbibliothek (wie Anm. 600), S. 166.
[662] Vgl. ebd., S. 170 f., 186 f. u. 215.
[663] Vgl. ebd., S. 215.
[664] SSAA, MS, Nr. 145, Entwurf eines Zeitungsartikels zur Pensionierung Egersdörfers, 1979.
[665] Vgl. *Pollnick*, Stadtbibliothek (wie Anm. 600), S. 206.

Parallel zur Musikschule entstanden gleichartige private Einrichtungen, die mögliche Lücken und Nischen im Bildungsangebot füllen konnten. Ernst Grimm, ein ehemaliger Schüler von August Leopolder, eröffnete nach längeren Vorbereitungen 1966 in der Fischergasse 39 eine private Musikschule[666]. Zahlreiche Privatlehrer waren ebenfalls aktiv[667], das allerdings auch schon in früherer Zeit. 1974 nahm die Kreismusikschule mit Außenstellen im Landkreis ihre Arbeit auf[668]. Und 1978 begann Bandleader Tony Fischer, in zwei Räumen über seinem Geschäft in der Duccastraße Unterricht zu erteilen[669].

Aber auch die Musikschule paßte ihr Angebot dem Zeitgeist an und richtete Ende 1966 zwei Gymnastikgruppen für Mädchen im Alter von fünf bis 14 Jahren ein[670]. Ab 1973 kam als neuer Ausbildungszweig die zweijährige musikalische Früherziehung für Kinder ab vier Jahren hinzu; für den Kurs mit etwa zwölf Kindern stand ein Raum in der Schule am Marktplatz zur Verfügung[671]. Aufgrund der hohen Nachfrage gab es zeitweise neun Kurse[672]. Ein Musizierkreis für alte Musik unter der Leitung von Christian Giegerich belebte historische Instrumente wie Trumscheit, Krummhorn, Radleier, Psalter, Flöten, Pfeifen und eine tragbare Orgel wieder[673]. Die Violine fand 1975 wieder Eingang in den Fächerkanon[674]. Während es 1968 noch zwölf Singschulklassen gegeben hatte[675], waren diese ab dem Schuljahr 1977/78 aus dem Programm verschwunden[676], bis man sich 1980 wieder zur Einrichtung einer solchen Klasse entschied[677]. Holz- und Blechblasinstrumente fehlten fast völlig. Am stärksten gefragt war der Großgruppenunterricht in Blockflöte und die Melodica[678]. Für die Blockflötengroßgruppen sprach der Gebührensatz von, je nach Gruppenstärke, monatlich 10-15 DM, für die Singklasse waren 15 DM und für den restlichen Instrumentalunterricht 15-60 DM zu entrichten. Die Früherziehung kostete für die zweijährige Laufzeit ca. 100 DM[679]. Weitere Ausbildungsinhalte waren – von kleinen Abweichungen abgesehen – nach dem Stand von 1982 Spielkreise, Klavier, Orgel, Melodica, Zither, Hackbrett, Harfe, Violine und Gitarre sowie Gehörbildung und Allgemeine Musiklehre[680]. Für die Erwachsenen waren musik-

---

[666] Vgl. ME 1965, Nr. 56 (9. März), S. 4, 1966, Nr. 209 (12. September), S. 3, u. 1966, Nr. 279 (3./4. Dezember), S. 6, sowie AV 1966, Nr. 280 (5. Dezember), S. [3].

[667] Vgl. Adreßbuch Aschaffenburg 1966/67, Aschaffenburg o. J. [1966], Tl. 4, S. 55.

[668] Vgl. AV 1974, Nr. 207 (9. September), S. [13].

[669] Vgl. ME 1978, Nr. 59 (11./12. März), S. 13.

[670] Vgl. ME 1967, Nr. 107 (11. Mai), S. 4.

[671] AV 1973, Nr. 15 (19. Januar), S. [14]. Gemeint ist das heutige Gebäude der Volkshochschule in der Luitpoldstr. 2, bis 1992 unter der Adresse Marktplatz 2; vgl. *Grimm*, Häuserbuch IV (wie Anm. 6), S. 291 ff.

[672] SSAA, MS, Nr. 229, Konzertprogramm vom 2. Juli 1977.

[673] Vgl. AV 1973, Nr. 170 (26. Juli), S. [10], 1974, Nr. 297 ([24. Dezember]), S. [10], u. Nr. 298 (27. Dezember), S. [13], sowie ME 1975, Nr. 58 (11. März), S. 14.

[674] Vgl. AV 1976, Nr. 157 (13. Juli), S. [9].

[675] Vgl. AV 1968, Nr. 164 (19. Juli), S. [3].

[676] SSAA, MS, Nr. 229, Konzertprogramm vom 2. Juli 1977; vgl. auch ME 1978, Nr. 168 (25. Juli), S. 13.

[677] Vgl. AV 1980, Nr. 267 (18. November), S. 10.

[678] SSAA, MS, Nr. 246, Schreiben des Verbands bayerischer Sing- und Musikschulen vom 5. August 1980.

[679] SSAA, MS, Nr. 239, Jahresbericht 1981/82.

[680] Vgl. ME 1982, Nr. 66 (20./21. März), S. 17, sowie AV 1982, Nr. 239 (16. Oktober), S. 9.

theoretischer Unterricht in Zusammenarbeit mit der Volkshochschule und abendliche Vorträge geplant[681].

Die Instrumentalschüler stellten den Großteil der Gesamtschülerzahl dar. Diese betrug 1970 noch 540[682], stieg in den Folgejahren aber an und hielt sich – mit Ausnahme von leichten Einbrüchen 1976 und 1977 – auf dem Niveau von etwa 700[683]. 1979 erreichte sie sogar den Stand von 768[684] und pendelte sich dann bei ca. 800 ein[685]. Etwa 15 % der Schüler stammten von auswärts, schwerpunktmäßig aus Glattbach, Haibach, Hösbach und Stockstadt[686]. Der Lehrkörper umfaßte in den 1970ern zwischen zehn und 15 Lehrkräfte[687] und bestand Anfang der 1980er mit leichten Schwankungen aus 16 bis 20 Personen[688]. Die Personalkonstruktion mit einem hauptamtlichen Leiter und ansonsten nur nebenamtlichen Kräften, die, an der Einwohnerzahl gemessen, verhältnismäßig geringe Schülerzahl, die Melodicaschüler und die Blockflötengroßgruppen riefen beim Verband bayerischer Sing- und Musikschulen Verwunderung hervor[689]. Insofern war auch der Bewerbung um eine unterfränkische Fachschule für Musik in Aschaffenburg[690] kein Erfolg beschieden, ähnlich den Bemühungen um den Konservatoriumstitel unter Hermann Kundigraber. Kritik von außen und entstandene Irritationen dürfen aber nicht generell die Leistungen der Musikschule in Frage stellen. Dank der privaten Initiative und des Engagements von Leucht war es immerhin nicht zum völligen Erliegen der musikalischen Bildung in Aschaffenburg gekommen. Die erfolgreiche Teilnahme einiger Musikschüler beim Wettbewerb „Jugend musiziert" stellte die Funktionstüchtigkeit der Musikschule unter Beweis[691]. Auch die jährlichen Schlußvorspiele im Juli und die ab 1980 veranstalteten Frühlingskonzerte ernteten Lob[692].

Nach wie vor mangelte es an einem eigenen Gebäude. 1967 war der Schönborner Hof ins Spiel gebracht worden[693]. Es blieb aber wie bisher bei der Nutzung von Volksschulräumen, als Büro diente z. T. Leuchts Privatwohnung in der Fürstengasse 2[694]. Ende der 1970er Jahre verfügte die Musikschule offenbar über einige Räume in der Landingstr. 16[695], aus der 1979 die Wirtschaftsschule Krauß ausge-

681 Vgl. AV 1982, Nr. 224 (29. September), S. 11.
682 Vgl. AV 1970, Nr. 164 (21. Juli), S. [9].
683 SSAA, MS, Nr. 229, Zeitungsausschnitte und Konzertprogramme von Schlußvorspielen.
684 Ebd., Konzertprogramm vom 20. Juli 1979.
685 SSAA, MS, Nr. 245, Schreiben an die Stadtverwaltung Wolfratshausen vom 2. Januar 1981.
686 Ebd., Schreiben an das Schulverwaltungsamt Aschaffenburg vom 12. Dezember 1980.
687 SSAA, MS, Nr. 229, Zeitungsausschnitte und Konzertprogramme von Schlußvorspielen.
688 SSAA, MS, Nr. 246, Schreiben des Verbands bayerischer Sing- und Musikschulen vom 5. August 1980, Nr. 245, Schreiben an die Stadtverwaltung Wolfratshausen vom 2. Januar 1981, u. Nr. 239, Jahresbericht 1981/82; vgl. auch AV 1982, Nr. 215 (18. September), S. 11.
689 SSAA, MS, Nr. 246, Schreiben des Verbands bayerischer Sing- und Musikschulen vom 5. August 1980.
690 Vgl. ME 1979, Nr. 139 (20. Juni), S. 15.
691 Vgl. AV 1981, Nr. 46 (25. Februar), S. 11.
692 SSAA, MS, Nr. 229, Zeitungsausschnitte.
693 Vgl. ME 1967, Nr. 102 (5. Mai), S. 4.
694 SSAA, MS, Nr. 245, Schreiben an die Stadtverwaltung Wolfratshausen vom 2. Januar 1981.
695 Vgl. ME 1979, Nr. 139 (20. Juni), S. 15.

zogen und deren neue Eigentümerin die Stadt war[696]. Zum Jahreswechsel 1981/82 siedelten etliche Kurse und das Büro ebenfalls dorthin über[697]. Es war aber nur eine Zwischenstation, bis sich im Herbst 1982 der langgehegte Wunsch eines eigenen Gebäudes verwirklichte: Am 1. September konnte das Domizil in der Kochstr. 8 bezogen werden[698]. Das Haus war 1934/35 als Hitlerjugendheim und Jugendherberge errichtet[699], im Krieg und einige weitere Jahre als Lazarett bzw. Krankenhaus und ab 1949 als Kinderheim genutzt worden[700].

Domizil der Musikschule seit 1982: Kochstraße 8 (Vorlage: Städtische Musikschule Aschaffenburg, Aufnahme: Stefan Stark).

Leucht konnte den seit 1945 herbeigesehnten Einzug gerade noch miterleben, bevor er am 26. November 1982 im Alter von 77 Jahren verstarb. Spät würdigte man seine Verdienste um das Aschaffenburger Konzertleben, wie z. B. die Neuauflage der Schönbusch-Serenaden, die Formierung des Aschaffenburger Symphonieorchesters, seine Arbeit als Bundes-Chormeister, die Tätigkeit als Kritiker für die Zeitung sowie die Herausgabe von Briefen zwischen Wolfgang Amadeus Mozart und seiner Frau Konstanze[701].

---

[696] Vgl. *Grimm*, Häuserbuch IV (wie Anm. 6), S. 263 f.
[697] Vgl. ME 1981, Nr. 293 (21. Dezember), S. 19.
[698] Vgl. AV 1982, Nr. 239 (16. Oktober), S. 9.
[699] Vgl. *Pollnick*, NSDAP (wie Anm. 488), S. 92 u. 106.
[700] Vgl. Festschrift (wie Anm. 1), S. 10.
[701] Vgl. ME 1982, Nr. 274 (29. November), S. 15, sowie AV 1982, Nr. 274 (29. November), S. 13.

Prozeß der Kommunalisierung (1982-1984)

Mit dem Tod Leuchts als einzigem in städtischen Diensten stehenden Lehrer nahm die Musikschule nun noch mehr einen privatrechtlichen Charakter an, geblieben war lediglich die Nutzung eines öffentlichen Gebäudes. Franziska Dillinger übernahm als kommissarische Leiterin die Geschäfte[702] und hielt Konferenzen ab[703]. Die nächsten zwei Jahre sollten geprägt sein von der Diskussion über die Zukunft der Musikschule.

Die Stadt entschloß sich, formell stärker als Schulträger in Erscheinung zu treten und künftig für die Schulordnung, die Besoldung der Lehrkräfte und die Erhebung von Gebühren zu sorgen. Leuchts Stelle sollte neu ausgeschrieben werden[704]. Den am 18. Juli 1983 im Stadtrat gefaßten Beschluß der Musikschulübernahme legte man aber wegen zu hoher Kosten wieder auf Eis[705]. Immerhin trat im September 1983 eine vom Stadtrat abgesegnete Schulordnung in Kraft, in der u. a. die angebotenen Fächer, der Gruppenunterricht, die Unterrichtszeiten sowie Regelungen zum Schulgeld festgeschrieben waren[706]. Der Kultur- und Schulsenat setzte die Übernahme auf den 1. September 1984 fest und sah als Personalausstattung hauptamtlich einen Leiter, zwei Lehrkräfte und eine Verwaltungskraft in Teilzeit sowie nebenamtlich beschäftigte Lehrkräfte vor[707]. Die Gebühren sollten – je nachdem, ob Einzelunterricht oder in einer Gruppe von drei Schülern – zwischen 390 und 780 DM liegen[708].

Diese immense Erhöhung und die unsichere Stellung der Lehrkräfte zog eine Elterninitiative nach sich. In einer Versammlung Anfang April 1984, an der auch die Hälfte des Lehrerkollegiums, Mitglieder des Stadtrats und die Gewerkschaft deutscher Musikerzieher und konzertierender Künstler teilnahmen, regte sich Widerstand gegen die Pläne der Stadt[709]. Während sich letztere bereits für Burkard Fleckenstein als neuen Leiter entschieden hatte, einen gebürtigen Hösbacher, der nach seinem Cello- und Schulmusikstudium in Hof tätig war[710], schlossen sich Eltern und Musikschullehrer erneut zum Protest zusammen und kämpften für niedrigere Gebühren, gegen Entlassungen und gegen eine hohe Wochenstundenzahl[711]. Schließlich einigte man sich auf die Weiterbeschäftigung aller sieben noch verbliebenen hauptamtlichen Lehrer mit der Option auf Reduzierung, auf eine verringerte

---

[702] SSAA, MS, Nr. 241, Schreiben von Franziska Dillinger an unbekannte Empfänger vom 4. Januar 1983.
[703] SSAA, MS, Nr. 240.
[704] Vgl. ME 1983, Nr. 154 (8. Juli), S. 15.
[705] Vgl. ME 1984, Nr. 20 (25. Januar), S. 13.
[706] SSAA, MS, Nr. 241, Schreiben der Gewerkschaft deutscher Musikerzieher und konzertierender Künstler über eine Versammlung vom 4. April 1984, Anlage 7.
[707] Vgl. ME 1984, Nr. 33 (9. Februar), S. 18 (Bericht über den Senatsbeschluß vom 8. Februar 1984, der endgültig durch Beschluß des Stadtrats vom 27. Februar 1984 – SSAA, MS, Nr. 233, Verwaltungsbericht 1984 – bestätigt wurde).
[708] Vgl. AV 1984, Nr. 34 (10. Februar), S. 17.
[709] SSAA, MS, Nr. 241, Schreiben der Gewerkschaft deutscher Musikerzieher und konzertierender Künstler über eine Versammlung vom 4. April 1984.
[710] Vgl. ME 1984, Nr. 113 (16. Mai), S. 17.
[711] Vgl. ME 1984, Nr. 114 (17. Mai), S. 17, u. Nr. 120 (24. Mai), S. 18.

Wochenstundenzahl[712], herabgesetzte Gebühren und die Möglichkeit der Beitragsermäßigung[713].

Das für das neue und erste unter vollständiger städtischer Trägerschaft stehende Schuljahr in Aussicht gestellte erweiterte Fächerangebot und die geplante buntere Veranstaltungspalette versprachen eine Neubelebung der musischen Bildung in Aschaffenburg[714].

„Städtische Musikschule" (seit 1984)

Schuljahresbeginn war in Anlehnung an die allgemeinbildenden Schulen Mitte September[715]. Ein Verwaltungsbericht von 1984 gibt Auskunft über die Ausgangslage und das erste Schuljahr[716]: Es standen zwei musikalisch vorbildende Kurse, der Unterricht in Violine, Violoncello, Gambe, Klavier, Akkordeon, Blockflöte, Querflöte, Klarinette, Saxophon, Gitarre, Trompete, Schlagzeug und Sologesang, eine Singgruppe, ein Spielkreis, Ensemblefächer wie Orchester und Kammermusik, auch Korrepetition sowie Theoriekurse in Musikgeschichte, Harmonielehre und eine Einführung in das Orffsche Instrumentarium zur Auswahl. Der Favorit der 816 Schüler war das Klavier, gefolgt von der Blockflöte und der Früherziehung. Aber auch Ensemble- und Ergänzungsfächer erfreuten sich regen Zuspruchs. Aus der Altersklasse sechs bis 14 Jahre stammten die meisten Schüler, aber auch 112 Erwachsene nahmen das Bildungsangebot wahr. Nur gut die Hälfte der Schüler kam aus der Stadt Aschaffenburg, alle anderen aus dem Umland. Der Unterricht fand in der Kochstraße und in den Filialschulen Dalberg-, Erthal-, Kolping-, Strietwald- und Schönbergschule sowie in den Volksschulen in Obernau und Nilkheim statt. Neben dem Leiter standen als hauptamtliche Lehrkräfte Käthe Born, Christian Giegerich, Hans Marosits, Hans Peter Mohr, Klaus Peter Noe, Anton Otto und Franziska Dillinger zur Verfügung, letztere u. a. zuständig für die Betreuung des Glockenspiels (Carillon) im Schloß Johannisburg. Mit den nebenamtlichen Lehrern zusammen kam man auf 26 Personen[717]. Insgesamt zehn Fachbereiche mit eigenen Konferenzen wurden gebildet. Ein im Oktober 1984 gewählter Elternbeirat vertrat die Interessen der Erziehungsberechtigten[718]; die dafür ungesicherte Rechtslage sollte ein Jahr später für Probleme sorgen[719]. Mit der Kommunalisierung durfte sich die Musikschule über die formale Wiederangliederung der Musikbibliothek freuen, die in den letzten Jahrzehnten bei der Stadtbibliothek angesiedelt war. Um einen für Musikschulzwecke brauchbaren Ordnungszustand herzustellen und die Materialen

---

[712] Vgl. ME 1984, Nr. 140 (19. Juni), S. 16.
[713] Vgl. ME 1984, Nr. 131 (7. Juni), S. 17.
[714] Vgl. ME 1984, Nr. 143 (23./24. Juni), S. 20, u. Nr. 213 (14. September), S. 20.
[715] SSAA, MS, Nr. 240, Konferenz vom 22. Juni 1984.
[716] SSAA, MS, Nr. 233, Verwaltungsbericht 1984 mit Statistik.
[717] SSAA, MS, Nr. 240, Konferenz vom 17. September 1984.
[718] Vgl. AV 1984, Nr. 237 (12. Oktober), S. 17.
[719] Vgl. ME 1985, Nr. 253 (2./3. November), S. 27.

benutzbar zu machen, begannen Dr. Annegrit Laubenthal und wenig später Dr. Ulrich Rügner mit länger andauernden Erschließungsarbeiten[720].

Der Öffentlichkeit konnte indes eine Reihe von Konzerten präsentiert werden. Die Fachbereiche waren angehalten, pro Halbjahr ein Vorspiel und weitere interne Vortragsabende zu veranstalten[721]. Auf elf solcher Konzerte sowie ein Lehrerkonzert und die Mitwirkung einiger Ensembles bei vorweihnachtlichen Feierstunden konnte man im ersten Schuljahr zurückblicken[722]. Ursula Liebl gestaltete das erste Konzert der neu ins Leben gerufenen Reihe „Podium junger Solisten"[723]. Es wurden die Schönbusch-Konzerte fortgesetzt[724], Kompositionen Kundigrabers am Tag der offenen Tür zur Aufführung gebracht, Festakte umrahmt[725] und regelmäßige Vorführungen im Goldbacher Altenheim initiiert[726]. Die im Januar 1985 gegründete und von der Musikschulverwaltung mitbetreute Bachgesellschaft trug in Form von Konzerten und anderen Veranstaltungen zur Bereicherung des Aschaffenburger Musiklebens bei[727]. Als besonderer Höhepunkt der Musikschulveranstaltungen gilt sicherlich das Jubiläumskonzert zum 175jährigen Bestehen am 22. November 1985. Das Programm verknüpfte Vergangenheit und Gegenwart durch die Aufführung von Werken Eduard Rommels, Hermann Kundigrabers, des ehemaligen Musikschülers und Pianisten, Komponisten, Pädagogen und Organisators Wilhelm Keilmann[728] sowie des noch aktiven Lehrers Hans-Peter Mohr[729]. Nach intensiven Bemühungen[730] waren auch im Zusammenhang mit Aschaffenburg und Mainz stehende Werke des damaligen Hofmusikers Johann Franz Xaver Sterkel (1750-1817)[731] aufgetrieben worden.

1985 blieben Schülerzahl, Umfang des Lehrkörpers und die erteilten Unterrichtsfächer in etwa gleich[732], die Einführung einer Percussiongruppe und einer Big-Band

---

[720] Vgl. Festschrift (wie Anm. 1), S. 44, ME 1986, Nr. 127 (6. Juni), S. 25, sowie SSAA, MS, Nr. 241, Schreiben an das Personalamt vom 10. Dezember 1987 über die Verlängerung des Projekts. Zur Musikschulbibliothek mit weiterführenden Literaturhinweisen vgl. auch *Birgit Schaefer* u. *Klaus-Peter Noe*, Bibliothek der Städtischen Musikschule, in: Handbuch der historischen Buchbestände in Deutschland, Bd. 11: Bayern A-H, hrsg. v. Eberhard Dünninger, Hildesheim / Zürich / New York 1997, S. 61 f., außerdem *Adolf Egersdörfer*, Katalog der Musikbücher aus der Städtischen Musikschulbibliothek, Stadtbücherei, Amtsbücherei des Stadt- und Stiftsarchives, Hofbibliothek in Aschaffenburg, Aschaffenburg 1953.
[721] SSAA, MS, Nr. 240, Konferenz vom 1. Oktober 1984.
[722] SSAA, MS, Nr. 233, Verwaltungsbericht 1984.
[723] SSAA, MS, Nr. 234.
[724] Vgl. AV 1985, Nr. 16 (19. Januar), S. 17.
[725] SSAA, MS, Nr. 233, Verwaltungsbericht 1985.
[726] SSAA, MS, Nr. 240, Konferenz vom 7. Oktober 1985.
[727] SSAA, MS, Nr. 233, Verwaltungsbericht 1985; vgl. auch ME 1985, Nr. 48 (26. Februar), S. 13.
[728] Wilhelm Keilmann war ein Sohn von Ferdinand Keilmann (vgl. Anm. 472). Zu Wilhelm Keilmann vgl. ME 1988, Nr. 177 (3. August), S. 15.
[729] SSAA, MS, Nr. 235, Broschüre zum Jubiläumskonzert am 22. November 1985; vgl. auch ME 1985, Nr. 266 (18. November), S. 20.
[730] SSAA, MS, Nr. 241, Korrespondenz von August/September 1985.
[731] Zu diesem vgl. *Axel Beer* u. *Günter Wagner*, Johann Franz Xaver Sterkel, in: MGG (wie Anm. 80), Personenteil, Bd. 15, Sp. 1433-1437.
[732] SSAA, MS, Nr. 233, Verwaltungsbericht 1985 mit Statistik.

wurden erwogen[733]. Im Vordergrund der Aktivitäten stand jetzt der geplante Umbau des Gebäudes, der von 1986 bis 1988 stattfinden und einige Millionen Mark kosten sollte[734]. Das Projekt verzögerte sich, und so räumte die Musikschule erst im November 1986 das Haus, um in der Comeniusschule ihr vorübergehendes Quartier aufzuschlagen und auch in der Grünewald- und einigen anderen Schulen Unterschlupf zu finden[735]. Schließlich konnte das Anwesen in der Kochstraße im Januar 1989 wieder bezogen werden[736]. Passend zu den Einweihungsfeierlichkeiten vom 10. bis 12. Februar erschien eine Festschrift[737]. Nach den Umbaumaßnahmen standen jetzt 21 Übungszimmer, sieben Lehrerzimmer, zwei größere Räume für Früherziehung, Verwaltungsräume und eine Diskothek mit Abhörplätzen zur Verfügung[738]. Nach langer Trennung hatte endlich nun auch die Musikbibliothek ihren Platz dort gefunden und konnte mit der öffentlichen Ausleihe beginnen[739]. Den Schlußstein der Umbaumaßnahmen bildete die Übergabe der neuen, im Konzertsaal eingebauten Orgel des Orgelbaumeisters Theodor Vleugels im Januar 1990[740].

1989 hatte sich die Musikschule, mitunter gerne als „Konservatorium" bezeichnet[741], auch organisatorisch vergrößert: Der einige Jahre zuvor geäußerte Wunsch, Dependancen nach Vorbild der Volkshochschule zu errichten[742], begann sich mit dem Anschluß der Musikschule Großostheim als Zweigstelle zu erfüllen[743]. Bisher waren 40 Schüler aus Großostheim in die Aschaffenburger Musikschule gegangen. Mit der Gründung einer eigenen Einrichtung im Herbst 1989 meldeten sich 70 Jungen und 98 Mädchen an. Ab Dezember logierte die der städtischen Musikschule angeschlossene Großostheimer Filiale im dortigen alten Rathaus, das gerade als neues Bürger- und Vereinshaus saniert worden war, mit der Aussicht, mittelfristig in das Nöthigsgut umzuziehen. Neben der musikalischen Früherziehung und Grundausbildung erlernten die Schüler hier Klavier, Gitarre, Block- und Querflöte. Die Einführung weiterer Fächer machte man vom Bedarf abhängig[744]. Das Musikbildungsangebot fand regen Zuspruch, so daß im Jahr 2001 350 Schüler zu verzeichnen waren, die nun die Räume im Nöthigsgut tatsächlich beziehen konnten[745].

Die städtische Musikschule war ebenfalls mit Raumfragen beschäftigt. Man verfügte außer in Großostheim noch über Außenstellen in den Aschaffenburger Stadttei-

[733] Vgl. ME 1986, Nr. 127 (6. Juni), S. 25.
[734] Vgl. ME 1985, Nr. 253 (2./3. November), S. 27.
[735] Vgl. AV 1986, Nr. 246 (25. Oktober), S. 17.
[736] Vgl. ME 1989, Nr. 5 (7./8. Januar), S. [21].
[737] Festschrift (wie Anm. 1); vgl. auch AV 1989, Nr. 35 (11. Februar), S. 17.
[738] AV 1988, Nr. 281 (6. Dezember), S. 15.
[739] Festschrift (wie Anm. 1), S. 44; AV 1989, Nr. 217 (21. September), S. 17.
[740] Vgl. Übergabe der neuen Konzertorgel 25.-28. Januar 1990, hrsg. von der Städtischen Musikschule Aschaffenburg, Aschaffenburg 1990.
[741] AV 1989, Nr. 217 (21. September), S. 17.
[742] Vgl. AV 1985, Nr. 16 (19. Januar), S. 17.
[743] Vgl. ME 2001, Nr. 118 (3. Mai), S. 22.
[744] Vgl. ME 1989, Nr. 286 (13. Dezember), S. 24, sowie AV 1989, Nr. 290 (18. Dezember), S. 35.
[745] Vgl. ME 2001, Nr. 118 (3. Mai), S. 22.

len[746]. Die Schülerzahl hatte sich Ende der 1980er der 1000 genähert[747], war dann zügig auf etwa 1600 angestiegen[748] und erreichte 1999 einen Höhepunkt von 1723, davon etwa 60% weiblich[749]. Das erforderte einen zunehmenden Personalaufwand, der sich zwischen 1987 und 1997 von 35 auf etwa 60 weitgehend hauptamtliche Lehrkräfte fast verdoppelte[750]. So drohte das Hauptgebäude in der Kochstraße bereits wieder aus allen Nähten zu platzen, es mußten Ausweichmöglichkeiten in Volksschulen und angemieteten Räumen gesucht werden[751]. Seitdem hielt sich die Schülerzahl relativ konstant bei ca. 1600[752] und der Umfang des Lehrkörpers bei ca. 60 Personen[753]. Die gleichbleibende Nachfrage ist nicht als selbstverständlich zu betrachten, wurden doch seit den 1990er Jahren bis in die letzte Zeit hinein die Unterrichtsgebühren stetig, und zwar fast jährlich, um einige Prozentpunkte angehoben[754]. Die Kommunen Aschaffenburg und Großostheim sahen sich dazu gezwungen, um den Kostendeckungsgrad zu steigern. Bei der Gebührenhöhe ist seit dem Schuljahr 1992/93 zwischen Schülern aus Aschaffenburg und Großostheim einerseits und Schülern aus anderen Landkreisgemeinden andererseits zu unterscheiden: 1992 kam etwa ein Drittel der Schüler aus Landkreisgemeinden. Die Stadt, die trotz 1 Million Mark aus der Staatskasse das jährliche Defizit der Musikschule auszugleichen hatte, war nicht mehr gewillt, die Kreisschüler unbegrenzt zu bezuschussen. Daher beschloß man für Auswärtsschüler höhere Gebührensätze und gestand ihnen erst Plätze zu, wenn die Interessenten aus Aschaffenburg und Großostheim versorgt waren[755]. Die Entwicklung der Gebühren ist der nachstehenden Tabelle zu entnehmen. So ist abzulesen, daß sich die Beträge unter Berücksichtigung der Währungsumstellung[756] fast verdoppelten, bei den Ergänzungsfächern sogar um mehr als 100% stiegen. Geschwisterermäßigung und andere Erleichterungen blieben aber erhalten[757].

---

[746] Vgl. AV 1986, Nr. 246 (25. Oktober), S. 17.

[747] Vgl. Festschrift (wie Anm. 1), S. 48.

[748] Vgl. AV 1992, Nr. 77 (1. April), S. 18.

[749] Vgl. ME 1999, Nr. 30 (1. Februar), S. 19.

[750] SSAA, MS, Nr. 240, Konferenz vom 24. Juli 1987; vgl. auch ME 1997, Nr. 5 (7. Januar), S. 18.

[751] Vgl. ME 1992, Nr. 232 (8. Oktober), S. 23, u. 1997, Nr. 5 (7. Januar), S. 18.

[752] Vgl. ME 2000, Nr. 254 (19. September), S. 18, u. 2009, Nr. 91 (21. April), S. 17.

[753] Vgl. ME 2005, Nr. 302 ([31. Dezember/1. Januar]), S. [19].

[754] SSAA, Zeitungsausschnittssammlung, Kasten 216a.

[755] Vgl. ME 1992, Nr. 12 (16. Januar), S. 18.

[756] Die Deutsche Mark (DM) wurde im bargeldlosen Buchungsverkehr zum 1. Januar 1999 vom Euro (€) abgelöst. Im Bargeldbereich gilt der Euro nach einer Übergangsphase seit dem 1. Januar 2002 als gesetzliches Zahlungsmittel. Der Umrechnungskurs lautete 1 € = 1,95583 DM; vgl. 1000 Jahre Deutsche Münzgeschichte. Vom Denar bis zum Euro, hrsg. vom Münzenversandhaus Reppa, Pirmasens 2003, S. 499.

[757] Vgl. ME 1994, Nr. 294 (22. Dezember), S. 17.

		1993[758]	**2009/10**[759]
Aschaffenburg und	Grundfächer	340 DM	80-312 €
Großostheim	Hauptfächer	640-1268 DM [760]	288-940 €
	Ergänzungsfächer	48 DM	56 €
andere Gemeinden	Grundfächer	440 DM	120-468 €
	Hauptfächer	880-1740 DM	432-1410 €
	Ergänzungsfächer	64 DM	84 €

Für Neulinge galt es zunächst, das geeignete Fach auszuwählen. Ein jährlich im Frühjahr veranstalteter Musikschulnachmittag gewährte Einblicke in das breite Feld der musikalischen Ausbildung und gab Hilfestellung[761]. Für Kinder zwischen vier und acht Jahren gab es zwei aufeinander aufbauende Früherziehungs- und Grundausbildungskurse, die ab dem Schuljahr 1998/99 zusammengelegt wurden. Gleichzeitig wurde für Kinder zwischen anderthalb und vier Jahren neu der „Musikgarten" eingerichtet. Eine Singklasse für Sechs- bis Achtjährige und ein Kinderchor ergänzten das Frühförderungsangebot[762]. An Hauptfächern standen Violine, Viola, Cello, Viola da Gamba, Kontrabaß, Klavier, Orgel, Cembalo, Blockflöte in verschiedenen Stimmlagen, Querflöte, Klarinette, Fagott, Oboe, Saxophon, Trompete, Posaune, Waldhorn, Akkordeon, Gitarre, Schlagwerk und Sologesang zur Auswahl[763]. Im Fächerangebot von 1989/90 war sogar noch das Carillon aufgeführt[764], ab dem Schuljahr 1999/2000 wurde eine Harfenklasse eingerichtet[765]. Am beliebtesten war nach wie vor das Klavier, gefolgt von Gitarre, Blockflöte und Querflöte[766], wohingegen Fagott, Waldhorn und Oboe wegen geringer Nachfrage als „Mangelinstrumente" bezeichnet wurden[767]. Ergänzend konnten Kammermusik, Spielkreise (z. B. Orff-Instrumente), Streicher-Vororchester, Streichorchester, Percussion- und andere Ensembles belegt werden. Für künftige Musikstudenten gab es einen Vorbereitungskurs[768]. Die 1988/89 gegründete Orchestergemeinschaft zwischen der Musikschule und dem Friedrich-Dessauer-Gymnasium förderte das Zusammenspielen[769]. Auch Erwachsene waren in der Musikschule willkommen. Sie nutzten insbesondere den Instrumentalunterricht, konnten aber auch die musikalische Erwachsenenbildung besuchen[770]. Der eine oder andere aus dieser Altersgruppe trat der 1988 ins Leben gerufenen Jazz-Big-Band bei[771], die heute immer noch aktiv ist. Im Bereich

---

[758] Vgl. AV 1993, Nr. 63 (17. März), S. 29.
[759] SSAA, ZGS, Nr. 126, Schulordnung und Gebührensätze 2009/10.
[760] Die Gebühren hängen von der Unterrichtsdauer und der Gruppengröße ab.
[761] SSAA, MS, Nr. 240, Konferenz vom 24. Juli 1987; vgl. beispielhaft ME 1993, Nr. 99 (30. April), S. 29.
[762] Vgl. ME 1998, Nr. 107 (21. April), S. 15.
[763] Vgl. ME 1993, Nr. 99 (30. April), S. 29.
[764] Vgl. AV 1989, Nr. 87 (15. April), S. 18.
[765] Vgl. ME 1999, Nr. 30 (1. Februar), S. 19.
[766] Vgl. ME 1995, Nr. 2 (3. Januar), S. 15.
[767] ME 1997, Nr. 5 (7. Januar), S. 18.
[768] Vgl. AV 1989, Nr. 87 (15. April), S. 18, sowie ME 1993, Nr. 99 (30. April), S. 29.
[769] Vgl. ME 1989, Nr. 149 (3. Juli), S. 18.
[770] Vgl. ME 1990, Nr. 8 (11. Januar), S. 19, u. 1998, Nr. 77 (20. März), S. 18.
[771] Vgl. ME 1990, Nr. 251 (31. Oktober/1. November), S. 27.

der U-Musik hielt sich die Musikschule ansonsten noch zurück. Rockmusik stand nicht im Lehrplan. Man sah Möglichkeiten für künftige Workshops und Kurse[772], überließ diese Sparte aber eher den privaten Musikschulen[773].

Dennoch sehr breit gefächert und gut aufgestellt, war die Musikschule in der Lage, zunehmend mehr Konzerte und andere Veranstaltungen zu bieten. Feste Reihen wie Fachbereichskonzerte, Feierabendvorspiele bzw. interne Vortragsabende, Altenheimvorspiele, Kammermusikabende, Jahresabschlußkonzerte, Schönbusch-Serenaden, Lehrerkonzerte („Podium Musikschule"), Podium Junger Solisten, geistliche Abendmusiken, Nikolaussingen und „Concertino international" (seit 1989 in Zusammenarbeit mit dem Bayerischen und Hessischen Rundfunk) bereicherten das kulturelle Leben[774]. Etwa 200 Auftritte kamen beispielsweise im Jahr 1998 zusammen[775]. Besonders zu erwähnen sind die seit 1980 jährlich stattfindenden „Aschaffenburger Gitarrentage". Zunächst privat initiiert, ging die Organisation bald zum Kulturamt über. Seit 1992 wird die Reihe unter dieser Bezeichnung in Zusammenarbeit mit der Musikschule durchgeführt[776]. Internationale Künstler wie Schüler treten dort auf, Workshops und Meisterkurse geben Gelegenheit zur Weiterbildung[777]. Ganztägige Workshops für andere Instrumente sowie Probenwochenenden in Hobbach, Hammelburg und auf der Burg Breuberg gehören ebenfalls zum Jahresprogramm[778]. Überregionale Anknüpfungspunkte waren auch die Ausrichtung des Bayerischen Sing- und Musikschultags in Aschaffenburg im Mai 1990[779] und die Teilnahme am Deutschen Musikschultag 1999 und 2002[780]. Einige Jahre später hielt der Verband deutscher Musikschulen hier seine Bundesversammlung und Hauptarbeitstagung ab[781]. Mit der regelmäßigen und erfolgreichen Teilnahme von Schülern an Regional-, Landes- und Bundeswettbewerben von „Jugend musiziert" – Aschaffenburg richtete 1995 selbst einen Landeswettbewerb aus[782] – gingen traditionell Preisträgerkonzerte einher[783]. 2003 hatten es sogar sechs Schüler in den Bundeswettbewerb geschafft[784], und vier Jahre später verbuchte man beim Regionalwettbewerb einen Rekord von 31 ersten und acht zweiten Preisen[785].

Künstlerisch begabte Jugendliche konnten und können auch jetzt noch mit einem Stipendium aus der Anton-Fahs-Stiftung rechnen. Der Stifter (1907-1992) hatte

[772] Vgl. ME 1995, Nr. 165 (20. Juli), S. 17.
[773] Vgl. ME 2005, Nr. 302 ([31. Dezember/1. Januar]), S. [19].
[774] SSAA, MS, Nr. 240, Konferenz vom 24. Juli 1987; vgl. auch AV 1993, Nr. 263 (13. November), S. 47, sowie ME 2000, Nr. 233 (29. August), S. 16, u. 2008, Nr. 245 (21. Oktober), S. 15.
[775] Vgl. ME 1999, Nr. 30 (1. Februar), S. 19.
[776] Vgl. *Burkard Fleckenstein*, 30. Aschaffenburger Gitarrentage, in: Brot & Spiele. Das Kulturmagazin für die Region Aschaffenburg 2009, Heft 2 (Februar), S. 3.
[777] Vgl. ME 1990, Nr. 259 (10./11. November), S. 29, u. 1994, Nr. 40 (18. Februar), S. 19.
[778] Vgl. ME 2000, Nr. 233 (29. August), S. 16.
[779] Vgl. ME 1990, Nr. 120 (26./27. Mai), S. 21.
[780] Vgl. ME 1999, Nr. 153 (10. Juni), S. 18, u. 2002, Nr. 162 (18. Juni), S. [19].
[781] Vgl. ME 2006, Nr. 109 (12. Mai), S. 17.
[782] Vgl. ME 1995, Nr. 72 (27. März), S. 18.
[783] SSAA, Zeitungsausschnittssammlung, Kasten 216a.
[784] Vgl. ME 2003, Nr. 147 (2. Juni), S. [19].
[785] Vgl. ME 2007, Nr. 33 (9. Februar), S. [18].

Schülerinnen der Musikschule (Cornelia Schupp, Marleen Kiesel, Lisa Zielonka, Felicia Schülein) bei der „Geistlichen Abendmusik" am 16. November 2008 in Leider (Vorlage: Städtische Musikschule Aschaffenburg, Aufnahme: Martin Baarlink).

verfügt, die Zinsen aus dem Stiftungskapital an junge Talente – ausgenommen die Bereiche Jazz und moderne Musik – zu vergeben, und zwar mit dem Verteilungsschlüssel zwei Drittel Stadt Aschaffenburg, ein Drittel Gemeinde Großostheim[786]. Indirekt profitieren die Musikschüler auch von der Stiftung Ottmar Geisslers (1904-1995), deren Erträge zu zwei Dritteln der Musikschule Aschaffenburg und zu einem Drittel dem Gesangverein Harmonie Goldbach zufielen und weiterhin zukommen[787].

Eine Änderung der städtischen Verwaltungsstrukturen hatte zur Folge, daß die Musikschule ab August 2000 ihren Status als eigene Dienststelle verlor; sie ist seitdem als eigener Bereich dem Kulturamt angegliedert[788]. Dessen Leitung hatte Fleckenstein übernommen; für ihn rückte an die Spitze der Musikschule Ulrike Goldau nach, seine bisherige Stellvertreterin, aus Pirmasens stammend, und von ihrer Ausbildung her Pianistin, Bratschistin, Sängerin und Musikpädagogin[789]. Sie blieb bis zum Jahresende 2005 und verließ die Musikschule dann in Richtung Freiburg. Ihre Nachfolge trat der in Kirchenmusik, Klavier und Gesang ausgebildete und bereits als Organist, Chorleiter und Dirigent tätige Stefan Claas, gebürtig

---

[786] Vgl. ME 2001, Nr. 118 (3. Mai), S. 22, u. 2008, Nr. 103 (3./4. Mai), S. 28.
[787] Vgl. ME 2004, Nr. 59 (9. März), S. [20].
[788] Verwaltungsmitteilungen der Stadt Aschaffenburg VIII/1999 vom 16. November 1999.
[789] Vgl. ME 2000, Nr. 254 (19. September), S. 18.

aus Bayreuth, an[790], der im Mai 2006 als neuer Leiter begrüßt wurde und dieses Amt bis heute wahrnimmt[791].

Im Jahr 2010 feiert die geschichtsträchtige Musikschule nun ihr 200jähriges Jubiläum. Seit der Gründung hat sie Höhen und Tiefen durchlebt und kann gut aufgestellt in ihr drittes Jahrhundert gehen[792]: Gut 1500 Kinder und Erwachsene, betreut von knapp 60 Lehrern, schöpfen aus dem reichhaltigen Unterrichtsangebot[793]. Besondere Talente können sich in der Förderklasse auf ein künftiges Musikstudium vorbereiten. Probenwochenenden, Musikschulfreizeiten, Konzertbesuche, Workshops, Aktionstage, Konzerte und Meisterkurse setzen Akzente. Schülern wie auch der allgemeinen Öffentlichkeit stehen die Bestände der Musikbibliothek zur Verfügung, die von Klaus-Peter Noe seit etwa 20 Jahren betreut werden. Über 10.000 Noten und mehr als 1000 Biographien, Zeitschriften, Lexika, Abhandlungen zu Komponisten, Musikgeschichte und Musikgattungen warten mit Ausnahme der schützenswerten Raritäten darauf, ausgeliehen zu werden[794]. Mit internen und öffentlichen Vortragsabenden sowie der Koordinierung weiterer Konzertreihen trägt die Musikschule ihre Arbeit nach außen.

Im Jubiläumsjahr fanden u. a. zahlreiche Vorspiele und Konzerte statt, Veranstaltungen wie das Unterfränkische Musikschulfestival und die Ausrichtung des Bayerischen Musikschultags rückten die Musikschule überregional ins Licht, ebenfalls griffen die Gitarrentage das Motto auf, Aschaffenburger Komponisten wurde durch die Aufführung ihrer Werke gedacht und eine Begleitausstellung im Schloß zeigte historische Noten und Instrumente[795]. Das vielfältige Programm spiegelt hier die zahlreichen Komponenten und Facetten der Musikschule wider, die sich im Laufe der Jahre gebildet haben und für Weiterentwicklungen offenstehen.

---

[790] Vgl. ME 2005, Nr. 302 ([31. Dezember/1. Januar]), S. [19].
[791] Vgl. ME 2006, Nr. 97 (27. April), S. [24], u. Nr. 105 (8. Mai), S. [24].
[792] SSAA, ZGS, Nr. 126, Info 2009/2010.
[793] Grundkurs Musik, Grundkurs Gruppenmusizieren, Percussion, Vorchor, Kinderchor, Kindertanz, Musikgarten, musikalische Erwachsenenbildung; Violine, Viola, Violoncello, Kontrabaß, Klavier, Orgel, Akkordeon, Schlagwerk, Sologesang, Blockflöte in allen Stimmlagen, Querflöte, Klarinette, Oboe, Saxophon, Trompete, Posaune, Tuba, Waldhorn, Fagott, Gitarre, Harfe, Laute, Viola da Gamba, Historische Blasinstrumente, E-Gitarre, E-Bass, Keyboard, Jazzpiano, Jazzcombo und Jazzbigband; Kammermusik in verschiedenen Besetzungen, Spielkreise für Streicher/Blockflöten/ Gitarren/Akkorden, Vororchester für Streicher, Streichorchester, Vorchor und Kinderchor, Combo und Big-Band, Blasorchester, Percussionsensembles, Rockband.
[794] Vgl. ME 2007, Beilage 7plus Nr. 21 (26. Januar), hier zitiert nach SSAA, Zeitungsausschnittssammlung, Kasten 216a; vgl. auch ME 2009, Nr. 192 (22./23. August), S. 23.
[795] Vgl. ME 2009, Nr. 31 (7./8. Februar), S. 24, sowie SSAA, Zeitungsausschnittssammlung, Kasten 216a.

Selbstbildung oder Anleitung, Utopie oder Wirklichkeit: Ästhetische Erziehung als Streitpunkt zwischen Carl von Dalberg und Friedrich Schiller

von Martin A. Völker

> *„Der Koadjutor, Freiherr von Dalberg,* gehört zu den wenigen Regenten in Deutschland, welche edel genug denken, um es zu verschmähen, über Sklaven zu herrschen, und welche die Liebe und Achtung freier Menschen zu verdienen wissen. [...] Wie gewiß würde jede gewaltsame Revolution verhindert werden, wenn nur solche Männer auf unsern Thronen säßen und nicht immer die wenigen Guten durch Weiber und Minister verdorben worden wären!"*
> Georg Friedrich Rebmann[1]

> „Den Coadjutor halte ich für einen gefährlichen Mitarbeiter."
> Christian Gottfried Körner[2]

Sowohl die einfachen Bürger als auch die intellektuellen Eliten des späten 18. Jahrhunderts konnten sich glücklich schätzen, daß in wichtigen gesellschaftlichen Teilbereichen und Institutionen Vertreter der Familie Dalberg anzutreffen waren. In Mannheim leitete Wolfgang Heribert von Dalberg (1750-1806)[3] die Geschicke des Nationaltheaters. Mit seinem Geschmack, seiner Bildung und seiner Beharrlichkeit erwarb er sich große „Verdienste um die Deutsche Bühne"[4]. Dalberg zeichnete für die am 13. Januar 1782 erfolgte Uraufführung von Friedrich Schillers Drama „Die Räuber" verantwortlich und machte sich über Mannheim hinaus als Theatertheoretiker und Bühnendichter einen Namen. Sein Bruder Friedrich Hugo von Dalberg (1760-1812)[5] wirkte als Schulreformer, Musiker und Schriftsteller. Er unterhielt gute,

---

[1] *Anselmus Rabiosus d. J. [=Georg Friedrich Rebmann]*, Wanderungen und Kreuzzüge durch einen Teil Deutschlands, in: Rebmann, Werke und Briefe, hrsg. v. Hedwig Voegt, Bd. 1, Berlin 1990, S. 505-626 u. 661-674 (Anmerkungen), Zitat S. 526 f.; die Erstausgabe der Schrift erschien Altona 1795. Zu Georg Friedrich Rebmann (1768-1824) vgl. *Georg Seiderer*, Johann Andreas Georg Friedrich v. (bayer. Personaladel 1817, Ps. *Anselmus Rabiosus d. J.*), Publizist, Jurist, in: Neue Deutsche Biographie (künftig: NDB), Bd. 21, Berlin 2003, S. 226-228.

[2] Brief Körners an Schiller vom 26. Dezember 1794, Druck: *[Friedrich] Schiller*, Werke. Nationalausgabe, Bd. 35: Briefwechsel. Briefe an Schiller 25. 5. 1794 – 31. 10. 1795, hrsg. v. Günter Schulz, Weimar 1964, S. 118 f., Zitat S. 119.

[3] Zu diesem vgl. *Hans Knudsen*, Wolfgang Heribert Tobias Otto Maria Johann Nepomuk v. Dalberg, in: NDB (wie Anm. 1), Bd. 3, Berlin 1957, S. 490-491, sowie *Friedrich Teutsch*, Wolfgang Heribert von Dalberg (1750-1806), in: Konrad M[aria] Färber, Albrecht Klose u. Hermann Reidel (Hrsg.), Carl von Dalberg. Erzbischof und Staatsmann (1744-1817), Regensburg 1994, S. 19-20.

[4] *A[ugust] W[ilhelm] Iffland*, Dramatische Werke, Bd. 1: Meine theatralische Laufbahn, Leipzig 1798, S. 296; zu August Wilhelm Iffland (1759-1814), der unter Dalbergs Leitung in Mannheim als Schauspieler und Theaterdichter wirkte, vgl. *Hans-G. Winter*, August Wilhelm Iffland, Schauspieler, Theaterdirektor, Dramatiker, in: NDB (wie Anm. 1), Bd. 10, Berlin 1974, S. 120-123.

[5] Zu diesem vgl. *Friedrich Teutsch*, Friedrich Hugo von Dalberg (1760-1812), in: Färber, Klose u. Reidel (wie Anm. 3), S. 21, sowie *Günter Wagner*, (Johann) Friedrich Hugo (Nepomuk Eckenbert) Freiherr von Dalberg, in: Die Musik in Geschichte und Gegenwart. Allgemeine Enzyklopädie der Musik, begr. v. Friedrich Blume, neubearb. Ausgabe hrsg. v. Ludwig Finscher, Bd. 5, Kassel / Basel / London / New York / Prag / Stuttgart / Weimar ²2001, Sp. 281-285.

teilweise freundschaftliche Beziehungen zu den Vertretern der Weimarer Klassik. Seine musikschriftstellerischen Arbeiten bereiteten die Romantik vor[6]. Carl von Dalberg (1744-1817)[7] ist zweifellos der bekannteste der drei Brüder, von denen Christian Friedrich Daniel Schubart (1739-1791)[8] 1788 als „dem treflichen deutschen Brüdertriumvirate"[9] sprach. Eine solche Familienkonstellation erscheint deshalb interessant und forschungsprofitabel, weil sie die Rekonstruktion einer ganzen Epoche mit ihren bestimmenden Diskursen und kulturellen Sedimenten ermöglicht[10].

Als Erfurter Statthalter, letzter Erzbischof von Mainz und Kurfürst, letzter Erzkanzler des Heiligen Römischen Reiches Deutscher Nation und insbesondere als aufklärerisch gesinnter Schriftsteller wirkte Carl von Dalberg in einer bewegten Epoche: Mit einem Denken, das sich an Ganzheitlichkeit orientierte, stemmte er sich den Zersplitterungstendenzen seiner Zeit entgegen. Unablässig beförderte er den Dialog zwischen Wissenschaft und Gesellschaft, indem er sich einerseits als wissenschaftlicher Autor und Diskutant betätigte und andererseits als politischer Entscheider fortschrittliche wissenschaftliche und pädagogische Einrichtungen gründete und protegierte. Noch im späten 19. Jahrhundert berief man sich auf den anregenden wie ausgleichenden Geist Dalbergs. Theodor Fontane (1819-1898)[11] schrieb[12]:

„Traten dann Konferenzen zusammen,
Und stand der Streit in hellen Flammen,
Und kam's, daß man keinen Ausweg sah,
So hieß es: ‚Ist kein Dalberg da?'"

---

[6] Vgl. *Michael Embach* u. *Joscelyn Godwin*, Johann Friedrich Hugo von Dalberg (1760-1812). Schriftsteller – Musiker – Domherr (Quellen und Abhandlungen zur mittelrheinischen Kirchengeschichte, Bd. 82), Mainz 1998.

[7] Zu diesem vgl. als umfangreichste bzw. jüngste Biographie *Karl Freiherr von Beaulieu-Maconnay*, Karl von Dalberg und seine Zeit. Zur Biographie und Charakteristik des Fürsten Primas, Bd. 1-2, Weimar 1879, sowie *Konrad Maria Färber*, Kaiser und Erzkanzler. Carl von Dalberg und Napoleon am Ende des Alten Reiches. Die Biographie des letzten geistlichen Fürsten in Deutschland (Studien und Quellen zur Geschichte Regensburgs, Bd. 5), Regensburg 1988.

[8] Zu diesem vgl. *Michael Myers*, Christian Friedrich Daniel Schubart, Dichter, Journalist, Musiker, in: NDB (wie Anm. 1), Bd. 23, Berlin 2007, S. 602-603.

[9] *[Christian Friedrich Daniel Schubart]*, Notizen vom Parnassus, in: Schubart, Vaterlandschronik von 1788. Erstes Halbjahr, Stuttgart 1788 (S. 349-356 = XLIV vom 30. Mai 1788), S. 354-356, dies S. 354.

[10] Vgl. *Martin A[ndré] Völker*, Raumphantasien, narrative Ganzheit und Identität. Eine Rekonstruktion des Ästhetischen aus dem Werk und Wirken der Freiherren von Dalberg (Aufklärung und Moderne, Bd. 5), o. O. [Laatzen] 2006.

[11] Zu diesem vgl. *Kurt Schreinert*, Henri Théodore (Theodor) Fontane, Dichter, in: NDB (wie Anm. 1), Bd. 5, Berlin 1961, S. 289-293.

[12] *Theodor Fontane*, Wie man's machen muß, in: ders., Gedichte I: Gedichte (Sammlung 1898). Aus der Sammlung ausgeschiedene Gedichte, hrsg. v. Joachim Krueger u. Anita Golz (Große Brandenburger Ausgabe), Berlin ²1995, S. 36 f., Zitat S. 37, sowie S. 455 (Kommentar): „Bei den deutschen Kaiserkrönungen stellte der Herold diese Frage [‚Ist kein Dalberg da?'], worauf ein Dalberg als erster vom Kaiser den Ritterschlag erhielt." Zu diesem von 1494 bis zum Ende des Reiches immer wieder erneuerten Privileg vgl. *Kurt Andermann*, Der Aufstieg der Kämmerer von Worms im späten Mittelalter, in: ders. (Hrsg.), Ritteradel im Alten Reich. Die Kämmerer von Worms genannt von Dalberg (Arbeiten der Hessischen Historischen Kommission, Neue Folge, Bd. 31), Darmstadt 2009, S. 13-29, dies S. 28 f. – Bis heute verbindet man diese Frage mit Carl von Dalberg, der damit geehrt wird.

Carl von Dalberg war bestrebt, die Einzelwissenschaften miteinander zu verbinden, um ihre Produktivität und ihren gesellschaftlichen Nutzen zu erhöhen. 1797 erläuterte er sein Gelehrtenideal[13]:

> „will eine gelehrte Gesellschaft ihren Endzweck erreichen, so muß unter ihren Mitgliedern eine solche Uebersicht von Kenntnissen vertheilt seyn, damit durch Rath und That, durch Unterredung und lebhafte Mitwirkung mehrerer zusammen, zu einem Endzwecke, das Gebiet der Wissenschaften, erweitert werde. In dieser gleichsam elektrischen Mittheilung verschiedener Geisteskräfte, in dem gemeinschaftlichen Zusammenwirken vieler würdigen Gelehrten, bestehet der wesentliche Nutzen aller gelehrten Gesellschaften.“

Obwohl diese Vorstellung die Epoche der Aufklärung mit der vernetzten Welt von heute verbindet, hatte Dalberg besonders nach 1789 Schwierigkeiten, andere von dieser Ansicht zu überzeugen. Die allen Individuen übergeordnete und die Gemüter beruhigende Vernunft, an die Dalberg angesichts der Französischen Revolution patriarchalisch appellierte, konnte gegen den zeitgenössischen Parteigeist wenig ausrichten. Sie ließ ihn ungewollt als unzeitgemäß, als Repräsentant des todgeweihten aufgeklärten Absolutismus erscheinen. Die von ihm oft wiederholte Forderung, einen ausufernden und letztlich gefährlichen Subjektivismus zurückzudrängen, um statt dessen von oben gesellschaftsrelevante Synergieeffekte zu erzeugen, paßte immer weniger in eine Gesellschaft an der Schwelle zur Moderne, in eine Zeit, in der die Werke von Immanuel Kant (1724-1804)[14] und Johann Gottlieb Fichte (1762-1814)[15] mit Begeisterung gelesen wurden und das philosophische Ich titanenhaft anschwoll. Der Geist der Revolution war allgegenwärtig, er bestimmte nicht allein das politische Geschehen, sondern veränderte ebenso die Vorstellungen von Philosophie und Dichtung. Prägnant beschrieb der Philosoph und Jurist Georg Michael Roth (1769-1817)[16], der später unter Dalbergs Ägide als Großherzog Carl von Frankfurt am Gymnasium und am Lyzeum Carolinum in Frankfurt am Main unterrichtete, 1796 den Zeitgeist. Er skizzierte die Auseinandersetzung zwischen der kritisch-idealistischen Philosophie und der auch von Dalberg propagierten Popularphilosophie, die den Menschen und seine Handlungen untersuchte, ohne Gefühle und Neigungen, Mimik und Gesten oder soziale Beziehungsgeflechte und politische Rahmenbedingungen außer acht zu lassen[17]:

---

[13] *Carl von Dalberg*, An die Kurfürstl. Mainzische Akademie nüzl. Wissenschaften, in: Nachrichten von gelehrten Sachen, hrsg. von der Akademie nützl. Wissensch. zu Erfurt, 1stes Stück vom 2. Jan. 1797, S. 4-8, Zitat S. 7.

[14] Zu diesem vgl. *Norbert Hinske*, Immanuel Kant, Philosoph, in: NDB (wie Anm. 1), Bd. 11, Berlin 1977, S. 110-125.

[15] Zu diesem vgl. *Helmut Zeltner*, Johann Gottlieb Fichte, Philosoph, in: NDB, Bd. 5 (wie Anm. 11), S. 122-125.

[16] Zu diesem vgl. *Theodor Jos[ef] Scherg*, Das Schulwesen unter Karl Theodor von Dalberg besonders im Fürstentum Aschaffenburg 1803–1813 und im Großherzogtum Frankfurt 1810–1813, München-Solln 1939, S. 360, 367, 540 u. 545.

[17] *Georg Michael Roth*, Ueber die bisherige Unmöglichkeit einer Philosophie des Bildes, der Musik und Sprache, Göttingen 1796, S. 26 f.

„Jede Revolution, wäre sie auch im Allgemeinen von den wohlthätigsten Folgen, wird schon darum, weil immer durch sie irgend ein Einzelner verlieren muß, ihre Widersacher finden. Die neue Philosophie konnte dem Schicksale, vielen ein Aergerniß zu werden, um so weniger entgehen, da die durch sie gestiftete Revolution das Eigenthum so Vieler als gänzlich werthloß verrief und den Besitzstand des wahren Wissens, den sie in ihrem bisherigen Wissen ergriffen zu haben überzeugt waren, für eingebildet erklärte. Die Popularphilosophie hatte sich in den Pflegern derienigen Wissenschaften, die sie in ihr Gebiet freundschaftlich aufgenommen hatte, zahlreiche Verfechter erworben. Indem sie für die Beschützerin ihrer Philosophieen stritten, kämpften sie zugleich für den Rang ihrer Wissenschaften, um welchen es geschehen war, wenn iene unterlag.“

Die hochgradig spezialisierte Nachwelt reagierte mit Unverständnis und Ablehnung auf Carl von Dalbergs wissenschaftlichen und politischen Universalismus. Die historischen Kontexte und die ihnen eigene Dynamik blieben unberücksichtigt, und der seinerzeit bedeutsame Erneuerer und Anreger wich dem Schöngeist und Dilettanten, der einem kaum mehr als ein schiefes Lächeln abrang[18].

Dem ästhetischen Denken Dalbergs und seinem kunstpädagogischen Interesse kommt indessen eine größere Bedeutung zu, als man zunächst vielleicht erwarten könnte, wenn man ausschließlich an den scheinbar laienhaft begeisterungsfähigen Kunstliebhaber Dalberg denkt. Auf dem Gebiet der Ästhetik wurden im 18. Jahrhundert neben persönlichen Zwistigkeiten die entscheidenden weltanschaulichen Kämpfe ausgetragen. Die ästhetischen Schriften Dalbergs spiegeln die zeittypischen Umbrüche wider: 1791 veröffentlichte er sein Buch „Grundsaetze der Aesthetik[,] deren Anwendung und künftige Entwickelung“[19], darin erörterte er eine Schönheitsvorstellung, die sich von der Konzeption Kants wesentlich unterschied und sich auf die Formen menschlichen Denkens, Handelns und Zusammenlebens, auf die Gestalt und Gestaltung des Staates sowie auf Gott bezog; unter dem Eindruck der Französischen Revolution publizierte er 1793 seine Abhandlung „Von dem Einflusse der Wissenschaften und schönen Künste in Beziehung auf öffentliche Ruhe“[20], mit der er der verbreiteten Auffassung entgegentrat, daß Künstler und Philosophen die politische Ordnung gefährden würden; 1806, ein Jahr nach der französischen Originalausgabe, erschien in deutscher Übersetzung sein „Perikles. Ueber den Einfluß der schönen Künste auf das öffentliche Glück“[21]; Dalberg erläuterte hier sein politisches Selbstverständnis und entwarf das Ideal des aufgeklärten, menschenfreundlichen und kunstsinnigen Staatsmannes.

---

[18] Vgl. *Alfred Overmann*, Karl Theodor Maria Freiherr von Dalberg, in: Mitteldeutsche Lebensbilder, Bd. 3: Lebensbilder des 18. und 19. Jahrhunderts, Magdeburg 1928, S. 175-194, dies S. 181 f.

[19] *Carl von Dalberg*, Grundsaetze der Aesthetik deren Anwendung und künftige Entwickelung, Erfurt 1791.

[20] *[Carl von Dalberg]*, Von dem Einflusse der Wissenschaften und schönen Künste in Beziehung auf öffentliche Ruhe, Erfurt 1793.

[21] *Carl von Dalberg*, Ueber den Einfluß der schönen Künste auf das öffentliche Glück, Gotha 1806. Zur französischen Erstausgabe und zu weiteren Auflagen dieser Schrift vgl. *Helga Klose* u. *Albrecht Klose*, Dalberg-Bibliographie, in: Färber, Klose u. Reidel (wie Anm. 3), S. 236-263, dies S. 236.

1795 war sein Aufsatz „Kunstschulen" in der von Friedrich Schiller (1759-1805)[22] herausgegebenen Zeitschrift „Die Horen" erschienen[23]. Auf 13 Druckseiten formulierte Dalberg präzise seine Kunstauffassung sowie den Zusammenhang zwischen Kunst, Gesellschaft und Politik: In einer einleitenden Passage äußerte er sich grundsätzlich über den Künstler und seine Tätigkeit. Der Wert eines echten Kunstwerks bestand für ihn darin, daß es „allenthalben und allzeit"[24] gefällt. Ein Künstler, der ein solches Werk hervorbringen will, muß das sinnlich Schöne mit dem geistig Angenehmen und dem sittlich Rührenden verbinden. Er strebt also in seiner Tätigkeit und mit seinem Werk nach Vollendung und Ebenmaß, nach Wahrhaftigkeit und Stimmigkeit sowie nach Wohltätigkeit und Gemeinnützigkeit. Ein Werk, das formale Mängel aufweist, das inhaltlich verworren und unehrlich erscheint oder von einer menschenfeindlichen Gesinnung zeugt, darf die Werkstatt, das Atelier oder die Dichterstube nicht verlassen. Dalberg vertrat die Auffassung, daß Begabung zwar unerläßlich sei, Begabung allein jedoch nicht ausreiche: Wer ein guter Künstler sein möchte und wohltätig und kultivierend auf seine Mitmenschen einwirken will, der ist zunächst auf Anleitung und Ausbildung angewiesen. Der angehende Künstler befolgt die technischen Vorschriften und Gesetze seiner Kunst. Er zeichnet sich durch Professionalität aus sowie durch die Bereitschaft, seine Kenntnisse zu vermehren und die erworbenen Fähigkeiten unablässig zu erproben. Ohne Mathematik und Geometrie, ohne kunstgeschichtliches Wissen und ohne Harmonie-, Farben- oder Sprachlehre bleibt der Talentierte ein Stümper. Als solcher ist er ein Ärgernis für seine Mitmenschen, weil seine fehlerhaften Werke die Verderbnis der Sitten vorantreiben[25]:

> „Jedes Bestreben muß einen guten Endzweck haben, in dessen Erzielung der Mensch sich und andern nützlich wird. Dieß ist allgemeine Pflicht, und eine zweckmäßige Kunstschule muß von diesem Geiste beseelt seyn."

Aus Dalbergs Kunstschulen gehen keine (eigenbrötlerischen) Genies hervor, sondern tüchtige Kunsthandwerker, die mithelfen, den Alltag und die Gesellschaft zu verschönern: Der Musiker hellt die Gemüter seiner Mitmenschen auf, durch seinen Beitrag werden die Pflichten erträglich. Der Bildhauer verewigt „das Andenken verdienter Männer in öffentlichen Denkmälern"[26]. Der Redekünstler verklärt die Tugend und stimmt zusammen mit dem Musiker gottgefällige Hymnen an. Die erfolgreichen Kunstschüler kleiden das Gute und Wahre in das Gewand der Schönheit und treten so dem Eigensinn, den zerstörerischen Leidenschaften und dem Vorurteil entgegen. Sie sorgen für Ruhe, Ordnung und Gemeinsinn. Die Würde der Kunst besteht in ihrer Sozialverträglichkeit.

---

[22] Zu diesem vgl. *Norbert Oellers*, Johann Christoph Friedrich v. (Reichsadel 1802) Schiller, Dichter, Historiker, Philosoph, in: NDB (wie Anm. 1), Bd. 22, Berlin 2005, S. 759-763.
[23] *Carl von Dalberg*, Kunstschulen, in: Die Horen. Eine Monatsschrift, 1. Jg. 1795, Hrsg.: [Friedrich] Schiller, Bd. 2, Tübingen 1795, 5. Stück, S. 122-134.
[24] Ebd., S. 122.
[25] Ebd., S. 128.
[26] Ebd., S. 129.

Einige Jahre vor dem Erscheinen von Dalbergs Horen-Beitrag hatte der Mathematiker und Kunstpädagoge Christian Ludolph Reinhold (1737-1791)[27] davon gesprochen, daß der Künstler das Schickliche anstreben und das Unschickliche unbedingt meiden müsse[28]:

„Das Schickliche ist das Wohlgereimte einer Sache, welches aus der Natur der Dinge erwartet wird. Die Verabsäumung des Schicklichen macht zwar nicht das Werk der Kunst fehlerhaft, aber wenn so gar das Unschickliche, Ungereimte und Bombast angebracht worden, dann würdiget solches die besten Werke zur tiefsten Verachtung herunter. [...] Abraham mit der Flinte zu mahlen und daß ihm ein Engel auf die Pfanne oder das Zündloch pisset ist eben eine solche Tollheit."

Für Dalberg bestand die Bestimmung eines jeden Menschen darin, sich selbst zu veredeln und in sich die Keime des Guten, Wahren und Schönen zu entwickeln, weshalb es die Pflicht des Staates sei, „daß er alles befördere, was zu dieser grosen Absicht mitwirken kann"[29]. Durch den Umgang mit Kunst überwindet der Mensch seine tierische Rohheit und das ebenso schädliche abstrakte Denken. Dalberg beendete seine Ausführungen mit einem Aufruf[30]:

„Gute Regenten, Väter des Vaterlandes, wollt ihr in euern Staaten Wahrheit, Schönheit und Tugend vereinigen? Wollt ihr auf eine dauerhafte Weise die schönen Künste, diese Blüthe der Menschheit, erhalten: so errichtet gute Kunstschulen!"

Schiller fügte dem gedruckten Beitrag den Auszug eines Briefes bei, mit dem sich Dalberg am 12. April 1795 an ihn gewandt[31], sich für die vorgesehene Aufnahme seines Aufsatzes bedankt und abschließend bemerkt hatte, daß eine weitere Mitarbeit für ihn nicht in Frage komme[32]:

„Die drey Stücke dieser Monatsschrift, welche bißher erschienen sind, entsprechen der hohen Erwartung Ihrer Leser. Um so mehr bedaure ich, daß der gegenwärtige Drang meiner Berufsgeschäfte mich hindert an dieser Unternehmung in Zukunft Antheil zu nehmen."

Befremdlich erscheint zunächst, daß Schiller diesen Zusatz, bei dem es sich um eine persönliche Mitteilung handelte, überhaupt abdruckte. Das Schiller am 23. März 1795 übersandte Manuskript über die Kunstschulen hatte Dalberg nicht mit seinem

---

[27] Zu diesem vgl. Deutsches Biographisches Archiv (künftig: DBA), München / London / New York / Oxford / Paris 1986, Fiche 1018, 127-137.

[28] *Christian Ludolph Reinhold*, Die Zeichen- und Mahlerschule oder systematische Anleitung zu den Zeichen- Mahler- Kupferstecher- Bildhauer- und andern Verwandten Künsten, zum privat und öffentlichen Gebrauch auf Schulen, Münster / Osnabrück 1786, S. 196 f.

[29] *Dalberg*, Kunstschulen (wie Anm. 23), S. 132.

[30] Ebd., S. 134.

[31] Vgl. Brief Dalbergs an Schiller vom 12. April 1795, Druck: *Schiller*, Werke, Bd. 35 (wie Anm. 2), S. 185.

[32] *Dalberg*, Kunstschulen (wie Anm. 23), S. 134. Gegenüber Dalbergs handschriftlicher Fassung (Anm. 31) sind in Schillers Zeitschrift Rechtschreibung und Zeichensetzung sowie das Relativpronomen (hier „welche" statt „die") verändert.

Namen versehen; überzeugt von der Qualität der bereits erschienenen Beiträge folgte er in diesem Punkt dem Konzept der Zeitschrift[33]. Dem Briefwechsel mit Christian Gottfried Körner (1756-1831)[34] ist zu entnehmen, daß Schiller von Dalbergs Beitrag mehr als enttäuscht war und er ihn, anders als vom Autor erhofft, einer Veröffentlichung für unwürdig hielt. Schiller schrieb am 5. April 1795 an Körner[35]:

> „Vom Coadjutor ist ein unendlich elender Aufsatz eingelaufen, den ich recht verlegen bin wieder los zu seyn."

Körner sekundierte seinem Freund am 15. Juni 1795 mit der Bemerkung[36]:

> „So etwas wie die Kunstschulen ist mir noch nicht von D*albergs* vorgekommen; es ist der völlige Stil der Zehn Gebote. Wer hat den glücklichen Einfall gehabt, seinen Namen am Ende anzubringen? Hier war er äusserst nöthig."

Diese harschen Reaktionen verwundern, weil Dalbergs Schreibstil, den Körner verunglimpfte, dem seiner bisher veröffentlichten Werke entsprach. Schiller kannte Dalbergs Schriften, ihre formalen wie inhaltlichen Stärken und Schwächen, er kannte Dalbergs vielgelesene „Betrachtungen über das Universum" (1777)[37] und dessen „Grundsaetze der Aesthetik" (1791), auf die er sich in seiner eigenen epochemachenden Abhandlung zur Ästhetik, nämlich in den Briefen „Ueber die ästhetische Erziehung des Menschen"[38], berief[39]. Schiller wußte also ziemlich genau, was er von Dalberg erwarten konnte, und er warb mit Dalbergs Namen für seine neue Monatsschrift „Die Horen"[40]. Schillers Reaktion, die Körner mit seiner im Dezember 1794 ausgedrückten Befürchtung, Dalberg sei ein gefährlicher Mitarbeiter,

---

[33] Vgl. Brief Dalbergs an Schiller vom 23. März 1795, Druck: *Schiller*, Werke, Bd. 35 (wie Anm. 2), S. 178: „Der Inhalt ihrer ersten Heften ist so rein und edel daß ich nun mit unbegrenztem Vertrauen mich dem Gesetz der Gesellschaft füge, und meinen Nahmen w e g l a s s e."

[34] Zu diesem vgl. *Franz Menges*, Christian Gottfried Körner, Jurist, Schriftsteller, in: NDB (wie Anm. 1), Bd. 12, Berlin 1980, S. 377-378.

[35] Brief Schillers an Körner vom 5. April 1795, Druck: *Schiller*, Werke (wie Anm. 2), Bd. 27: Briefwechsel. Schillers Briefe 1794-1795, hrsg. v. Günter Schulz, Weimar 1958, S. 170 f., Zitat S. 170.

[36] Brief Körners an Schiller vom 15. Juni 1795, Druck: *Schiller*, Werke, Bd. 35 (wie Anm. 2), S. 220 f., Zitat S. 221.

[37] *[Carl von Dalberg]*, Betrachtungen über das Universum, Erfurt 1777.

[38] Vgl. *[Friedrich] Schiller*, Ueber die ästhetische Erziehung des Menschen in einer Reyhe von Briefen, in: Die Horen (wie Anm. 23), Jg. 1, Bd. 1, Stück 1, S. 7-48 (Briefe 1-9); *ders.*, Ueber die ästhetische Erziehung des Menschen. (Fortsetzung der im vorigen Stück angefangenen Briefe.), in: ebd., Stück 2, S. 51-94 (Briefe 10-16); *ders.*, Die schmelzende Schönheit. Fortsetzung der Briefe über die ästhetische Erziehung des Menschen. (Im ersten und zweyten Stück der Horen.), in: ebd., Bd. 2, Stück 6, S. 45-124 (Briefe 17-27) (künftig: *Schiller*, Briefe I-III).

[39] Vgl. *Schiller*, Briefe III (wie Anm. 38), S. 46 f. (Fußnote).

[40] Vgl. Brief Schillers an den Ludwigsburger Arzt Friedrich Wilhelm von Hoven (1759-1838) vom 22. November 1794, in dem er berichtete, daß er 1795 „das berühmte W e l t j o u r n a l, wovon wir oft gesprochen haben" herausgeben werde und dafür schon 26 „bekannte Schriftsteller" als Mitarbeiter gewonnen habe, darunter sei auch Dalberg, „der Coadjutor von Mainz", Druck: *Schiller*, Werke, Bd. 27 (wie Anm. 35), S. 91 ff., Zitate S. 91 f. Vgl. auch die auf den 10. Dezember 1794 datierte Ankündigung und Projektbeschreibung als Einleitung des ersten Stücks des ersten Bandes seiner Zeitschrift „Die Horen" (wie Anm. 23), S. VIII. Zu Hoven vgl. *A[ugust] Hirsch*, Friedrich Wilhelm v. Hoven, in: Allgemeine Deutsche Biographie (künftig: ADB), Bd. 13, Berlin 1881, S. 215-216.

provozierte, läßt sich erklären, ohne beizupflichten, daß es sich bei Dalbergs Beitrag tatsächlich um ein Machwerk handelt.

Mit dem Konzept seiner Zeitschrift und dem Beitrag „Ueber die ästhetische Erziehung des Menschen" reagierte Schiller auf die unerwartet blutige Entwicklung der Französischen Revolution und auf die durch sie hervorgerufenen Ängste und Sehnsüchte. Seine bewußte Hinwendung zur „ästhetische[n] Welt"[41] war Ausdruck einer tiefen Enttäuschung, die er mit anderen deutschen Schriftstellern und Intellektuellen, etwa mit Georg Forster (1754-1794)[42], teilte. Forster verfolgte in Paris den Verlauf der Revolution und wurde Zeuge ihres Terrors. In einem Brief an seine Frau Therese (1764-1829)[43] beschrieb er am 16. April 1793 seine Ernüchterung[44]. Er hatte einsehen müssen, daß die Revolution kein ethisch-moralisches Korrektiv beinhaltet. Der Fanatismus und der Eigennutz erschienen ihm beispiellos, die Ereignisse ließen ihren Beobachter verstummen. Dem Wunsch seiner Frau, er solle die Geschichte dieser „gräuelvollen Zeit"[45] schreiben, entgegnete Forster niedergeschlagen[46]:

> „Ich kann es nicht. O, seitdem ich weiß, daß keine Tugend in der Revolution ist, ekelt mich's an."

Scharfsinnig wie weitblickend erläuterte Forster seine Desillusionierung und polemisierte gegen die aufklärerische Vernunft, die den Menschen in ein wahrhaft teuflisches Wesen umgewandelt hätte und auf unabsehbare Zeit wütet. Er empfand die Unreife des Menschen und die tyrannische Vernunft als derart niederschmetternd, daß einzig die Vorstellung eines utopischen Reiches der Liebe den Gedanken an sie erträglich machte[47]:

> „Allein diese Enthaltsamkeit, diese Achtung für die Rechte des Andern, welche dem Philosophen so natürlich ist, findet in der wirklichen Welt noch nicht Statt; sie ist noch nicht reif dazu – und die Herrschaft, oder besser, die Tyrannei der Vernunft, vielleicht die eisernste von allen, steht der Welt noch bevor. Wenn die Menschen erst die ganze Wirksamkeit dieses Instruments kennen lernen, welch eine Hölle um sich her werden sie damit schaffen! Je edler das Ding und je allmächtiger, desto fürchterlicher und teuflischer ist der Mißbrauch. Brand und Ueberschwemmung, die schädlichen Wirkungen von Feuer und Wasser, sind nichts gegen das Unheil, das die Vernunft stiften wird – wohl zu merken, die Vernunft ohne Gefühl, wie sie nach den Merkmahlen dieser Zeit uns bevorsteht,

---

[41] *Schiller*, Briefe I (wie Anm. 38), S. 10 (2. Brief).

[42] Zu diesem vgl. *Gerhard Steiner*, Johann Georg(e) Adam Forster, Naturwissenschaftler und Schriftsteller, in: NDB, Bd. 5 (wie Anm. 11), S. 301.

[43] Zu dieser vgl. *Gerhard Hey*, Therese Huber, geb. Heyne, Schriftstellerin, in: NDB (wie Anm. 1), Bd. 9, Berlin 1972, S. 686-688.

[44] Vgl. Brief Georg Forsters an Therese Forster vom 16. April 1793, Druck: *Georg Forster*, Werke. Sämtliche Schriften, Tagebücher, Briefe, hrsg. von der Akademie der Wissenschaften der DDR, Zentralinstitut für Literaturgeschichte, Bd. 17: Briefe 1792 bis 1794 und Nachträge, bearbeitet von Klaus-Georg Popp, Berlin 1989, S. 344-347.

[45] Ebd., S. 344.

[46] Ebd.

[47] Ebd., S. 345.

bis endlich einmal, wenn die Welt nicht wirklich das Werk des Ungefährs oder das Spiel eines Teufels ist, eine allgemeine Simplicität der Sitten, Beschäftigungen, Wünsche und Befriedigungen, eine Reinheit der Empfindung, und eine Mäßigung des Vernunftgebrauches aus allen diesen Revolutionen hervorkeimt, und ein Reich der Liebe beginnt, wie es sich gute Schwärmer von den Kindern Gottes träumten."

Die Entgleisungen in Frankreich im Sinn, beklagte Schiller am 13. Juli 1793 gegenüber Friedrich Christian Prinz von Augustenburg (1765-1814)[48] die Pole, zwischen denen der moderne Mensch schwankt[49]:

„Hier die empörendste Verwilderung, dort das entgegengesetzte Extrem der Erschlaffung: die zwey traurigsten Verirrungen, in die der Menschenkarakter versincken kann, in einer Epoche vereint."

Mit blankem Entsetzen erkannte Schiller, daß der von vielen herbeigesehnte politische Umsturz den Menschen nicht befreit, sondern lediglich seine asozialen Neigungen entfesselt hatte. Schillers Angst vor dem „wilde[n] Despotismus der Triebe"[50] ging mit einer vernichtenden Kritik der Aufklärung einher[51]:

„Die Aufklärung, deren sich die höhern Stände unsers Zeitalters nicht mit unrecht rühmen, ist bloß theoretische Kultur, und zeigt, im ganzen genommen, so wenig einen veredelnden Einfluß auf die Gesinnung, daß sie vielmehr bloß dazu hilft, die Verderbniß in ein System zu bringen, und unheilbarer zu machen. [...] Und ist dieses nun die Menschheit, möchte ich fragen, für deren Rechte der Philosoph sich verwendet, die der edle Weltbürger in Gedanken hat, und an welcher ein neuerer Solon[52] seine Ideen von einer Staatsverfaßung realisieren möchte? Ich zweifle sehr."

Die Kluft zwischen Anspruch und Wirklichkeit der Aufklärung sowie die Erfahrung, daß die Zivilisierung und Kultivierung des Menschen durch die Sammlung und Verbreitung von Erkenntnissen kaum erreicht werden konnte, ließen Schiller in seinen Briefen „Ueber die ästhetische Erziehung des Menschen" die griffige Frage formulieren: „woran liegt es, daß wir noch immer Barbaren sind?"[53]. Bereits zuvor hatte Schiller in seinem Schauspiel „Die Räuber" (1781) gegen das aufgeklärte Zeitalter revoltiert. In die Form eines Familiendramas gebracht, führte Schiller vor, wie

---

[48] Zu diesem vgl. *Olaf Klose*, Friedrich Christian II., Herzog von Schleswig-Holstein-Sonderburg-Augustenburg, in: NDB, Bd. 5 (wie Anm. 11), S. 585-586.

[49] Brief Schillers an Friedrich Christian von Augustenburg vom 13. Juli 1793, Druck: *Schiller*, Werke (wie Anm. 2), Bd. 26: Briefwechsel. Schillers Briefe 1. 3. 1790 – 17. 5. 1794, hrsg. v. Edith Nahler u. Horst Nahler, Weimar 1992, S. 257-268, Zitat S. 263.

[50] Ebd.

[51] Ebd., S. 263 f.

[52] Der griechische Staatsmann und Dichter Solon (um 640 bis etwa 560) galt spätestens seit dem 4. Jahrhundert v. u. Z. als Begründer der Demokratie in Athen; vgl. *Mischa Meier* u. *Ewen Bowie*, Solon von Athen, in: Der Neue Pauly. Enzyklopädie der Antike, hrsg. v. Hubert Cancik u. Helmuth Schneider (künftig: DNP), Bd. 11, Stuttgart / Weimar 2001, Sp. 705-710.

[53] *Schiller*, Briefe I (wie Anm. 38), S. 40 (8. Brief).

sich die väterlich-vernünftige Gemeinschaft selbst zerstört: Das „schlappe Kastraten-Jahrhundert"[54] und dessen Buchkultur verdrängen die urwüchsige Natur zugunsten der starren Konvention. Verdrängte Gefühle brechen plötzlich hervor und bilden zusammen mit einer materialistischen Weltsicht, die ins Verbrecherische gewendet wird, ein beeindruckend explosives Gemisch.

Die „Kunstschulen" stießen nicht auf Schillers Zustimmung, weil Dalberg mit jener Selbstsicherheit auftrat, die dem Staatsmann eigen ist und die dem tiefsinnigen und abwägenden Philosophen abgeht. Zudem fühlte sich Schiller durch die unverdrossen aufklärerische Haltung Dalbergs unangenehm an die eigenen Hoffnungen, die er in den späten achtziger Jahren gehegt hatte, erinnert. Die Wut, die sich an Dalbergs Aufsatz entlud, zielte letztlich auf Schiller selbst. Am 26. Mai 1789, wenige Wochen vor dem Ausbruch der Französischen Revolution, hatte Schiller in Jena seine berühmte Antrittsvorlesung mit dem Titel „Was heißt und zu welchem Ende studiert man Universalgeschichte?" gehalten, die im November 1789 in der von Christoph Martin Wieland (1733-1813)[55] herausgegebenen Zeitschrift „Der Teutsche Merkur" publiziert wurde[56]. Schiller läßt hier die Erfolgsgeschichte der Aufklärung Revue passieren und eignet sich den Standpunkt des aufgeklärten Menschen an, der nicht eher ruht, „bis alle seine Begriffe zu einem harmonischen Ganzen sich geordnet haben, bis er im Mittelpunkt seiner Kunst, seiner Wissenschaft steht, und von hier aus ihr Gebiet mit befriedigtem Blick überschauet"[57]. Aus dem Erfahrungsschatz der Seefahrer schließt Schiller, daß sich der europäische Mensch durch „ausserordentliche Anstrengung zur Gesellschaft"[58] erhoben habe. Roheit und Barbarei hätte der Europäer abgelegt, und er blicke – angetrieben von Wißbegierde und nach Unterhaltung suchend – auf fremde Völker herab und erkennt die überschrittenen Stufen seiner eigenen Entwicklung. Schiller hob die unermüdliche Tätigkeit der Intellektuellen und Gelehrten hervor, die nun durch ein „weltbürgerliches Band"[59] verbunden wären. Er lobte die europäische Staatengemeinschaft, die sich anscheinend in eine „große Familie"[60] verwandelt habe. Schiller sprach in seiner Antrittsrede kaum darüber, wie er sich den weiteren Verlauf und das Ziel der Geschichte vorstelle. Er war davon überzeugt, daß sich der omnipotente Mensch seine Wünsche und Sehnsüchte bereits weitgehend erfüllt habe[61]:

---

[54] *Friedrich Schiller*, Die Räuber. Ein Schauspiel von fünf Akten, zwote verbesserte Auflage, Frankfurt / Leipzig 1782, Neudruck: *ders.*, Werke (wie Anm. 2), Bd. 3: Die Räuber, Weimar 1953, S. 1-135, Zitat S. 21.

[55] Zu diesem bedeutendsten Prosadichter und Verserzähler der deutschen Aufklärung, der auch als Übersetzer, Herausgeber und Lyriker hervortrat, vgl. *Thomas C. Starnes*, Christoph Martin Wieland. Leben und Werk. Aus zeitgenössischen Quellen chronologisch dargestellt, Bd. 1-3, Sigmaringen 1987.

[56] *[Friedrich Schiller]*, Was heißt und zu welchem Ende studiert man Universalgeschichte? Eine akademische Antrittsrede, in: [Christoph Martin Wieland (Hrsg.)] Der Teutsche Merkur, 1789, Bd. 4 (November), S. 105-135.

[57] Dgl., in: Schiller, Werke (wie Anm. 2), Bd. 17: Historische Schriften, Tl. 1, hrsg. v. Karl-Heinz Hahn, Weimar 1970, S. 359-376, Zitat S. 362.

[58] Ebd., S. 364.

[59] Ebd., S. 366.

[60] Ebd., S. 367.

[61] Ebd., S. 365 f.

„Was sind wir jetzt? – Lassen Sie mich einen Augenblick bey dem Zeitalter stille stehen, worinn wir leben, bey der gegenwärtigen Gestalt der Welt, die wir bewohnen.

Der menschliche Fleiß hat sie angebaut, und den widerstrebenden Boden durch sein Beharren und seine Geschicklichkeit überwunden. Dort hat er dem Meere Land abgewonnen, hier dem dürren Lande Ströme gegeben. Zonen und Jahreszeiten hat der Mensch durch einander gemengt, und die weichlichen Gewächse des Orients zu seinem rauheren Himmel abgehärtet. Wie er Europa nach Westindien und dem Südmeere trug, hat er Asien in Europa auferstehen lassen. Ein heitrer Himmel lacht jetzt über Germaniens Wäldern, welche die starke Menschenhand zerriß und dem Sonnenstral aufthat, und in den Wellen des Rheins spiegeln sich Asiens Reben. An seinen Ufern erheben sich volkreiche Städte, die Genuß und Arbeit in munterm Leben durchschwärmen. Hier finden wir den Menschen, in seines Erwerbes friedlichem Besitz sicher unter einer Million, ihn, dem sonst ein einziger Nachbar den Schlummer raubte. Die Gleichheit, die er durch seinen Eintritt in die Gesellschaft verlohr, hat er wieder gewonnen durch weise Gesetze. Von dem blinden Zwange des Zufalls und der Noth hat er sich unter die sanftere Herrschaft der Verträge geflüchtet, und die Freyheit des Raubthiers hingegeben, um die edlere Freyheit des Menschen zu retten. Wohlthätig haben sich seine Sorgen getrennt, seine Thätigkeiten vertheilt. Jetzt nöthigt ihn das gebieterische Bedürfniß nicht mehr an die Pflugschaar, jetzt fordert ihn kein Feind mehr von dem Pflug auf das Schlachtfeld, Vaterland und Heerd zu vertheidigen. Mit dem Arme des Landmannes füllt er seine Scheunen, mit den Waffen des Kriegers schützt er sein Gebiet. Das Gesetz wacht über sein Eigenthum – und i h m bleibt das unschätzbare Recht, sich selbst seine Pflicht auszulesen."

Erstaunt fragt man sich angesichts einer solchen Apotheose des Erreichten, warum im selben Jahr die Revolution ausbrach und es zu den langanhaltenden politischen Verwicklungen kam, warum Freiheit, Gleichheit und Brüderlichkeit die Losung der Stunde war. Einem naiven Optimismus, der Soll mit Haben verwechselt, ist es anzulasten, daß sich Schiller später, nachdem die Revolution unter dem Fallbeil ihre Ideale verlor, der Verbitterung hingab. Seine Abhandlung „Ueber die ästhetische Erziehung des Menschen" läßt sich als formvollendete Selbstanklage lesen.

Bis an sein Lebensende blieb Dalberg fest davon überzeugt, daß die Aufklärung von Mensch und Gesellschaft notwendig sei, unaufhaltsam voranschreite und Glückseligkeit und Schönheit dabei ineinandergreifen. Er gab sich jedoch zu keinem Zeitpunkt der falschen Hoffnung hin, daß dieser Prozeß jemals an sein Ende kommen könnte, denn der zerstörerische Hochmut gehörte für ihn unaustilgbar zum Wesen des Menschen. Die Menschheit im ganzen, so Dalberg, verändere sich kaum, sie bleibe ein „Gemisch von Tugend und Laster, von Vernunft und Thorheit"[62]. Es erscheint in dieser Hinsicht vermessen und fahrlässig, den Menschen des

---

[62] *Dalberg*, Betrachtungen (wie Anm. 37), S. 27 f.

18. Jahrhunderts zum Sieger der Geschichte zu erklären, der – mit der eigenen Geschichte abschließend – stolz auf seine Bildungserfolge zurückblickt. Dieser Überheblichkeit stellte Dalberg das Bild des von der Erbsünde belasteten Menschen entgegen. Die christliche Demut warnt vor überzogenen Hoffnungen und beugt bitteren Enttäuschungen vor[63]:

> „Der erste Mensch fehlte aus Neigung zur Hoffart; Gefühl von Hoffart ward ihm zur Strafe, ward unauslöschlich in seine Seele gelegt; und das Gesetz der Fortdaurung pflanzte dieses Gefühl in seinen Enkeln fort. Mittel dagegen ist Demuth, und dieses Mittel giebt Christus, giebt die Religion allein an."

Die spöttische Bemerkung Körners, Dalbergs Kunstschulen-Aufsatz wäre im „Stil der Zehn Gebote" geschrieben worden, erscheint so in einem anderen Licht. Körner rügte mit diesem Hinweis nicht etwa objektiv die formale Gestaltung des Beitrags, sondern er spielte auf Dalbergs tiefe Verwurzelung im Glauben an, die Schiller und ihm selbst, hätten beide sie jemals erlangt, abhanden gekommen war. Die Religion hielt Dalberg angesichts der politischen Krisen schadlos. Der Glaubens- und Sinnverlust hinterließ bei Schiller einen kaum zu lindernden Schmerz.

Mit seiner Zeitschrift „Die Horen" und mit seinen Briefen zur ästhetischen Erziehung regte Schiller seine Leser zu einer vom Leben unbefleckten künstlerischen Meditation an. Erst wenn es einem jeden gelungen sein wird, den ästhetischen Staat der überwundenen Entfremdung und der Befriedung widerstreitender menschlicher Vermögen in der eigenen Brust zu entdecken und zu erhalten, erst dann wird der Mensch reif und fähig dazu sein, mit anderen eine große politische Einheit jenseits des Naturtriebs und einer diktatorischen Vernunft herzustellen. Um die realen politischen Probleme lösen zu können, müsse der Mensch, wie Schiller schrieb, den ästhetischen Weg einschlagen, „weil es die Schönheit ist, durch welche man zu der Freyheit wandert"[64]. Aber dieser Weg führt nach innen, während draußen die Revolution tobt, und es ist mehr als fraglich, ob ein Mensch, der dazu angehalten wird, die beglückende Schönheit wie eine Droge zu mißbrauchen, weil er seine Defizite und Beschränktheit vergißt, solange er ihren Zauber erfährt[65], nicht seine Fähigkeit verliert, ein guter Bürger neben anderen guten Bürgern zu sein. Hieran macht sich der Konflikt zwischen Schiller und Dalberg fest. Dalberg hatte „Die Horen" anwendungsbezogen gelesen[66], während Schiller für eine, auf die Romantik vorausweisende esoterische Form der Selbstbildung plädierte, die in den Augen eines Aufklärers kaum etwas mit Erziehung im traditionellen Sinne zu tun hatte und die im Zeitalter der Pädagogik sogar als Provokation aufgefasst werden konnte. Der an der Kieler Universität wirkende Philosoph Wilhelm Friedrich August Mackensen

---

[63] Ebd., S. 28.
[64] *Schiller*, Briefe I (wie Anm. 38), S. 12 (2. Brief).
[65] Vgl. ebd., III, S. 122 (27. Brief).
[66] Am 25. Juli 1795 schrieb Dalberg an Schiller – Druck des Briefes: *Schiller*, Werke, Bd. 35 (wie Anm. 2), S. 263 –: „Ihre Lehre Vom ästetischen Schein in dem zweyten Band der Horen ist mir neü wichtig und practisch brauchbar. Ich hoffe diese Keime hoher und reiner Wahrheiten werden in Teutschland gute Früchte bringen."

(1768-1798)[67] rezensierte Anfang Oktober 1795 den ersten Band der „Horen" (1. bis 3. Stück) für die von Ludwig Heinrich Jakob (1759-1827)[68] herausgegebenen „Annalen der Philosophie und des philosophischen Geistes"[69]: Bereits der Titel „Die Horen" war für Mackensen ein Indiz dafür, daß dem Eifer Schillers, den dieser für die Ausbildung des Volkes zeige, „nicht so recht zu trauen sey. [...] Gewiss liebt und achtet man ein Volk nicht, dessen Sprache man nicht liebt und achtet!"[70]. Mackensen sah eine unüberbrückbare Kluft zwischen Herausgeber und Publikum. Er rügte Schillers pompöse und aristokratische Sprache sowie eine „manierierende Philosophie"[71], welche die Ideen Kants mißhandelt. Zu dem Aspekt der Erziehung bemerkte Mackensen[72]: „Man würde sich sehr irren, wenn man hier etwas für Erzieher erwartete." Bezeichnenderweise wurde in der Beilage der „Annalen" ein Beitrag von Immanuel Daniel Mauchart (1764-1826)[73] veröffentlicht, in dem, wie in Dalbergs Kunstschulen-Aufsatz, mit klaren Worten prägnant die Einheit des geistig Vollkommenen, sinnlich Wohlgefälligen und sittlich Guten erläutert wurde[74].

Aus gutem Grund ließ Dalberg nie davon ab, die Kunst in politisch-soziale Zusammenhänge einzubetten: Beschränkt man die Kunst, mit welcher Begründung auch immer, ausschließlich auf das persönliche Erleben, so bleibt sie hinter ihren Möglichkeiten zurück, mehr noch: Kunst wird zu einem Verführer, der den Menschen von Gott abfallen läßt und jeden Gemeinsinn konterkariert. „Schönheit ohne Weißheit und Tugend", also ohne Verbindung zur vernünftigen Erkenntnis und zum alltäglichen guten Handeln, sei gefährlich, wie Dalberg in seinem Horen-Beitrag klarstellte[75]. Aufgabe der Politik ist es, den Menschen mit Hilfe der Kunst und der Schönheit auf dem Weg zu seiner Vervollkommnung zu unterstützen, ohne daß

---

[67] Zu diesem vgl. *[Carl Erich] Carstens*, Wilhelm Friedrich August Mackensen, in: ADB (wie Anm. 40), Bd. 20, Leipzig 1884, S. 16-17.

[68] Zu diesem vgl. *Marie Elisabeth Vopelius*, Ludwig Heinrich v. Jakob (russ. Adel 1816), Philosoph, Staatswissenschaftler, in: NDB, Bd. 10 (wie Anm. 4), S. 216-217.

[69] Vgl. [*W. Fr. A. Mackensen*, Rezension der Zeitschrift „Die Horen", in:] Annalen der Philosophie und des philosophischen Geistes von einer Gesellschaft gelehrter Männer, hrsg. von Ludwig Heinrich Jakob, Halle 1795, Nr. 118-122 (2., 5., 7., 9. u. 12. Oktober), Sp. 937-944, 945-952, 953-960, 961-968 u. 969 f.

[70] Ebd., Sp. 938.

[71] Ebd., Sp. 943.

[72] Ebd., Sp. 940. – Ideologischen Vorbehalten und literarischen Vorlieben ist es geschuldet, daß man eine solche Kritik, die ebenso von Aufklärern wie Johann Kaspar Friedrich Manso (1760-1826) oder Friedrich Nicolai (1733-1811) artikuliert wurde und die dem aufklärerischen Kommunikationsideal der polemischen wie produktiven Wechselrede entspricht, als moralisierend und philiströs abtut; vgl. hierzu *Regine Otto*, Die Auseinandersetzungen um Schillers ‚Horen', in: Hans-Dietrich Dahnke u. Bernd Leistner (Hrsg.), Debatten und Kontroversen. Literarische Auseinandersetzungen in Deutschland am Ende des 18. Jahrhunderts, Bd. 1, Berlin / Weimar 1989, S. 385-450, dies S. 399-406. Zu den beiden genannten Personen vgl. *[Colmar] Grünhagen*, Joh. Kaspar Friedr. Manso, in: ADB, Bd. 20 (wie Anm. 67), S. 246-248, bzw. *Horst Möller*, Christoph Friedrich Nicolai, Buchhändler, Verleger, Schriftsteller, in: NDB (wie Anm. 1), Bd. 19, Berlin 1999, S. 201-203.

[73] Zu diesem vgl. DBA (wie Anm. 27), Fiche 814, 221-230.

[74] Vgl. *Immanuel David Mauchart*, Ueber die dreyfache ästhetische Kraft, als Zweck der schönen Künste überhaupt, und als Grundlage des Künstler-Genie's, in: Philosophischer Anzeiger für das Jahr 1795 [Beilage der Annalen der Philosophie und des philosophischen Geistes von einer Gesellschaft gelehrter Männer, hrsg. von Ludwig Heinrich Jakob, Halle], Nr. 54 (31. December 1795), Sp. 425-430.

[75] *Dalberg*, Kunstschulen (wie Anm. 23), S. 134.

dabei ein unüberwindbarer Graben zwischen Individuum und Gesellschaft entsteht[76]:

> „Das ganze menschliche Leben sollte ein Bestreben moralisch- und ästhetisch-vollkommener Selbstbildung seyn. Und dann wird es zugleich möglichstvollständige Erregung des Schönheitsgefühls."

Der Politiker leitet den Bürger an, sich nützlich zu beschäftigen und in jeder Tätigkeit nach dem Ideal der Vollkommenheit zu streben. Die hierbei entstehende „Herzensfreude"[77] verbindet ihn mit seinen Mitmenschen und mit Gott. Man kann nicht behaupten, Dalberg hätte gegen das Programm der „Horen" verstoßen. Er fühlte wie Schiller die Verpflichtung, sich jenseits der beschränkten Interessen der Gegenwart für das Reinmenschliche einzusetzen. Er achtete die überzeitliche Einheit des Wahren, Schönen und Guten. Dalberg nahm die von Schiller formulierte Aufgabe an, die politisch geteilte Welt unter der Fahne der Wahrheit und Schönheit zu vereinigen, aber er tat dies auf seine Weise: Er nahm die Regenten, und damit sich selbst, in die Pflicht: Ausgehend von einem weitreichenden Lehrer-Schüler-Verhältnis tragen die Regenten die Veranwortung für die Bildung ihrer Untertanen. An diesem konkreten Bildungsauftrag wollte Dalberg ihre Tauglichkeit messen, während Schiller mit dem Spannungsverhältnis zwischen Form- und Stofftrieb ein allgemeinmenschliches Problem umkreiste, dessen erfolgreiche Lösung kaum zu kontrollieren war. Mit seinem Beitrag über Kunstschulen reagierte Dalberg als Ästhet und Politiker auf Forderungen seiner Zeitgenossen: Der Komponist und Musikschriftsteller Johann Friedrich Reichardt (1752-1814)[78] hatte schon 1782 den Wunsch geäußert, daß die Regenten sich der Kunst annehmen mögen, damit sie nicht länger ein unwürdiger Zeitvertreib bleibe. Gute Regenten lassen Schulen errichten, in denen eine hohe Kunst den Menschen veredelt und das gesellschaftliche Wohl befördert[79]. Zudem führte Dalberg einen Gedanken weiter aus, den er vorher in seinen „Grundsaetze[n] der Aesthetik" formuliert hatte[80]:

> „Die Führer und Lehrer der Menschheit sollten das Gefühl des wahren Schönen, in ihren Untergebenen und Zöglingen erregen. Größere allgemeine Glückseligkeit würde die Folge seyn, und das Geschäft eines Jeden würde besser gehen. Das Wesentliche aller Würkungen des Schönheitgefühls, bestehet darinn: daß durch edle Thaten der Menschen, durch ihre Geistes- und Kunstwerke, die Menschheit gewinnt, und die Welt schöner und besser wird. Wissenschaft, Kunst und Thatkraft sind einander wechselsweiß Stütze, Beförderung, Anfeuerung; und wenn Achill einen Homer begeistert, so begeistert Homer einen Alexander.

---

[76] *Ders.*, Grundsaetze (wie Anm. 19), S. 45.
[77] Ebd., S. 39.
[78] Zu diesem vgl. *Walter Salmen*, Johann Friedrich Reichardt, Komponist, Hofkapellmeister, Schriftsteller, in: NDB, Bd. 21 (wie Anm. 1), S. 295-296.
[79] Vgl. *Johann Friedrich Reichardt*, Musikalisches Kunstmagazin, Bd. 1, 1. Stück, Berlin 1782, S. V-VIII (Vorrede: An Großgute Regenten).
[80] *Dalberg*: Grundsaetze (wie Anm. 19), S. 38.

Kunst steigt durch entflammte Bewunderung der Kunstwerke, von Stufe zu Stufe, zu hohen Idealen empor."

Gegenüber der auf Kunst und das Kunsterlebnis enggeführten Ästhetik Schillers entwarf Dalberg eine Ästhetik, die sich im regen Austausch mit allen erdenklichen Wissensgebieten und Lebensbereichen befindet: Anthropologie, Geschichte, Mathematik, Moral, Kunst, Physik und Theologie, z. B.[81]:

> „Die Cosmologie giebt die Summe aller Gegenstände an, in welchen die Aesthetik das Verhältniß des Gefallens und Mißfallens entdeckt. Dagegen geben die ästhetischen Begriffe dem harmonischen Weltall den entzückenden Schmuck der Schönheit.
> [...]
> Die Kritik leihet der Aesthetik ihre Vorschriften des Prüfens und Vergleichens, und erhält dagegen ein weites Feld ihrer Anwendung, in Prüfung des Schönen.
> [...]
> Die Theologie giebt der Aesthetik den Begriff von dem Daseyn Gottes, und erhält dagegen den Begriff seiner höchsten Schönheit und Vollkommenheit."

Dalberg definierte die Ästhetik als Disziplin, die andere Gebiete befruchtet und von diesen wiederum bereichert wird, er propagierte Verbindung statt Vereinzelung und stellte die Schönheit ins Zentrum des individuellen und sozialen Lebens. Wer das gute und gelungene Leben anstrebt, so läßt sich seine Überlegung zusammenfassen, der sucht nach Schönheit und begibt sich in Gemeinschaft. Weil Dalberg ein Konzept anbot, das die einzelnen Teilbereiche der Gesellschaft nicht weiter auseinanderdriften ließ, sondern das bürgerliche Leben, die Wissenschaft und die Kunst dynamisch miteinander vernetzte, wurde er von Christian Friedrich Daniel Schubart als Erneuerer der Gelehrsamkeit – als deutscher Francis Bacon (1561-1626)[82] – gefeiert. Für Schubart, der oft genug das aussprach, was seine Zeitgenossen dachten, nahm Dalberg neben Johann Gottfried Herder (1744-1803)[83] und Christoph Martin Wieland eine herausragende Stellung in der Literaturszene ein[84]. Mit seiner Ästhetik überragte Dalberg nach Auffassung Schubarts all jene Autoren, die sich vorher mit ästhetischen Fragestellungen auseinandergesetzt hatten, weil er den Gedanken nicht von der Tat, das Subjekt nicht vom Objekt und das Schöne nicht vom täglichen Leben, vom Staat und von Gott trennte[85]:

> „Uns Deutschen ziemt der Ruhm vor allen Völkern der Erde, eine Wissenschaft – nicht eben gefunden, doch entdekt zu haben, die unter die göttlichsten

---

[81] Ebd., S. 58 f.
[82] Zu diesem englischen Staatsmann und Philosophen vgl. *Friedrich Kambartel*, Francis Bacon, Baron von Verulam, Viscount St. Albans, in: Jürgen Mittelstraß (Hrsg.), Enzyklopädie Philosophie und Wissenschaftstheorie, Bd. 1, Stuttgart / Weimar 1995, S. 244-245.
[83] Vgl. *Hans-Wolf Jäger*, Johann Gottfried Herder, ev. Theologe, Philosoph, Kunst- und Literaturtheoretiker, Dichter, in: NDB (wie Anm. 1), Bd. 8, Berlin 1969, S. 595-603.
[84] Vgl. *[Christian Friedrich Daniel Schubart]*, Die Leipziger Messe, in: Schubart, Chronik. 1791, Nr. 43 (31. Mai), S. 359-360.
[85] *[Ders.]*, Aesthetik, in: ebd., Nr. 46 (10. Junius), S. 383-384, Zitat S. 383.

gehört – die Wissenschaft von Licht und Liebe, von Schönheit und Güte, von der innern und äussern Seite Gottes – die Aesthetik. Zwar war Sokrates[86] schon ein groser Aesthetiker, als er vom Säuseln des Ahornbaums und vom Wehen des Ilyssus zur Urschönheit aufstieg. Doch uns war's vorbehalten, das, was die Alten nur ahndeten, in ein deutliches Sistem zu bringen. Baumgarten[87] warf zuerst die Goldmasse hin, aus welcher hernach Mendelssohn[88], Kant[89], Riedel[90], Eberhard[91], Goldfäden spannen. Heidenreich[92], bei dem Denken und Empfinden, Abziehen und Darstellen in schönem Ebenmaase steht, hat in dem Ersten Theil seiner Aesthetik gezeigt, daß er uns eine bessere liefern könne, als seine Vorgänger. Nun aber tritt Koadjutor von Dalberg, ein längst von uns gefeierter Name, auf, und liefert uns Bruchstüke, oder vielmehr den Grundriß zu der vollkommensten denkbaren Aesthetik. Er trennt das Schöne nicht von der Güte, das Unsichtbare nicht vom Sichtbaren".

Dalbergs berufsbedingte Abkehr von den „Horen", die er dem Herausgeber am 12. April 1795 anzeigte, läßt sich durchaus als ein Hinweis auf unterschiedliche, vielleicht unversöhnliche Ansichten lesen. Dennoch wandte sich der begeisterte Horen-Leser Dalberg am 5. September 1795 abermals an Schiller und übersandte ihm einen neuen Beitrag, der bedauerlicherweise verlorengegangen ist[93]. Schiller

---

[86] Zu diesem (469-399), griechischer Philosoph, vgl. *Klaus Döring*, Sokrates, in: DNP, Bd. 11 (wie Anm. 52), Sp. 674-686.

[87] Zu Alexander Gottlieb Baumgarten (1714-1762) vgl. *Josef Hanslmeier*, Alexander Gottlieb Baumgarten, Philosoph, in: NDB (wie Anm. 1), Bd. 1, Berlin 1953, S. 660, sowie *Matthias Gatzemeier*, Alexander Gottlieb Baumgarten, in: Mittelstraß, Bd. 1 (wie Anm. 82), S. 254; siehe Baumgartens Aesthetica, Bd.1-2, Frankfurt an der Oder 1750-1758.

[88] Zu Moses Mendelssohn (1729-1786) vgl. *Klaus-Werner Segreff*, Moses Mendelssohn, Philosoph, in: NDB (wie Anm.1), Bd. 17, Berlin 1994, S. 46-49; siehe Mendelssohns Abhandlung Über die Empfindungen, Berlin 1755.

[89] Siehe dessen Werke: Beobachtungen über das Gefühl des Schönen und Erhabenen, Königsberg 1764; Critik der Urtheilskraft, Berlin / Libau 1790.

[90] Zu Friedrich Justus Riedel (1742-1785) vgl. *Erich Schmidt*, Friedrich Justus Riedel, in: ADB (wie Anm. 40), Bd. 28, Leipzig 1889, S. 521-523, sowie *Jürgen D[ietrich] K[urt] Kiefer*, Bio-Bibliographisches Handbuch der Akademie gemeinnütziger Wissenschaften zu Erfurt 1754-2004. Aus Anlaß der 250. Jahrfeier erarbeitet. Bio-Bibliographisches Handbuch der Protektoren und Spezialprotektoren, der Träger von Ehrentiteln und Inhaber von Ehrenämtern, der Preisträger sowie der Ehren-, Ordentlichen und Auswärtigen Mitglieder, einschließlich einer Chronologischen Übersicht aller Aufnahmen, der Mitglieder der Erziehungswissenschaftlichen Gesellschaft an der Akademie (eröffnet 1927) und einer Auswahl von Vortragenden, die nicht Mitglieder der Akademie waren, Erfurt 2004 [recte: 2005], S. 473; siehe Riedels Theorie der schönen Künste und Wissenschaften[,] ein Auszug aus den Werken verschiedener Schriftsteller, Jena 1767.

[91] Zu Johann August Eberhard (1739-1809) vgl. *Lüder Gäbe*, Johann August Eberhard, Philosoph, in: NDB (wie Anm. 1), Bd. 4, Berlin 1959, S. 240-241; siehe Eberhards Theorie der schönen Wissenschaften. Zum Gebrauche seiner Vorlesungen. [Mit einer an Moses Mendelssohn gerichteten Vorrede.], Halle 1783.

[92] Zu Karl Heinrich Heydenreich (1764-1801) vgl. *J. Franck*, Karl Heinrich Heydenreich, in: ADB (wie Anm. 40), Bd. 12, Leipzig 1880, S. 355 f.; siehe Heydenreichs System der Aesthetik, Leipzig 1790.

[93] Vgl. Brief Dalbergs vom 5. September 1795 an Schiller – Druck: *Schiller*, Werke, Bd. 35 (wie Anm. 2), S. 325 f. – Dalberg lobte hier Schillers Gedichte „Das Reich der Schatten" und „Natur und Schule", die 1795 in den „Horen" veröffentlicht worden waren, vgl. dazu *ders.*, Werke (wie Anm. 2), Bd. 2, Tl. II A (Anmerkungen zu Band 1), hrsg. v. Georg Kurscheidt u. Norbert Oellers, Weimar 1991, S. 238-258 bzw. S. 259-262.

benutzte Dalbergs im Frühjahr 1795 erfolgte Abkehr, um seinen Lesern zu versichern, daß sie in Zukunft von aufklärerischen Standpunkten und der Prosa des Lebens verschont bleiben würden. Schiller ging fehl in der Annahme, daß Dalberg inhaltlich und formal anders schreiben würde, als er es bis dahin getan hatte. Dalberg verschwieg dem Herausgeber, daß ihn eigentlich weder das Konzept der „Horen" noch des Herausgebers Vorstellung von Ästhetik und ästhetischer Erziehung veranlaßt hatten, über Kunstschulen nachzudenken: Mit seinem Kunstschulen-Aufsatz beging Dalberg ein Jubiläum, denn genau zehn Jahre zuvor, also 1785, war die Idee zur Gründung einer Kunstschule in Erfurt an die von Dalberg initiierte Kurfürstliche Kommerzien-Deputation zur Förderung des Handels und der Gewerbe herangetragen worden[94].

Der Einfall stammte von Johann Georg Wendel (1754-1834). Der Pfarrerssohn wurde in Egstedt geboren und besuchte zwischen 1772 und 1778 das Erfurter Ratsgymnasium. Ab November 1778 weilte er als Mathematikstudent in Leipzig, wo er die damals bekannte, von Adam Friedrich Oeser (1717-1799)[95] geleitete, Kunstakademie besuchte und in Architektur, Malerei und Kupferstecherei unterrichtet wurde[96]. Die künstlerische Ausbildung, die er in Leipzig genoß, veranlaßte ihn, in seiner Heimatstadt ein ähnliches Institut zu gründen[97]. Den Unterrichtsplan, der die Bereiche Architektur, Geometrie, Perspektive, Proportion und Dekoration umfaßte, entwarf Georg Melchior Kraus (1737-1806)[98]. Zusammen mit Friedrich Justin Bertuch (1747-1822)[99] hatte Kraus 1774 die Gründung der ‚Fürstlichen Freyen Zeichenschule' in Weimar angeregt, die 1776 erfolgte[100]. Kraus fungierte als erster Direktor dieser Bildungsanstalt, an der sich die Erfurter Einrichtung orientierte[101].

Die Erfurter Kunstschule bzw. Kurfürstliche Zeichenschule wurde am 9. Mai 1786 eröffnet. Der Unterricht wurde zunächst in Wendels Wohnung, die sich in der Neustadt befand, abgehalten[102]. 1789 oder 1790 erwarb Wendel auf dem Anger 43 den

---

[94] Vgl. *Carl Wendel*, Die alte Erfurter Kunstschule, in: Mitteilungen des Vereins für die Geschichte und Altertumskunde von Erfurt 42 (1924), S. 108-128, dies S. 111.

[95] Zu diesem vgl. *Timo John* u. *Andreas Stolzenburg*, Adam Friedrich Oeser, Maler, Illustrator, in: NDB, Bd. 19 (wie Anm. 72), S. 457-458.

[96] Vgl. *Alphons Dürr*, Adam Friedrich Oeser. Ein Beitrag zur Kunstgeschichte des 18. Jahrhunderts, Leipzig 1879, S. 77 ff.

[97] Die im Stadtarchiv Erfurt befindliche Akteneinheit 1-1/X B XIX-1 gibt Auskunft über die Zeichenschule und die dort angebotenen Fächer im Zeitraum 1784 bis 1791. Es handelt sich um 13 beschriebene Blätter und insgesamt 20 Seiten.

[98] Zu diesem vgl. *Christina Kröll*, Georg Melchior Kraus, Maler, Kupferstecher, in: NDB, Bd. 12 (wie Anm. 34), S. 686.

[99] Zu diesem vgl. *Kurt Schreinert*, Friedrich Justin Bertuch, Verleger und Schriftsteller, in: NDB (wie Anm. 1), Bd. 2, Berlin 1955, S. 171-173, sowie *Kiefer* (wie Anm. 90), S. 89.

[100] Vgl. *Eberhard Freiherr Schenk zu Schweinsberg*, Georg Melchior Kraus (Schriften der Goethe-Gesellschaft, Bd. 43), Weimar 1930, S. 19. Siehe auch die jetzt erschienene lesenswerte Gesamtdarstellung: *Kerrin Klinger* (Hrsg.), Kunst und Handwerk in Weimar. Von der Fürstlichen Freyen Zeichenschule zum Bauhaus, Köln / Weimar, Wien 2009.

[101] Zu diesem vgl. ferner *Birgit Knorr*, Georg Melchior Kraus (1737-1806): Maler – Pädagoge – Unternehmer. Biographie und Werkverzeichnis, Diss. Jena 2004.

[102] Vgl. *Wendel* (wie Anm. 94), S. 112, wo das „Büchnersche Haus in der Neustadt" als Wohnort Johann Georg Wendels angegeben. Nach Rücksprache mit dem Stadtarchiv Erfurt läßt sich heute nicht mehr

Biereigenhof zum Heidelberge, wo fortan die Zeichenschule untergebracht war[103]. Wendel führte interessierte Laien beiderlei Geschlechts anhand von Büchern, Musterzeichnungen, Kupferstichen und Gipsabgüssen in die künstlerische Arbeit ein. Aber auch und gerade Handwerker sollten den Unterricht besuchen. Die Zünfte wurden angehalten, ihre Lehrlinge und Gesellen in die Zeichenschule zu schicken, um ihnen dort eine fundierte ästhetische Erziehung und Weiterbildung angedeihen zu lassen[104]. Sie standen jedoch, besorgt um ihren Einfluß, der Kunstschule skeptisch bis feindlich gegenüber[105].

Carl von Dalberg ließ es sich nicht nehmen, dem Unterricht wiederholt persönlich beizuwohnen und in Schillers „Horen", aus eigener Erfahrung schöpfend, den Nutzen von Kunstschulen darzulegen. Die Kunst- und Zeichenschule, die 1793 mehr als 200 Besucher zählte, stärkte als ‚gute Bildungsanstalt'[106] das moderne, aufklärerische Profil der Stadt Erfurt.

Daß Dalberg in seinem Kunstschulen-Aufsatz zukunftweisende Gedanken vorgetragen hatte, belegt die Würdigung, die sie lange nach ihrem Erscheinen durch Carl Seidel (1788-1844)[107] erfuhren[108]. Seidel erwarb sich als Musiklehrer und Kunstwissenschaftler ein hohes Ansehen in Berlin. In seiner zweibändigen Schrift „Charinomos" (1825/28) erörterte er mit großer Belesenheit und Sachkenntnis das Zusammenspiel der unterschiedlichen Künste und die „nahe Beziehung der Kunst zum Leben"[109]. Mit dem gleichen ganzheitlichen Anspruch, den vorher Dalberg verfolgt hatte, schrieb Seidel über die „Verschönerung des Daseins durch die Künste, über ästhetische Erziehung, über Erweckung und Belebung des Kunstsinns im Volke, über das Verhältniß der Künste zum Staat"[110]. Der u. a. von Johann Gottfried Schadow (1764-1850)[111], Christian Daniel Rauch (1777-1857)[112], Johann Wolfgang Goethe (1749-1832)[113] gepriesene und mehrfach staatlich prämierte zweite

---

feststellen, um welches Haus genau es sich handelte. Es gebe, wie mir am 26. März 2009 mitgeteilt wurde, für die Neustadt – also für das Gebiet zwischen Regierungs- und Neuwerkstraße – etwa 15 Häuser mit dem Besitzernamen Büchner für den in Frage kommenden Zeitraum.

[103] Ich folge hier abermals der Mitteilung des Erfurter Stadtarchivs vom 26. März 2009. Das von Wendel erworbene Haus ist in seiner Fassade bis heute erhalten geblieben.

[104] Vgl. *Wendel* (wie Anm. 94), S. 112 f.

[105] Auch Oeser litt als Leiter der Kunstakademie in Leipzig unter der Tyrannei der Zünfte und klagte über den Einfluß der Innungsmaler, der die Entwicklung der Kunst hemmte; vgl. *Dürr* (wie Anm. 96), S. 91.

[106] Vgl. *Jakob Dominikus*, Erfurt und das Erfurtische Gebiet. Nach geographischen, physischen, statistischen, politischen und geschichtlichen Verhältnissen. Eine von der Akademie der nützlichen Wissenschaften zu Erfurt mitgekrönte Preisschrift, Tl. 1, Gotha 1793, S. 198 f.

[107] Zu diesem vgl. *Ludw[ig] Fränkel*, Karl Ludwig Seidel, in: ADB (wie Anm.40), Bd. 33, Leipzig 1891, S. 621-623.

[108] Den Hinweis auf Carl Seidel verdanke ich Frau Branka Golding.

[109] *Carl Seidel*, Charinomos. Beiträge zur allgemeinen Theorie und Geschichte der schönen Künste, Bd. 2, Magdeburg 1828, S. III.

[110] Ebd., S. IV.

[111] Zu diesem vgl. *Jutta von Simson*, Johann Gottfried Schadow, Bildhauer, in: NDB, Bd. 22 (wie Anm. 22), S. 496-498.

[112] Zu diesem vgl. *dies.*, Christian Daniel Rauch, Bildhauer, in: NDB, Bd. 21 (wie Anm. 1), S. 195-197.

[113] Zu diesem vgl. *Wilhelm Flitner*, Johann Wolfgang v. (Reichsadel 1782), Dichter, in: NDB (wie Anm. 1), Bd. 6, Berlin 1964, S. 546-575.

Band[114] enthält ein abschließendes Kapitel, das den Titel „Kunstschulen" trägt. Seidel beginnt seine Ausführungen mit Dalbergs Appell[115]: „Gute Regenten, Väter des Vaterlandes, wollt Ihr in Euren Staaten Wahrheit, Schönheit und Tugend vereinigen? [...] so errichtet gute Kunstschulen!" Fleiß ohne Talent, so Seidel, bringe keinen Künstler hervor. Dennoch widerspricht er der verbreiteten Auffassung, das Genie hätte keinen Unterricht nötig. Da das Genie zur Halbheit neige, müsse es durch Erziehung mit einem gebildeten Geist vereinigt werden, ansonsten bleibe der Künstler ein „geniereicher Naturalist"[116], bleibe also hinter seinen Möglichkeiten zurück. Die höhere, wissenschaftliche Bildung erhält der Künstler in eigens zu diesem Endzweck gegründeten Institutionen. Dort avanciert er zu einem vielseitig und „harmonisch gebildete[n] Menschen"[117], zu einem Künstler, der diese Bezeichnung verdient: „Alle großen Meister ohne Ausnahme waren stets solche ganze Menschen, harmonisch ausgebildet an Leib und Seele und Geist"[118]. Die einflußreichsten Bildhauer, Dichter, Maler oder Schauspieler, so Seidel, waren stets auch „Gelehrte in vollem Sinne des Worts"[119]. Diese umfassende Bildung ließen die meisten Künstler seiner Zeit allerdings vermissen, so würden beispielsweise die Schauspieler vor der Aufgabe kapitulieren, psychologisch stimmige Charaktere darzustellen, weil der Leichtsinn oder andere kunstfremde Motive sie auf die Bühne treiben. Die technisch wie geistig anspruchsvolle Ausbildung, die Seidel vorschwebte, hat zur Folge, daß die einfache Kunst- und Zeichenschule, in der „irgend ein invalider Professor [...] eine Vorlesung über Kunstmythologie hält"[120], einer ‚Universität der Künste'[121] weicht[122]:

> „Jede Kunst hat zwar ihr besonderes technisches Studium, allein der scientivische Bedarf ist aber für alle Künstler im Allgemeinen derselbe. [...] Einer der wichtigsten Zweige des Unterrichts ist hier eine klare Uebersicht der Psychologie, oder eine möglichst vollständige Kenntniß des Menschen überhaupt. [...] Andere Gegenstände des Unterrichts werden noch sein: Mathematik; Geographie, [...] Geschichte; Mythologie; Alterthumskunde der classischen Vorwelt, so wie auch der früheren christlichen Zeit; Encyclopädie der Kunstwissenschaft, [...] ästhetische Kunstlehre vom höchsten Schönen überhaupt; Vorkenntnisse in der Physik, Chemie u. s. w."

Die von Seidel angedeutete Professionalisierung und Interdisziplinarität der ästhetischen Erziehung sowie die für das (späte) 19. Jahrhundert charakteristische Einheit

---

[114] Vgl. *J. Bartsch*, Carl Seidel. Sein Leben und Wirken. Ein Denkmal seinen Schülerinnen, Verehrerinnen und Freunden gewidmet, Berlin 1845, S. 31.
[115] *Seidel* (wie Anm. 109), Bd. 2, S. 585. Rechtschreibung gegenüber Dalbergs Original – s. o. bei Anm. 30 – etwas verändert.
[116] Ebd., S. 586.
[117] Ebd., S. 592.
[118] Ebd., S. 587.
[119] Ebd., S. 592.
[120] Ebd., S. 599.
[121] Vgl. ebd.
[122] Ebd., S. 600-602.

von Kunst, Handwerk, Gewerbe und Reformpädagogik waren von Dalberg bereits im letzten Jahrzehnt des 18. Jahrhunderts angeregt worden[123].

Als Antwort auf die Frage, inwiefern der Staat von einer Förderung der schönen Künste profitiere, weist Seidel auf Dalbergs bereits genannte Abhandlung „Perikles" (1805 bzw. 1806)[124] sowie auf den „Entwurf zu einer Geschichte der Kupferstecherkunst" (1826) von Johann Gottlob von Quandt (1787-1859)[125] hin[126]. Solange „den Menschen Schönheit der Form gleichgültig ist", stellte Quandt fest, „stehen sie auf einer niedern Stufe"[127]. Kunstschulen wecken ein allgemeines Interesse für Kunst und Schönheit und machen beides im Alltag erlebbar. Kunstsinn und Staatswohl greifen ineinander[128]:

> „Da Kunstsinn gleichsam die Blüthe der Cultur, und Cultur Gesundheit des geistigen Lebens des Staats ist, indem dadurch die physischen Kräfte und zugleich die geistigen harmonisch ausgebildet und in zusammenwirkende Thätigkeit gesetzt werden, und nur harmonische Thätigkeit wahres gesundes Leben ist, wird durch ihn auch das edelste Bestreben des Staatsmannes, Glück allgemein zu verbreiten, erreicht."

---

[123] Vgl. weiterführend *Rolf-Hermann Geller*, Praktische Ästhetik und didaktische Grundlegung in der Ausbildung des ,nachschaffenden' Künstlers. Die angewandte Zeichnung als Dokument der Kunstgewerbeschulgeschichte 1850-1920 (Schriftenreihe der Fachhochschule Neubrandenburg, Reihe F: Allgemeine Schriften, Bd. 4), Neubrandenburg 2001.

[124] Vgl. Wessenbergs Zusammenfassung von Dalbergs Schrift: *I[gnaz] H[einrich] von Wessenberg*, Das Volksleben zu Athen im Zeitalter des Perikles nach griechischen Schriften, Heft 2, Zürich 1823, S. 91 f.: „Denn nur die innige Verbindung des Guten mit dem Schönen, welche Plato als höchste Weisheit empfiehlt, kann dem Menschen und den Werken seines Geistes jenes Gepräge von Vollendung geben, wornach jeder ächte Weise und Künstler strebt, wenn gleich nicht immer mit völlig klarem Bewußtseyn. Diese Betrachtungen sind durch Carls von Dalberg treffliche Schrift veranlaßt worden: De influence des beaux arts sur la felicité publique. Sehr glücklich ist die Form von Dialogen zwischen Perikles, Phidias, Anaxagoras, und andern großen Männern und Künstlern ihrer Zeit, und Athen zur Scene gewählt. Jede Kunst ist darin mit hohem Sinn gewürdiget, und mit meisterhaften Zügen wird einleuchtend bewiesen, daß ein Regent erst dann die Gottheit wahrhaft und in allen Stücken nachahme, wenn er seine Sorgfalt nicht auf die Handhabung der öffentlichen Ordnung und Sicherheit beschränkt, sondern auch dahin ausdehnt, über die seiner Gewalt unterworfene Welt jene feinern Annehmlichkeiten zu verbreiten, die der menschliche Geist zu empfinden fähig ist; daß ferner die schönen Künste nur dann ihrer Bestimmung entsprechen, wenn sie durch Verschönerung alles Wahren und Guten die ächte Wohlfahrt der Völker befördern; daß endlich zu dieser erhabenen Absicht alle Künste und Wissenschaften schwesterlich sich die Hände geben sollten." – Zu Ignaz Heinrich von Wessenberg (1774-1860) vgl. *Klaus-Gunther Wesseling*, Ignaz Heinrich Karl Joseph Thaddäus Fidel Dismar Freiherr von Wessenberg, katholischer Aufklärungstheologe und Konstanzer Generalvikar, in: Biographisch-Bibliographisches Kirchenlexikon, begr. u. hrsg. v. Friedrich Wilhelm Bautz, fortgef. v. Traugott Bautz, Bd. 13, Herzberg 1998, Sp. 976-988.

[125] Zu diesem vgl. *F[ranz] Schnoor von Carolsfeld*, Johann Gottlob v. Quandt, in: ADB (wie Anm. 40), Bd. 27, Leipzig 1888, S. 11-12.

[126] Vgl. *Johann Gottlob von Quandt*, Entwurf zu einer Geschichte der Kupferstecherkunst und deren Wechselwirkungen mit andern zeichnenden Künsten, mit zwei Beilagen [Beilage 1: Vorschläge zur Verbesserung deutscher Kunst-Akademien und dabei zu berücksichtigende Schwierigkeiten, S. 261-291; Beilage 2: Ueber die Stellung der bildenden Künste zum Staate, S. 293-312], Leipzig 1826.

[127] Ebd., S. 303.

[128] Ebd., S. 311 f.

Als Mitglied unterschiedlicher Gremien war der Kunstsachverständige Quandt ab 1836 an der Verwaltung der Kunstangelegenheiten des sächsischen Staates beteiligt[129].

Man setzt Carl von Dalberg nicht herab, wenn man feststellt, daß für ihn kaum eine menschliche Regung vorstellbar war, die nicht institutionell gefördert oder diszipliniert werden könnte. Als Aufklärer war er stets darum bemüht, die Lebensbedingungen seiner Mitmenschen auf jede erdenkliche Weise zu verbessern. Die Trias Bildung, Pädagogik und Kunst ist der Schlüssel, mit dem sich Dalbergs Persönlichkeit und das vielgestaltige Zeitalter der Aufklärung insgesamt erhellen läßt. Die schroffe Gegenüberstellung von ästhetischer Selbstbildung und angeleiteter ästhetischer Erziehung weicht zuletzt dem produktiven Verhältnis zwischen Autonomisierung und Verbürgerlichung der Kunst[130]. Dalbergs bildungs- und kulturpolitisches Engagement und sein hervorstechendes Interesse für Fragen der Erziehung sind bislang keiner eigenständigen wissenschaftlichen Behandlung zugeführt worden. Es bleibt zu hoffen, daß diese auffällige Forschungslücke rasch geschlossen wird. Diese Arbeit ist unbedingt mit der Aufgabe zu verbinden, Dalbergs umfangreiches Schrifttum in einer adäquaten Form wieder zugänglich zu machen. Wünschenswert wäre eine Werkausgabe, die sich in Einzelbänden gezielt den philosophischen, ästhetischen, pädagogischen und politischen Schriften widmet und die ebenso Dalbergs Nachlaß, der umfangreiche Betrachtungen über Schulen enthält, berücksichtigt[131].

---

[129] Vgl. *Schnoor von Carolsfeld* (wie Anm. 125), S. 12.
[130] Vgl. *Thomas Nipperdey*, Wie das Bürgertum die Moderne fand, Stuttgart 1998.
[131] Ein Teilnachlaß Dalbergs befindet sich im Bayerischen Hauptstaatsarchiv München – Bestand Nachlaß Dalberg –, der insbesondere reich an wissenschaftlich-philosophischen Aufsätzen ist. Das Repertorium dazu enthält 134 Einzelnummern. Im Nachlaß befindet sich ein undatiertes, 78 handschriftliche Seiten umfassendes Werk, das sich mit unterschiedlichen Schulformen auseinandersetzt. Es trägt den Titel: „Von kleinen Schulen, von Unterschulen, Pädagogien-Gymnasien, illüstern Gymnasien, hohen Schulen oder Akademien und ihren Unterschieden".

Index – Personen und Topographie

Mitarbeiterverzeichnis

Dipl.-Archivarin (FH) Barbara Hippeli, Archivoberinspektorin, Wermbachstraße 15, 63739 Aschaffenburg

Dr. phil. Hans-Bernd Spies, M. A., Archivdirektor, Neubaustraße 27, 63814 Mainaschaff

Dr. phil. Martin André Völker, Institut für Kulturwissenschaft der Humboldt-Universität zu Berlin, Sophienstraße 22A, 10178 Berlin